本教材为甘肃省高等学校省级线下一流课程"世界近代史"教学成果
暨西北民族大学世界史重点示范教学团队项目研究成果

1500

世界近代史教程

A Coursebook of World Modern History

杨永锋 / 著

1900

兰州大学出版社
LANZHOU UNIVERSITY PRESS

图书在版编目（ＣＩＰ）数据

世界近代史教程 / 杨永锋著. -- 兰州 ： 兰州大学
出版社，2024.4
ISBN 978-7-311-06636-9

Ⅰ．①世… Ⅱ．①杨… Ⅲ．①世界史－近代史 Ⅳ.
①K14

中国国家版本馆CIP数据核字(2024)第022172号

责任编辑　马继萌　宋　婷
封面设计　陈　欣

书　　名　世界近代史教程
作　　者　杨永锋 著
出版发行　兰州大学出版社　（地址:兰州市天水南路222号　730000）
电　　话　0931-8912613(总编办公室)　0931-8617156(营销中心)
网　　址　http://press.lzu.edu.cn
电子信箱　press@lzu.edu.cn
印　　刷　西安日报社印务中心
开　　本　710 mm×1020 mm　1/16
印　　张　15.5(插页2)
字　　数　298千
版　　次　2024年4月第1版
印　　次　2024年4月第1次印刷
书　　号　ISBN 978-7-311-06636-9
定　　价　49.00元

前　言

新中国成立70余年、改革开放40余年来，随着综合国力不断增强，中国在国际上的影响力越来越大，对外交往日益频繁和密切。正如习近平总书记所言："中国开放的大门只会越开越大"，中国与外部世界，以及世界各国之间相互联系、相互依存的程度空前加深，构建人类命运共同体已经成为时代重大课题。随着中国深度融入世界，需要培养更多的了解和掌握世界史知识的专门人才；随着新时代中国高等教育发展出现新趋势，作为肩负着世界史专门人才培养的主阵地——高校，必须主动适应国家社会经济发展的需要，不断改革和创新世界史课程体系，更新和优化世界史教材的知识和内容，培养具有世界视野、现代意识和家国情怀的世界史专业人才。

本教材采用国内外史学界关于世界近代史分期的主流观点，即以1500年新航路的开辟为起点，以1900年为终点，涵盖此时间段内世界历史演进和嬗变的整个过程。此外，根据新时代中国高等教育发展的新趋势、课程改革和人才培养的新要求，在编写过程中本教材遵循以下原则：

第一，突出立德树人根本任务。2021年3月6日，习近平主席在看望参加全国政协第十三届四次会议的医药卫生界教育界委员时讲话指出："教育是国之大计、党之大计。要从党和国家事业发展全局的高度，坚守为党育人、为国育才，把立德树人融入思想道德教育、文化知识教育、社会实践教育各环节，贯穿基础教育、职业教育、高等教育各领域，体现到学科体系、教学体系、教材体系、管理体系建设各方面，培根铸魂、启智润心。"习近平主席的讲话为新时代高校教材的编写提供了根本遵循。因此，本教材在编写过程中突出立德树人根本任务，着力"解决好培养什么人、怎样培养人、为谁培养人这个根本问题"，通过价值引领，培养学生家国情怀，使专业课教学与思想政治理论课同向同行，形成协同效应。

第二，突出资政育人功能。历史学学科的本质功能便是资政和借鉴，即观往事以说明现在，鉴陈迹而明事理，以垂训后世。当前，世界正经历百年未有之大变局，而我国亦处于民族复兴、国家崛起的关键时期，世界近代四百余年的历史为深入观察和研究西方主要国家在发展、崛起过程中所取得的成功经验以及存在的失误提供了良机，也为我国当前社会经济发展提供了丰富的历史经验和启示。通过对近代以来中西方文明纵向和横向的比较，让学生更加直观、清晰地认识到中西方文明互鉴和交流的重要意义，进而突显世界历史发展的基本趋势和基本规律。因此，在本教材编写过程中，重视对世界近代历史发展规律的探索和大国兴衰经验的总结。

第三，增加国内外学术界关于世界近代史研究的最新成果，突出教材内容的前沿性、高阶性和挑战度。针对目前世界近代史课程教材内容相对陈旧，世界史教学时数短、教学任务重之现状，本教材在编写过程中，既注重世界近代史基础知识和基本理论，又适当增加学术界最新研究成果和前沿动态，体现教材内容的前沿性、高阶性和创新性，以弥补现有教材陈述史事有余，分析解释及深度不足之缺陷，进而培养学生对历史问题的深度思考，以及分析问题和解决问题的能力。

第四，重视全球史或整体史在世界史课程教学中的运用。全球史或整体史是指将人类社会作为一个整体来考察其历史进程的史学领域和史学方法。其实，早在古代，中西方历史学家在撰写和研究历史时就已经自觉或不自觉地运用到了世界史观或天下史观，在其著述的史学著作中所涉及的内容已包括了他们当时已知的世界或天下。但真正将整体史或全球史运用到史学研究或课程教学中，则是第二次世界大战之后的事情了。二战后，由于美国越来越广泛而深刻地卷入世界事务中，以及随着全球殖民体系的崩溃，一大批新兴独立的国家逐渐崛起，国家之间交往日益密切，国际社会相互依存和相互影响日益凸显。在此背景下，以美国学者斯塔夫里阿诺斯、威廉·麦克尼尔和英国学者杰费里·巴勒克拉夫为代表的一大批历史学家开始认识到，必须用全球史观的宏大视野来重新审视整个世界历史的发展进程。其中，杰费里·巴勒克拉夫在1955年出版的《处于变动世界中的历史学》一书中提出，不能仅用西欧观点来解释历史，而要用更为广阔的世界史观来解释历史[1]。1976年，在其撰述的《当代史学主要趋势》一书中，他明确提出了"全球历史观"[2]。继巴勒克拉夫之后，麦克尼尔和斯塔夫里阿诺斯分别著述和出版的《西方的兴起：人类共同体史》

---

[1] Geoffrey Barraclough, *History in a Changing World*, London,1955.

[2] 杰费里·巴勒克拉夫：《当代史学主要趋势》，杨豫译，上海译文出版社，1987，第242页。

和《全球通史》可谓是全球史的奠基之作。之后，在世界范围内，诸多历史学家采用全球史观或整体史观重构世界史不绝如缕，其中吴于廑、齐世荣先生主编的《世界史》（六卷本）教材中便采用了全球史观。运用全球史观或整体史观研究、编撰世界历史，尤其是世界近现代史，不仅可以打破自启蒙运动以来，在西方学术界形成的充满了傲慢与偏见的"西方中心论"，也可以突破在近代民族国家形成以后，以民族国家为中心的传统史学研究范式，从宏观和整体层面来解释和考察人类历史的发展进程，进而扩大历史学研究的新领域。

目 录

绪　论

世界历史是现代世界的产物，关于其形成过程，马克思曾精辟地论述道："世界历史不是过去一直存在的；作为世界历史的历史是结果。大工业……首次开创了世界历史，因为它使每个文明国家以及这些国家中的每一个人的需要的满足都依赖于整个世界，因为它消灭了以往自然形成的各国的孤立状态。"①对此，马克思、恩格斯进一步论述道："各个相互影响的活动范围在这个发展进程中越是广大，各民族的原始封闭状态由于日益完善的生产方式、交往以及因交往而自然形成的不同民族之间的分工消灭得越是彻底，历史也就越是成为世界历史。"②

在人类文明诞生之初，就其分布地域而言，多数文明诞生于河流附近，如我国的黄河被誉为中华民族的"母亲河"，印度文明、西亚文明、埃及文明分别诞生于印度河流域、两河流域和尼罗河流域；就分布特点而言，各文明呈"点状"分布状态，且彼此之间相互闭塞、孤立。但随着社会生产力的不断发展和交往的日益密切，人类各文明之间由"点状"向"面状"不断扩散，开始形成地域性文明，如东亚文明、南亚文明、西亚文明、西欧文明、美洲文明等。在1500年前后，随着新航路的开辟，人类各文明之间的联系和交往迈出了关键性一步。但需要说明的是，1500年之前，人类各文明之间就已经通过和平或暴力方式展开了交往和交流，但就其规模和密切程度而言，远不能和新航路开辟之后呈现出的大规模跨洲的联系相提并论。1500年之后，随着新航路的开辟，西欧国家开始向海外殖民侵略和扩张，资产阶级不断发展壮大，通过革命或改革，确立了资本主义制度。在18世纪上半叶，随着工业革命的兴起和扩散，世界市场逐步形成，最终在19世纪末20世纪初，人类历史从孤立、分散、闭塞的状态逐步发展成为密切联系的整体。

---

① 马克思、恩格斯：《马克思恩格斯选集》（第1卷），人民出版社，1995，第28页。
② 马克思、恩格斯：《马克思恩格斯选集》（第1卷），人民出版社，1995，第88页。

一、世界近代史基本定义

我国学术界关于世界近代史的定义，以 1978 年为界，在此之前，基本借鉴苏联史学界之观点，认为世界近代史"是资本主义社会形态和经济结构在发展阶段上由产生、发展走向衰亡、死亡、衰落或日益走向没落的历史"[①]。在此之后，随着我国改革开放大幕的逐渐拉开，我国史学研究者对世界近代以来的历史发展演变进程和内涵的认识不断深化，对苏联史学界关于世界近代史的定义进行了反思和批判。其中有学者认为，上述定义是典型的西欧中心论，"如果把世界近代史当作资本主义产生、发展和走向衰亡的历史，那么世界上多数国家和民族的历史就会呈现出空白，一部世界近代史就成了地地道道的欧美近代史了"[②]。有的学者则从世界近现代历史分期方面对该定义进行了批驳，认为如果按此定义，"将给世界近现代历史分期带来很大困惑，即西方国家到今天依然处在世界近代史阶段，那么近代史阶段何时才能结束，世界现代史及当代史又从何时开始"。鉴于此，我国世界史研究者对"什么是世界近代史"进行了深入研究和多样化表述，综合学术界研究成果，可梳理如下：

第一种观点实际上沿用了苏联史学界之看法，认为世界近代史就是一部资本主义形成和发展史，即世界近代史"是资本主义产生、发展和走向成熟时期的历史"。

第二种观点认为，世界近代史不仅是资本主义产生和发展史，而且也是在全球地位上升和扩展的历史，即世界近代史"是资本主义产生和发展，并逐步形成世界体系和向帝国主义过渡的历史"。

第三种观点与第二种观点既有相似之处，又有区别，均认同世界近代史是一部资本主义发展史，但同时认为，世界近代史在人类文明交往史上占据着举足轻重的地位，正是在此期间，人类文明逐渐打破孤立、闭塞和分散状态，开始大规模跨洲的交往和交流，最终形成全球一体的历史。即世界近代史"是一部资本主义在西方上升、发展向全世界扩张并由之在全世界产生巨大影响和反响的历史，也就是从地区隔绝向世界形成统一整体过渡的历史"，"是平行分立的地区性文明结束后整体性世界文明的形成和发展的历史，即全球文明

[①] 赵文亮：《近二十年来我国学术界关于世界近代史分期问题的研究》，《史学集刊》2008年第1期，第117页。

[②] 赵文亮：《近二十年来我国学术界关于世界近代史分期问题的研究》，《史学集刊》2008年第1期，第118页。

史"等①。

除上述观点外，我国学者许永璋、于兆兴在学术界已有研究成果基础上，提出："世界近代史是工业社会形成和发展的历史。"②高毅则认为："整个世界近代史，无非就是全球化运动和现代民族国家构建运动这两大历史进程之间的某种既对立又统一的矛盾运动。"③

从学术界上述研究成果来看，1978年后，我国世界史研究者对世界近代史的定义已摆脱了1978之前传统理论的束缚，朝着多样化方向发展。尽管还未取得共识，但从全球史观或整体史观视角研究世界近代史已占据上风，成为普遍趋势。

二、世界近代史研究内容

从时间上来看，以1978年为界，我国学术界对世界近代史研究对象及主要内容的认识可分为前后两个阶段。1978年之前，因受苏联学术界影响，我国多数学者认为，世界近代史研究的主要内容是人类最后一个剥削社会——资本主义社会，以及"资产阶级和广大人民群众，无产阶级和一切被剥削劳动群众和殖民地人民，反对封建专制主义、资产阶级和殖民帝国主义的斗争"。1978年以后，我国世界史研究者不仅修正了之前带有颇为浓厚的阶级斗争色彩的关于世界近代史研究对象和内容的表述，而且在研究的内涵和范围上，也大大拓展，认为世界近代史研究对象应包括政治、经济、军事、思想文化、科学技术、社会生活等诸多方面。具体而言，自新航路开辟以来，世界形势逐渐发生巨变，尤以欧洲为甚。在政治上，民族国家开始兴起，封建君主专制制度进一步加强，并逐渐摆脱了罗马天主教廷的控制。与此同时，资产阶级也在不断发展壮大，通过资产阶级革命或改革，推翻了封建旧制度，建立了君主立宪制或资产阶级共和制，到19世纪末，资产阶级代议制向全球其他地区扩展。此外，近代国际体系的建立以及近代国际关系也是世界近代史学习和研究的内容。

在经济上，资本主义制度的确立为欧美诸国经济发展奠定了基础，提供了

---

① 我国学术界关于世界近代史基本概念和定义的研究,请参看赵文亮:《近二十年来我国学术界关于世界近代史分期问题的研究》,《史学集刊》2008年第1期,第118页。

② 请参看许永璋、于兆兴:《再谈世界近代史的定义问题》,《郑州大学学报》2004年第2期。

③ 请参看高毅:《关于世界近代史基本内涵的一点感想》,载《世界近现代史研究》(第十四辑),社会科学文献出版社,2017。

政治保障。这些国家在国内通过出台诸多促进经济发展的措施,如废除农奴制、进行圈地运动、设立银行、建立金融系统、制定专利保护法、进行工业革命等,发展本国经济,对外则通过发展对外贸易、贩卖奴隶、进行殖民侵略等手段发展经济。因此,认识和研究近代西方国家经济崛起的原因亦是世界近代史所要掌握的重要内容。

在军事上,一方面,近代欧洲国家之间由于领土争端、宗教、争夺殖民霸权等诸多因素导致战争频仍,其中威斯特伐利亚体系和维也纳体系的建立就是三十年战争和拿破仑战争的直接结果;另一方面,在新航路开辟之后,以西班牙和葡萄牙为代表的西欧国家率先在全球范围内进行殖民征服和侵略。西方列强之间爆发的诸多战争,以及被征服、被侵略国家反抗西方列强,争取民族独立也是世界近代史研究和学习的内容之一。

在思想文化方面,由于近代欧洲处于急剧变动时期,各种文化思想学说层出不穷,如文艺复兴、宗教改革、启蒙运动、重商主义、自由资本主义、国家主权学说等思想和理论先后兴起。思想是行动的先导,随着这些思想和理论的广泛传播,对近代欧洲革命的爆发、资产阶级和资本主义的发展、国家之间经济贸易往来,乃至国际体系的塑造均产生了重要而深远的影响。

在科学技术方面,毫无疑问,近代欧洲在科学技术发展方面走在了世界前列,是近现代西方国家崛起的重要催化剂和动力。因此,探讨和研究近代欧洲科技思想产生的原因、两次工业革命爆发的原因、工业革命与欧洲崛起之间的关系等诸多问题也是世界近代史学习和研究的重要内容。

在社会生活方面,近代欧洲在诸多因素推动之下逐渐崛起,从上层建筑到经济基础均发生了巨变。那么,这些巨变对普通群众的衣食住行等社会生活方面产生了哪些影响,当时广大普通群众的衣食住行呈现出一幅什么样的图景,凡此种种,也是世界近代史要学习和了解的重要内容。

三、国内学术界对世界近代史分期的探讨①

历史分期问题一直是史学研究中的重要内容。近代以来，西方学者将人类历史分为三个阶段，即古典时期、中世纪时期和近代历史时期。其实，历史分期问题是一个非常复杂的问题，不仅涉及基本定义、研究对象和内容、分期的标准和依据等诸多问题，还涉及在研究和著述中运用何种理论、观点、方法、原则和价值尺度等。正因为如此，关于世界近代史分期问题就成为史学界长期争论不休的重大问题。早在20世纪60年代初，我国史学界就对世界近代史分期问题展开了讨论，形成了一批研究成果。改革开放后，对这一问题的研究再次掀起了热潮，且经久不衰。

（一）世界近代史分期的依据和标准

要想确定世界近代史的分期，即世界近代史开始于何时，结束于何时，必须先确定历史分期的依据和标准。对此，我国学者进行了大量探讨和研究，提出了诸多观点，具体有："社会经济形态转变"论或"经济类型转变"论，"政治变革"论、"社会形态更替"论或"社会发展质变"论，"意识形态先行"论、"资本主义整体"论、"世界整体"论、"较多国家代表"论、"社会经济发展"论或"社会生产力发展水平"论，"现代化主线"论、"三大部类综合关系"论等观点。纵观学者们提出的这些世界近代历史分期划分依据和标准，可谓纷繁复杂，究其原因，乃是不同学者所依据的分期理论和史实选择标准不统一所致。

---

① 国内学术界对世界近代史分期问题研究综述，请参看赵文亮：《近二十年来我国学术界关于世界近代史分期问题的研究》，《史学集刊》2008年第1期。除此，相关研究成果还有：列夫·别洛乌索夫：《概念与分期：世界历史教学中的方法论问题》，《世界历史评论》2022年第9期；李友东：《20世纪以来世界历史分期问题探讨》，《社会科学战线》2021年第7期；刘景华：《世界历史四分法》，载《全球史评论》（第一辑），商务印书馆，2008年；刘里玲：《世界近代史分期问题初探》，《长江丛刊》2016年第10期；赵现海：《世界近代史的起点与明代中国的历史分流》，《中国史研究动态》2016年第5期；许永璋、于兆兴：《世界近代史断限问题探新》，《史学月刊》2003年第1期；丹拥军：《世界近代史中期分期的探讨》，《天津师范大学学报》2002年第6期；陈新田：《论世界近代史的分期问题》，《湖北师范学院学报》2002年第12期；张健康：《关于世界近代史分期的几个问题》，《成都师专学报》1999年第2期；刘波：《对世界近代史分期及阶段特征的再认识》，《史学月刊》1995年第3期；翁有利：《世界近代史分期分段再研究》，《松辽学刊》1994年第8期；孙港波：《世界近代史分期问题新探》，《扬州师院学报》1989年第10期；杨竞芳：《近十年来有关世界近代史分期分段的探讨》，《中共山西省委党校学报》1989年第4期；张泽：《再论世界近代史的分期分段》，《河北大学学报》1983年第10期；吴凤华：《世界近代史分期小议》，《新疆师范大学学报》1981年第4期等。

（二）世界近代史的上限和下限

由于学者们对世界近代史的定义、研究对象和分期标准认识不同，导致对世界近代史上限和下限的认识出现了巨大差异。20世纪50年代，苏联史学界将1640年英国资产阶级革命的爆发作为世界近代史的开端，受此影响，我国学者随之展开研讨，其结果便是大多数学者对此予以认同。此后，关于世界近代史始于1640年英国资产阶级革命，结束于1917年"十月革命"几乎为我国史学界之共识，一直持续到20世纪70年代末。从20世纪80年代开始，我国史学界对世界近代史分期问题再次展开讨论，并取得了丰硕的研究成果，其主要观点可总结如下。

1. 我国学术界对世界近代史起始时间的讨论

我国学者对世界近代史起始时间的划分，观点各异，在赵文亮著述的《近二十年来我国学术界关于世界近代史分期问题的研究》[1]一文中，归纳、总结了以下观点：

以英国资产阶级革命为开端。该论认为，英国资产阶级革命对世界历史进程产生了决定性影响，故可作为世界近代史的开端。

以尼德兰革命为开端。一些学者认为，尼德兰革命是世界上最早的一次成功的资产阶级革命，不仅符合马克思所说的"资本主义时代"开始的世纪，而且体现了时代的本质和主流，代表了历史的发展方向，是一次有较大影响的资产阶级革命事件，故可作为世界近代史之开端。

以法国大革命为开端。部分学者认为，1789年爆发的法国资产阶级革命具有时间跨度长、规模和影响大、革命彻底等特点，因而具有世界历史意义，可作为世界近代史的开端。

以1500年为开端。吴于廑、齐世荣主编的《世界史·近代史编》教材就采用了此观点，其理由为："世界近代史就是一部资本主义在西方上升、发展、向全世界扩张并由之在全世界产生巨大影响和反响的历史，而导致资本主义在西方上升发展的一系列变革、一系列事件，几乎都与文艺复兴及地理大发现有关。……文艺复兴和地理大发现发生在1500年前后，因此，以1500年作为世界近代史的开端，是符合历史发展的客观实际的。"[2]此外，资本主义在西方上升发展的历史，也是世界历史从地区隔绝向世界形成统一整体过渡的历史；世

---

[1] 我国学术界关于世界近代史上限和下限时间问题的研究探讨，请参看赵文亮：《近二十年来我国学术界关于世界近代史分期问题的研究》，《史学集刊》2008年第1期。

[2] 吴于廑、齐世荣主编《世界史·近代史编》（上卷），高等教育出版社，2011，前言第1页。

界近代与古代的分期断限应以有世界意义的重大经济形态变化为主要依据，1500年前后的一系列重大事件，导致了西方资本主义的发展，从而引起了遍及世界各地区的社会经济的重大变化①。

以15、16世纪之交为开端。该观点认为，在15世纪末16世纪初，不论是东方还是西方，形势均发生了巨变，可谓前所未有，而且在这一时期，全球各地区之间的联系日益加强，故可作为世界近代史之开端。

以16世纪初为开端。部分学者指出，将16世纪初作为世界近代史开端有其充分理由：世界开始了近代全球性大交往，欧洲各国开始了广泛的生产关系革命以及在此基础上发生的观念革命。

以17世纪中叶至19世纪中叶为开端。该论主张以世界上较多国家的历史发展进程作为世界近代史分期依据，但由于每个国家历史发展进程不同，故分期时间跨度较长。

以18世纪60年代或后期为开端。该观点认为，到18世纪60年代，由于工业革命已经开始，不仅标志着人类社会已进入工业社会，而且也奠定了西方在全球的优势地位。此外，一些学者认为，在18世纪后期，以美国独立革命和法国大革命为标志的资产阶级革命在全球范围内产生了巨大影响，但与此形成鲜明对比的是，中国等东方诸国的逐步衰落，不仅促使西方列强的殖民侵略，同时也开启了广大亚非拉国家的民族觉醒和反殖民、反侵略运动，这在客观上促使了世界各地之间的联系大大加强，也由此开始了真正意义上的近代世界史。

以19世纪为开端。一些学者认为，世界各地区之间的历史发展进程并不平衡，自近代以来，欧洲历史发展进程明显走在了世界前列，尽管世界近代历史始于15世纪下半叶，但直到19世纪，世界才从前资本主义完整过渡到资本主义时代，故世界近代史上限应始于19世纪。

2.我国学术界对世界近代史下限时间的讨论

世界近代史开始于何时，学术界进行大量探讨，给出了多种答案。既然有开始，就应该有结束，世界近代史结束于何时，国内学者也进行了诸多研究，总结起来，主要观点有：

以1900年或19世纪末20世纪初作为世界近代史分期之下限。一些学者认为，在19世纪末20世纪初，欧美等发达资本主义国家完成了从自由资本主义

①吴于廑、齐世荣主编《世界史·近代史编》（上卷），高等教育出版社，2011，前言第1页。

向帝国主义过渡，标志着支配世界的资本主义经济和政治形态发生了巨大变化，世界最终形成牵一发而动全身的有机联系整体。故将1900年或19世纪末20世纪初作为世界近代史分期的下限，该观点得到了诸多学者的赞成。

以1917年俄国十月革命为世界近代史分期之下限。将1917年俄国十月革命作为世界近代史分期下限，在较长一段时期内基本上为我国世界史研究者之共识。因为十月革命打破了资本主义一统天下的世界格局，开辟了人类社会发展新纪元，具有世界历史意义，故可将其作为世界近代史的下限时间和世界现代史的开端时间。

以1905年为世界近代史分期之下限。该观点主要由世界史研究者李世安提出，他认为："以十月革命为世界现代史的开端并不能全面地反映整个世界历史的发展状况"，"也不宜以19世纪末20世纪初作为世界现代史的开端"，而应依据人类社会整体化之概念，以1905年为世界近代和现代史划分之年。

以20世纪40年代为世界近代史分期之下限。该观点认为，在20世纪40年代，随着第三次科技革命的兴起，促使人类社会发生了巨大而深刻的变化，故可将其作为世界近代史的下限。

以20世纪70年代作为世界近代史分期之下限。马生祥先生主张以20世纪70年代中期后现代化理论的出现为世界近代史分期的终点。

从上述诸多学者对世界近代史分期问题的探讨可以看出其复杂性，因为不同学者所依据的分期标准不同，故得出的结论也就呈现出多元化。不过，笔者认为将1500年作为世界近代史的开端，将1900年作为其结束时间比较合理。因为从全球史发展视角来看，在1500年前后，发端于欧洲的地理大发现拉开了欧洲乃至世界巨变的序幕。此后，欧洲的巨变逐渐辐射和影响到了全球其他地区，深刻地改变了世界面貌。当世界历史进入1900年，则人类社会进入20世纪。20世纪是一个风云急剧变幻的时代，不仅爆发了两次世界大战，也催生了长达半个世纪的冷战，国际体系和世界格局发生翻天覆地的变化，打破了近代以来以欧洲为中心的世界格局；与此同时，20世纪既是资本主义大发展时期，又开创了社会主义新纪元，更是广大亚非拉地区和国家摆脱殖民侵略，争取民族独立的黄金阶段；20世纪还是全球科学技术突飞猛进的时代，也是各种问题层出不穷的时代。整体来看，20世纪与过往的19世纪、18世纪等历史时期相比，存在着鲜明的时代特征。因此，以1900年为分水岭，将世界历史分为近代史和现代史是比较科学、合理的。但需要说明的是，尽管近年来，越来越多的学者主张将世界近现代史作为一个整体进行研究，但囿于教材的编写和课程教学需要，依然需要对世界历史进行分期，依然需要将世界近现代历史分为近代史和现代史。

四、近代以来世界由分散走向整体的历程及动因

从人类文明交流史和世界历史发展进程来看，资本主义在其中起了重要作用，它打破了完全封闭（美洲大陆与其他大陆）或相对封闭（亚欧大陆）的各大洲之间文明交流的限制，开启了大规模跨洲的文明交往，引导出"世界文明"，从而为世界由分散走向整体奠定了基础。这一转变开始于15世纪末16世纪初新航路的开辟，到19世纪末20世纪初资本主义世界体系的形成，标志其基本完成。但需要强调的是，这一过程至今仍在持续，即为"全球化"和"区域化"。总体来看，资本主义工业文明在世界文明的构建中起了关键作用。

（一）世界由分散走向整体的历程

资本主义工业文明的兴起和发展与世界由分散走向整体的历程基本同步，大致经历了以下几个阶段。

第一阶段：14—16世纪。14世纪，随着"黑死病"瘟疫逐渐消退，欧洲人口开始缓慢增长，城市亦开始复兴。城市的兴起以及贸易的发展为资产阶级的产生奠定了基础。到15世纪末16世纪初，为了寻找新的通往亚洲的商路，对贵金属——黄金的渴望以及传播基督教，欧洲探险家和航海家在西班牙和葡萄牙政府的大力支持下，开始进行海外探险和环球航行。1492年，哥伦布发现美洲新大陆；1519年，麦哲伦开始了全球航行，打破了人类之前分散、孤立和闭塞的状态。随着世界各地之间的经济联系大大加强，世界历史进程开始向全球化迈进，世界市场已逐步显现，一个初见全貌的整体世界亦开始出现。正如亚当·斯密所言：

> 自发现美洲以来，其银矿出产物的市场就在逐渐扩大。第一，欧洲市场已逐渐扩大。英格兰、荷兰、法兰西、德意志甚至瑞典、丹麦和俄罗斯，都在农业和制造业上有相当大的进展。……第二，美洲本地是它自身银矿产物的新市场。随着该地农业、工业和人口的进步……对金银的需求也自然增加得更快。英属殖民地完全是一个新市场。但是，美洲的发现做出了一种更根本的（贡献）。美洲的发现给欧洲各种商品开辟了一个无穷的新市场，因而引起了新的劳动分工和技术改进，而在以前通商范围狭隘、大部分产品缺少市场的时候，这是绝不会发生的。劳动生产力改进

了，欧洲各国的产品增加了，居民的实际收入和财富也跟着增加了。[①]

第二阶段：17—18世纪。在17世纪，就资本主义生产力发展水平而言，依然处于工场手工业阶段，但随着西方列强海外殖民征服和海外市场的开拓，对商品的需求日益旺盛。资本主义商品经济的发展猛烈地冲击着过时的封建自然经济，资本主义经济的发展为资产阶级革命的爆发提供了物质条件，也为18世纪发端于英国的工业革命奠定了基础。与此同时，随着荷兰、英国和法国等欧洲国家相继走上殖民扩张之路，资本主义全球体系初见规模。但与西方资本主义兴起截然相反的是，亚洲封建国家开始走向衰落。这些国家日益闭关自守，更加落后于世界大发展的历史趋势，最终造成了东方从属于西方的局势。

第三阶段：19世纪。进入19世纪，随着第一次工业革命的广泛传播和深入发展，机器生产的大工业代替了手工工场，不仅极大地解放了生产力，巩固了资产阶级地位，而且使社会阶级关系和东西方关系均发生了重大变化，资本主义世界体系基本确立（资本主义制度在世界上的确立，世界资本主义殖民体系基本形成，资本主义世界市场的形成）。19世纪60—70年代，以电力广泛应用为标志的第二次工业革命兴起。由于第二次工业革命以重工业为主，故其改造世界的能力也大大加强，资本主义也由自由资本主义过渡到垄断资本主义时期。这是资本主义制度走向成熟的时期，世界已形成一个密不可分的整体。与此同时，在19世纪后半期，西方列强掀起了新一轮瓜分世界的狂潮，到19世纪末20世纪初，一个以西方资产阶级为主导的世界殖民体系完全形成。

（二）世界由分散逐步走向整体的原因

从1500年左右新航路开辟开始到19世纪末，世界由分散、孤立和闭塞逐步走向全球化或一体化，其主要原因有：第一，三次科技革命的兴起以及由此而导致资本主义经济的迅速发展，是其根本原因。近代以来，先后经历的三次科技革命使人类生产方式发生了巨大变化，即从手工工场到大工厂的建立，从蒸汽时代迈入电气时代，从电气时代进入信息化时代。每一次技术变革不仅极大地提高了社会生产力的发展水平，推动了资本主义经济的大发展，而且为世界从分散走向整体奠定了强大的物质基础和经济基础。具体而言，第一次工业革命导致资本主义世界体系的初步形成，第二次工业革命推动了资本主义世界

---

① 贡德·弗兰克：《白银资本：重视经济全球化中的东方》，刘北成译，中央编译出版社，2011，第262页。

体系的最终形成，在此期间，以交通和通信技术为基础的新技术革命使世界各国之间的经济联系进一步加深。在三次科技革命中，轮船、飞机等交通工具的改进和出现使得长途运输变得更加快捷方便；电话、电报等先进通信工具的问世使人们同外部世界之间的联系变得更为快捷。这一切都为世界发展由分散走向整体提供了技术条件。

　　第二，近代以来，西方列强长期对外扩张和殖民侵略，也是重要因素。资本主义经济具有开放性和扩张性特征，它是在不断掠夺和扩张中发展起来的。新航路开辟以后，以英、葡、西等国为代表的西方列强进行早期殖民扩张，打破了各大洲之间相对闭塞和孤立的状态，客观上为世界市场的形成创造了重要条件。具体而言，第一次工业革命后，西方资本主义国家为开拓海外市场和原料产地而大肆进行殖民扩张，由此而导致亚非拉地区诸多国家成为西方列强的殖民地和半殖民地，这些殖民地和半殖民地也成为资本主义世界市场的重要组成部分；第二次工业革命使资本主义国家过渡到帝国主义阶段，西方列强对外侵略扩张变本加厉，奴役和控制了世界上绝大部分土地和人口，这在客观上促使世界由分散逐渐形成一个整体。

第一章
新航路的开辟及欧洲三次思想变革

目前，国内外多数学者认为，公元1500年前后是人类发展史上的一个重要分水岭，因为在此之前，人类生活在相互隔绝而又各自独立的几块陆地上。但从此时起，随着新航路的开辟，人类开始了大规模跨洲的联系，世界开始由分散、孤立、闭塞走向整体，人类历史才称得上是真正意义上的世界史。与新航路开辟紧密相连的是文艺复兴和宗教改革。文艺复兴、宗教改革以及随后兴起的启蒙运动是近代欧洲三大思想解放运动，对欧洲乃至世界历史发展进程均产生了重要影响。

第一节　新航路的开辟

新航路的开辟，即哥伦布发现美洲新大陆、达·伽马开创绕非洲的新航路、麦哲伦等绕世界一周，打破了世界过去长期处于闭塞的状态。

一、新航路开辟的主要原因

关于新航路的开辟为什么会发生在1500年前后，中外学者对此进行了大量研究，并提出了不同的看法，如全球史研究学者——威廉·麦克尼尔认为："在1500年，生活在大西洋沿岸地区的欧洲人具有三项天赋特性：根深蒂固的鲁莽好斗的性格；善于运用复杂的军事技术，尤其在航海方面；能抵抗长期以来在整个旧大陆广为流行的各种瘟疫。"[①]这些特性是西班牙、葡萄牙等西欧人进行远航探险、进行殖民征服的重要原因。综合国内外学术界研究成果，关于

---

① 威廉·麦克尼尔：《西方的兴起：人类共同体史》，孙岳等译，郭方等译校，中信出版社，2018，第570页。

新航路开辟的原因可归纳、总结如下①：

第一，欧洲资本主义萌芽和商品经济的发展以及随之而来的"寻金热"是根本原因。中世纪中后期，即公元11—13世纪，被历史学家称为中世纪西欧的黄金岁月。在此期间，西欧人口持续增长，大量荒地被开垦，新的农耕技术不断涌现，生产力显著提高。正如法国年鉴学派著名学者费尔南·布罗代尔所言："11和12世纪，在封建王朝的统治下，欧洲达到了它的第一个青春期，达到了它的第一个富有活力的阶段。这种封建统治是一种特别的和非常具有原创性的政治、社会和经济秩序，建立在一个业已经过第二次或第三次发酵的文明之上。"②尽管在进入14世纪后，欧洲面临经济停滞、教会腐败、瘟疫（"黑死病"）横行、人口下降等诸多困境，但随着"黑死病"的结束，尤其是城市的恢复和发展为欧洲经济的飞跃奠定了基础。"城市是从不停止运转的发动机。它们是欧洲第一次飞跃的主要力量。"③纵观人类文明发展史，可以发现，都城（都市）在人类文明进程中扮演着重要角色，它往往承担着政治功能，也是经济和贸易中心。如意大利威尼斯、热那亚等城市在近代早期欧洲经济发展中扮演了重要角色——在"金融领域，城市组织了税收、财政、公共信贷和海关，发明了公债"④。而且，在西方资本主义发展早期，"资本主义和城市是合二为一的，换言之，资本主义诞生于城市，城市孕育了资本主义"⑤。

总之，到15世纪，尤其是1450年以后，欧洲城市经济得到了普遍恢复，

---

① 国内史学界关于地理大发现的相关研究成果有谭树林：《论意大利人对地理大发现的贡献》，《贵州社会科学》2015年第3期；于民：《关于地理大发现的概念内涵——对高教版〈世界史·近代史编〉有关内容的几点思考》，《历史教学》2007年第7期；张箭：《地理大发现新论》，《江苏行政学院学报》2006年第2期；池小平：《地理大发现的基本动因与重大影响》，《集宁师专学报》2006年第3期；李丽、张爱华：《论地理大发现的文化背景》，《北华大学学报》2004年第3期；王加丰：《五百年来地理大发现史研究》，《史学理论研究》1997年第6期；张箭：《马可·波罗与地理大发现》，《世界历史》1994年第8期；王加丰：《地理大发现的文化历史背景》，《浙江师大学报》1993年第1期。

② 费尔南·布罗代尔：《文明史：人类五千年文明的传承与交流》，常绍民、冯棠、张文英、王明毅译，中信出版集团，2017，第330页。

③ 费尔南·布罗代尔：《文明史：人类五千年文明的传承与交流》，常绍民、冯棠、张文英、王明毅译，中信出版集团，2017，第336页。

④ 费尔南·布罗代尔：《十五至十八世纪的物质文明、经济和资本主义——日常生活的结构：可能和不可能》（第一卷），顾良、施康强译，商务印书馆，2017，第633页。

⑤ 费尔南·布罗代尔：《十五至十八世纪的物质文明、经济和资本主义——日常生活的结构：可能和不可能》（第一卷），顾良、施康强译，商务印书馆，2017，第635页。

出现了诸如安特卫普、法兰克福、里昂等经济贸易中心。商业贸易及商品经济的兴盛需要大量货币（主要包括贵金属黄金和白银）进行支付和交易，因此，黄金对当时欧洲人而言，其重要性不言而喻。欧洲人对黄金不仅渴望，而且着迷。恩格斯在《论封建制度的瓦解和民族国家的产生》一文中指出："葡萄牙人在非洲海岸，印度和整个远东寻找的是黄金；黄金一词是驱使西班牙人横渡大西洋到美洲去的咒语；黄金是白人刚踏上一个新发现的海岸时他所想要的第一件东西。"[1]克利斯托弗·哥伦布（1451—1506年）在《致西班牙国王和王后书》中写道："黄金是一切商品中最宝贵的，黄金是财富，谁占有黄金，就能获得他在世上所需要的一切，同时也就取得把灵魂从炼狱中拯救出来，并使灵魂重享有天堂之乐的手段。"[2]

由此可见，对当时欧洲人而言，黄金不仅仅是财富的象征，更是拯救灵魂的利器。既然黄金如此重要，从何处可以得到？对此，以哥伦布为代表的欧洲人从广泛流传的《马可·波罗游记》[3]中找到了答案。该书不仅记述了中亚、西亚和东南亚等地区许多国家的情况，而且重点叙述了中国，即以大量的篇章，热情洋溢的语言描述了中国拥有无穷无尽的财富，巨大的商业城市，良好的交通设施和华丽的宫殿建筑等。

《马可·波罗游记》是西方学者首次全面介绍中国的著作，影响巨大，激起了欧洲人对东方的热烈向往，对以后新航路的开辟产生了重要的促进作用。西方地理学家根据书中的描述，绘制了早期的"世界地图"[4]。当时，包括哥伦布在内的许多欧洲探险家，一想到黄金遍地、香料盈野的东方，就按捺不住渴望去东方淘金和寻找财富的冲动。如在1474年，意大利佛罗伦萨托斯卡内利在给哥伦布的一封信中，对中国和日本做了如下美好的描述：

> 特别是有一个巨大的海港叫泉州，那里每年要装卸上百条满载胡椒的大船和许许多多装满其他香料的船只。这个国家人口众多，省区、邦国和

---

[1] 恩格斯：《论封建制度的瓦解和民族国家的产生》，载《马克思恩格斯全集》（第21卷），人民出版社，1965，第450页。

[2] 齐思和、林幼琪选译《中世纪晚期的西欧》，商务印书馆，1962，第42页。

[3] 马可·波罗（1254—1324年），13世纪意大利旅行家和商人。17岁时，他随父亲和叔叔前往东方，1275年到达元大都。在中国游历17年，并担任元朝官员，游览了当时中国很多地方。1292年春，马可·波罗护送元朝公主从泉州港起航到波斯成婚。1295年回国后，在一次海战中被俘，在狱中口述了大量有关中国的故事，其狱友整理所记，是为《马可·波罗游记》。

[4] 彭慕兰、史蒂文·托皮克：《贸易打造的世界——1400年至今的社会、文化与世界经济》，黄中宪、吴莉苇译，上海人民出版社，2018，第50页。

城镇不计其数，都在一个叫大汗的皇帝的统治下……他们的皇宫宏伟，河流又宽又长，十分惊人。城镇众多，仅在一条河的两岸就有200多个。大理石造的宽敞长桥上点缀着无数的石制栏柱。这是迄今所知的最富饶的国家。它不仅生产着许多财富和贵重物品，还有大量的金银财富和各种香料，目前还未传到我们国家来。它还有许多学者、哲学家及天文学家，以及众多的能工巧匠。……日本……富庶异常，黄金、珠宝和玉石比比皆是；庙宇和皇宫都铺着金板，但由于前往那里的道路还不为人所知，所以这些东西现在还隐藏在那里。①

综上可见，《马可·波罗游记》对14、15世纪欧洲人影响巨大。哥伦布曾言道："马可·波罗的书引起了他对东方神秘的向往，在其航行中，很多次是按该书所记载去做的。"

第二，奥斯曼土耳其帝国的崛起，阻断了从欧洲到亚洲的商路，引发了欧洲商业危机，这是新航路开辟的直接原因。商业危机是指在近代早期东西方贸易中因商路不畅、货源短缺或转运成本过高导致东方商品在欧洲市场上价格猛涨。商业危机带来的重要后果之一便是严重阻碍了东西方之间非常重要的香料的贸易。对于现在人而言，看起来不怎么起眼的胡椒，但对14、15世纪的欧洲人而言，却是非常重要的日常生活必需品，在其饮食史上占据着重要地位。据记载，早在罗马帝国时，胡椒、肉桂等香料就是欧洲人烹饪时常用的调料，到中世纪，欧洲人对香料的嗜好有过之而无不及，几乎在所有烹饪和食物制作中，都需要添加胡椒等香料作物。此外，香料（在15、16世纪，香料是一个总的称呼，主要包括甘松香、檀香、龙涎香、锡兰肉桂、肉豆蔻、丁香、姜和辣椒等）还是当时欧洲人保存肉类等食物的主要途径和方法②。因此，当东西方贸易商道被土耳其人阻断后，对欧洲人日常生活影响之大可想而知。欧洲人一方面迫切需要香料，另一方面香料在欧洲市场的价格也达到了前所未有的高度。面对利润丰厚的香料贸易，欧洲人急于摆脱困境，不论是神圣的宗教，还是世俗的商业，都希望能找到强有力的措施来扭转这种局面。在陆地上突围失败之后，焦躁不安的欧洲人开始从海洋上寻求出路，找到一条通往东方的海上

---

① 王加丰、陈勇、高岱、高毅、李工真、汤重南、徐天新、何顺果：《强国之鉴——八位央视〈大国崛起〉专家之深度解读》，人民出版社，2007，第23—24页。

② 请参看费尔南·布罗代尔：《十五至十八世纪的物质文明、经济和资本主义——日常生活的结构：可能和不可能》（第一卷），顾良、施康强译，商务印书馆，2017，第255—261页。

之路。

第三，弘扬、传播基督福音以及文艺复兴时期的人文主义思潮是新航路开辟的宗教根源和思想根源。向全世界传播基督教，使异教徒皈依基督教是基督教教徒的神圣使命。寻找通往东方的新航路以获得黄金等财富是哥伦布探险的主要动力，根据哥伦布在1492年所记的航海日记内容就可看出，弘扬和传播基督教也是其开辟新航路的重要动机，即"西班牙国王陛下决意派遣我——克利斯托弗·哥伦布前往印度，谒见诸君王，访问各地城市及其风土人情。旨在使他们皈依我们神圣的信仰"[1]。在哥伦布记载的航海日记中，多有此方面的论述，以下再举一例：

> 威严的君主，臣曾说过，虔诚的基督徒如能通晓彼等语言，不用多久即能使彼等成为基督徒。臣望二位陛下，吾之君主早决定在此传教，使这里广大居民皈依基督；凡拒绝向圣父、圣子和圣灵忏悔者，恳请二位陛下敕令消灭之，诚如二位陛下昔日所为。唯如此，待二位陛下千秋之后——吾等凡人皆有不讳之日——陛下的领地定然清明升平，异教涤荡，邪恶消泯，陛下将受上帝隆宠。愿上帝保佑二位陛下万寿无疆，保佑国王和属地疆土恢拓繁荣昌盛，保佑陛下锐意在此传播神圣的基督教之弘愿功德圆满——阿门！[2]

如果说哥伦布将开辟新航路作为自己传播基督福音、践行宗教信仰的一种神圣使命，那么，几乎与新航路开辟同时并行发展的文艺复兴则为欧洲航海家远赴域外进行探险提供了强大的精神信念和动力。对欧洲人而言，文艺复兴是一次解放灵魂的思想大解放，人们一扫中世纪以来等待死亡和末日审判来临之消极、无所作为之思想，转而积极进取，追求现实之幸福。这为新航路的开辟注入了强大的精神动力。

第四，欧洲近代航海技术的进步和西班牙、葡萄牙君主的支持，使新航路开辟的主客观条件已经具备。人类要想征服辽阔的海洋，离不开航海技术和造船技术的进步，否则就只能望洋兴叹了。在近代欧洲航海技术发展中，从中国传入的指南针贡献巨大，可谓引领了新航路的开辟；15世纪末，古希腊天文

---

[1] 克利斯托弗·哥伦布：《哥伦布航海日记》，孙家堃译，上海外语教育出版社，1987，第7页。

[2] 克利斯托弗·哥伦布：《哥伦布航海日记》，孙家堃译，上海外语教育出版社，1987，第58页。

学家克罗狄斯·托勒密的著作——《地理学指南》随着印刷术的传播广为流传，引起了欧洲人在地理学上的一场革命；标有海岸线、海港、界标和各主要港口相对位置的中世纪航海图的出现也是欧洲航海技术进步的重要标志；数学和天文知识的进步为近代欧洲航海家制作简单的天文仪器和航海图奠定了基础；西班牙、葡萄牙王室重视搜集有关海上风向和洋流的系统资料，为远洋航行提供了气象和水文方面的知识。

除了航海技术进步外，近代早期欧洲的造船技术也取得了长足进展，如葡萄牙人对船只结构进行了深入研究，在经过小心实验和全面探索后，利用新技术建造的船只不仅大幅度增强了海船对海洋的适应性，而且提高了船只操作的灵敏性和航行速度。此外，随着造船技术的进步，欧洲人开始建造吨位更大的船只。大吨位船只不仅适合远洋航行，而且配备和安装了射程远、火力强的船炮。由此可见，在15世纪末16世纪初，欧洲航海技术和造船技术的进步，为新航路开辟奠定了物质基础，提供了客观条件。此时，可谓万事俱备，只欠东风。要进行远洋航行需要大量的经费支持，没有西班牙和葡萄牙政府和王室的支持，诸如哥伦布等人也只能望洋兴叹了。

在欧洲诸多的国家中，葡萄牙是欧洲大陆上出现的第一个统一的近代民族国家。公元1143年，葡萄牙在收复失地、光复领土的战争中诞生了，建立了独立的君主制国家，并且在1179年得到了罗马教皇的承认。和葡萄牙相比，西班牙直到1492年才完成光复领土，实现了民族独立。葡萄牙和西班牙地处大西洋沿岸，两国君主若昂二世国王（1481—1495年在位）和伊莎贝拉女王（1474—1504年在位）对支持远洋航行和海外探险兴趣浓厚，大力支持迪亚士、哥伦布等人进行远洋航行。

二、新航路开辟的过程

新航路的开辟，主要指哥伦布发现美洲新大陆、达·伽马开创绕非洲的新航路、麦哲伦环绕世界一周。

哥伦布出生于意大利热那亚，青年时曾读过《马可·波罗游记》，该书对其影响甚深，他向往东方的富饶。成年后，他立意去"香料盈野""黄金铺地"的东方获取财富。1484年，哥伦布向葡萄牙国王若昂二世提出他的航海计划，寻求财政支持未果。次年，哥伦布率长子第雅哥移居西班牙，请求西班牙女王伊莎贝拉的支持。经过四年周折，其计划终被接受。1492年4月17日，伊莎贝拉女王与哥伦布签订了五条协议：

第一条：任命哥伦布为他所发现或取得的一切岛屿和大陆的元帅，他和他的继承人永远享有这个职衔及相应的一切权利和特权。

第二条：任命哥伦布为这些岛屿和大陆的总督和省长，他可以对每个下属官职提出三个候选人，以便西班牙国王选任其一。

第三条：哥伦布保有这些领地所出产、交换而得和开采出来的一切黄金、白银、珍珠、宝石、香料和其他财物的十分之一，完全免税。

第四条：凡涉及这些财物或出产品的任何诉讼，由哥伦布或他的代表以元帅身份掌握审判权。

第五条：哥伦布有权向开到这些"新领土"去联系、经商的任何船只投资八分之一，取得利润的八分之一。①

伊莎贝拉女王与哥伦布达成协议后，在1492年8月3日，哥伦布率领女王为其资助的三艘帆船开始了他的第一次远航。随后他在1493年、1498年和1502年分别出航，到达美洲。哥伦布本意是要去亚洲寻找黄金和香料，但由于地理知识的贫乏，使得结果背叛了初衷，南辕北辙，到达了美洲，发现了新大陆，其对世界历史进程所产生的重大影响远远超出了历史当事人的预料。随后不久，即在1497—1499年，葡萄牙人瓦斯科·达·伽马（1469—1524年）率领四艘帆船离开里斯本港口，完成了从大西洋出发、绕过非洲海岸进入印度洋，抵达印度的历史性航行；在1519—1521年，另一位葡萄牙航海家——斐迪南·麦哲伦（1480—1521年）历经1080个日夜、17000公里航程之后，完成了人类历史上首次环球航行的壮举，意义重大。

三、新航路开辟的历史意义

新航路的开辟是近代欧洲乃至世界历史发展进程中的一件大事，具有重要的历史意义，它使原来与其他大陆隔绝的美洲开始了与世界其他地区之间的联系，大大加强了世界各地区和各民族之间的经济文化交流——不仅改变了全球人种的分布，也促使全球物种的大交流。新航路开辟后，"形形色色的发现者与征服者、传教士与政府人员、商人与冒险家，这些人环游在不同社会之间，背井离乡，在欧洲与美洲之间的大西洋上穿行。在1506—1600年，大约有25万移民从伊比利亚半岛来到新大陆。同样，有25万至30万非洲奴隶来到这里，他们主要来自塞内冈比亚、刚果与安哥拉。1600年已经有5万非洲奴隶行走在

---

① 宫崎正胜：《航海图的世界史：海上道路改革历史》，朱悦玮译，中信出版集团，2014，第113页。

巴西的土地上"①。与人员的流动相伴随的是物种的大交流，而物种的交流使传统远程贸易的性质发生了巨大变化——原来规模有限的奢侈品贸易变成大宗原料、商品和日常必需品的贸易，贸易性质的改变为世界性市场的形成奠定了物质交换的基础②。而世界市场的扩大使欧洲地区的商路和贸易中心由地中海沿岸转移到了大西洋沿岸。随着新航路的开辟及其伴随而来的殖民扩张，开始了世界历史上的资本主义殖民时代；哥伦布远航的成功和美洲的发现，以及随之而来的麦哲伦环球航行，使人们大开眼界，增长了知识，证明一直被天主教反对的"地圆学说"是颠扑不破的真理，从而动摇了天主教那种"上帝创世说"的世界观基础；商业革命和殖民扩张最终促使资本势力大为增长，一个新兴的阶级——资产阶级登上了历史舞台。对此，正如马克思所言："在16世纪和17世纪，由于地理上的发现而在商业上发生的并迅速促进了商人资本发展的大革命，是促使封建生产方式向资本主义生产方式过渡的一个主要因素。世界市场的突然扩大，流通商品种类的增多，欧洲各国竭力想占有亚洲产品和美洲富源的竞争热，殖民制度——所有这一切对打破生产的封建束缚起了重大的作用。"③然而，尽管新航路的开辟"将世界上相隔最遥远的一些地区联合起来，并使它们能够满足彼此的需要，增进彼此的享乐，促进彼此的工业，它们的总趋势看上去是有益无害的。但是，对于东印度、西印度的土著而言，从那些活动中所得到全部商业利润都已经在他们自己所造成的巨大火难中损失殆尽了。……欧洲野蛮人的不义之举使得那些本应让所有人都能受益的活动竟给一些不幸的国家带来了毁灭性和破坏性的厄运"④。

关于哥伦布开辟新航路、发现美洲新大陆的历史意义，恩格斯亦做了精辟的分析和评价："克利斯托弗·哥伦布发现美洲时，他大概没有想到：他的发现不仅会推翻那时整个欧洲社会及其制度，而且也会为各国人民的完全解放奠定基础；可是，现在越来越明显，情况正是这样。由于美洲的发现，找到了通往东印度的航线，这就完全改变了欧洲过去的贸易关系；结果，意大利和德国的贸易关系完全衰落，而其他国家则上升到前列：西方国家掌握了贸易，因此

---

① 塞尔日·格鲁金斯基：《世界的四个部分：一部全球历史》，李征译，东方出版社，2022，第49-50页。

② 请参看贡德·弗兰克：《白银资本：重视经济全球化中的东方》第2章相关内容，刘北成译，中央编译出版社，2011，第58-60页。

③ 马克思：《资本论》（第三卷）上册，人民出版社，1975，第371-372页。

④ 郝时远、王建娥主编《世界民族·文明与文化》（第四卷），中国社会科学出版社，2013，第193-194页。

英国开始起主导作用。在美洲发现之前，各个国家，甚至在欧洲，彼此还很少来往，整个说来，贸易所占的地位很不显著。只是在找到通往东印度的新航线之后和在美洲开辟了对欧洲商业民族有利的广阔活动场所之后，英国才开始越来越把贸易集中在自己手中，这就使其他欧洲国家不得不日益紧密地靠拢。这一切导致大商业的产生和所谓世界市场的建立。欧洲人从美洲运出的大量财宝以及总的说来从贸易中取得的利润所带来的后果，是旧贵族的没落和资产阶级的产生。与美洲的发现联系着的，是机器的出现，从而开始了我们现在所进行的不可避免的斗争——无产者反对有产者的斗争。"[1]

第二节　文艺复兴

　　文艺复兴是起源于近代意大利，随后传播到欧洲其他国家和地区的一场思想文化运动。其表面以复兴古希腊和古罗马文化为核心，实则是对欧洲进入中世纪以后人们所形成的思想文化和精神心理的一次大洗礼，它使"人"重新回到了历史舞台的中心。因此，文艺复兴也是一场思想解放运动，其核心思想是"人文主义精神"。学术界一般将西欧14—17世纪界定为文艺复兴时期。

一、文艺复兴基本概念

　　文艺复兴，其字面意思是"再生"。而"再生"一词最先由人文主义学者彼得拉克提出，一方面用来形容自己处于其中的新文化和新时代，另一方面是针对古希腊罗马和中世纪而言的。"彼得拉克渴望将其基督教的虔敬与古罗马的美德在柏拉图主义的名义下结合起来。"[2]尽管彼得拉克用"再生"一词给予"文艺复兴"基本内涵和定义，而真正将"文艺复兴"作为专业（学术）术语使用是19世纪中后期的事情了。1855年，法国史学家儒勒·米什莱用"文艺复兴"一词来概括16世纪人文主义学者们对"世界和人类的探索"。此后，文艺复兴逐渐开始被广泛运用，尤其是瑞士学者雅各布·布克哈特于1860年出

---

　　① 详见恩格斯：《1847年11月30日弗·恩格斯在伦敦德意志工人教育协会的演说记录》，载《马克思恩格斯全集》（第42卷），1979，第471—472页。关于马克思、恩格斯论述新航路开辟的影响，请参看《马克思和恩格斯论哥伦布远航美洲》，《拉丁美洲研究》1991年第3期，第3-5页。

　　② 雅各布·布克哈特：《意大利文艺复兴时期的文化》，何新译，商务印书馆，1979，第139页、第184页。

版了《意大利文艺复兴时期的文化》一书，极大地推动了对这一时期关于文艺复兴的研究和探索。

文艺复兴的核心思想是"人文主义"。因此，文艺复兴一词与人文主义一词紧密相连。"人文主义"一词出现于18世纪之后，代表着某种区别于自然界、以人类社会为核心的王国中的那些个人精神与自由思想，其含义随着人类的历史进程而变化，尤其是随着人们对历史与现实的认识而发展。现代学者们用"人文主义"一词阐述西方文艺复兴以后的精神世界。

二、人文主义精神内涵

布罗代尔认为："文艺复兴时期的人文主义就像罗马与罗马的一场对话，这场对话在异教徒的罗马与基督教的罗马之间、在古典文明与基督教文明之间进行。"[1]由此可见，人文主义既是对古罗马文化、古罗马人的思想和精神的一种"再生"，也是对中世纪文化，尤其是人们思想和精神的一种批判和扬弃。其核心内涵是人们对待死亡的态度发生了极大的转变："死亡越来越不再是达到美好生活、达到真实生活的一种平静的天国之旅，它变成了一种尘世的死亡，带有肉体腐败的所有可能的迹象——这是人的死亡，是人类不得不面对的最大考验。"不会有人自愿地像圣·奥古斯丁那样说："我们是人间渴求死亡的旅客。"也没有人会相信"此生与其生不如死，是一种地狱"。对于人而言，生和死最为重要，既然人们对生与死的观念发生了巨大变化，那么人们对于生命的价值和意义，以及对待生活的态度也就发生了重大变化——人们开始重视现世生活，要"在现世建立自己的王国"。这一认识的巨大转变为"现代文化中所有积极力量"——"思想自由、不相信权威、知识教育胜过出身，对科学的兴趣，以及个人解放的产生涂上了重重一笔"。与此同时，人们也认识到既然来世和天堂是虚无缥缈的，那就应该追求物质幸福及肉欲上的满足，反对宗教禁欲主义。文艺复兴时期，对当时的欧洲人而言，"很少有像现在这样强有力地感受到自己生活在幸福的时刻"[2]。

综上所述，在文艺复兴时期所形成的人文主义精神内涵，主要包括：人们开始重视现世生活，追求现实的幸福；在精神状态上，表现出乐观主义的精

---

① 费尔南·布罗代尔:《文明史:人类五千年文明的传承与交流》,常绍民、冯棠、张文英、王明毅译,中信出版集团,2017,第360页。

② 关于文艺复兴时期欧洲人的思想和精神变化,请参看费尔南·布罗代尔:《文明史:人类五千年文明的传承与交流》,常绍民、冯棠、张文英、王明毅译,中信出版集团,2017,第367-368页。

神，反对悲观主义，提倡发挥人们的聪明才智及创造潜力，反对消极无所作为的人生态度；在人性上，反对基督教禁锢人性；在道德观念上要求放纵，提倡所谓公民道德，认为事业的成功及发财致富是一种道德行为；重视科学实验；在文学艺术上表达人的真实感情，反对虚伪造作。

三、文艺复兴兴起的原因

关于文艺复兴兴起的原因，或确切地说它为什么会在意大利率先兴起，结合学术界已有研究成果，可从以下几方面予以分析。

第一，经济基础。在中世纪，欧洲的贸易中心在地中海沿岸，受此得天独厚的地理优势的影响，意大利最早产生了资本主义萌芽，以及由此而兴起的资产阶级希望冲破教会神学的束缚。除此，尽管此时的意大利尚未完成统一，但经济繁荣，尤其是一些共和国的商业和手工业非常发达，财力雄厚，这就为文艺复兴的兴起提供了良好的物质基础。

第二，文化基础。公元476年，西罗马帝国灭亡，但东罗马帝国（拜占庭帝国）依然延续了一千余年，保留了大量古希腊、古罗马文化典籍，这些典籍随后从东罗马帝国传到了意大利。关于古希腊、古罗马文化典籍从东罗马帝国传到意大利的途径和原因，学术界有三种看法：第一种看法认为，14世纪末，由于信仰伊斯兰教的奥斯曼帝国的入侵，东罗马帝国（拜占庭帝国）的许多学者，带着大批古希腊和古罗马艺术珍品和文学、历史、哲学等书籍，纷纷逃往西欧避难。该说法被史学界广泛认同。第二种看法认为，十字军东征时，带回来大量书籍，藏在教堂的地下室，后被发现，人们惊叹古希腊和古罗马的艺术和文学等，并开始大力传播，意图达到西方古典时期的成就。第三种看法认为，1295年，随着《马可·波罗游记》的出版和传播，引发了欧洲人对"文明发达，财富丰饶"的东方世界强烈的探索欲望，最终开阔欧洲人的视野，东西方文化的交流导致了文艺复兴的飞速发展。

第三，教会的支持及人才优势。14—17世纪，意大利人才济济，汇集一处，如文学三杰和美术三杰等。然而，具有讽刺意味的是，在文艺复兴时期，很多人文主义学者在其著作中对教会进行了尖锐的批判，但教会是诸多人文主义学者进行学术研究的重要赞助者。如教皇尼古拉五世（1447—1455年在位）被誉为"文艺复兴教皇"，重视学者们的研究工作，他认为依靠众多有学问之人的支持，教会的前途是光明的；教皇利奥十世（1513—1521年在位）则大力奖励各类才学之士，"无疑由于他的奖励，拉丁诗人们才给我们留下了一幅利奥时代欢快的、精神焕发的生动图景"①。

第四，有利的地理位置。意大利作为古罗马帝国的历史继承者，在复兴古希腊罗马文化上具有得天独厚的地理优势，而且它相对邻近东方，较早接受了东方文化（造纸术和印刷术）的深刻影响。印刷术的发展和印刷文本的大量问世，不仅大大削弱了教会的权威，而且推动了近代早期"公共舆论"的出现，宣告了过去精英阶层垄断知识和意识形态局面的终结。尤其到16世纪，随着新航路的开辟，欧洲图书亦随着"伊比利亚人所到的地区展开了征服之旅，它们与西班牙征服者、传教士及王国的代表们一起穿越了大西洋"。"欧洲图书跨越大洋的传播是文艺复兴时期一切知识载体的移动的最具体的彰显。""加强了伊比利亚人与世界其他地区的人之间的联系。"②由此可见，在文艺复兴时期，随着欧洲印刷术的进步，欧洲人采用活字版印刷术印制大量书籍，既促使文艺复兴的兴起，也推动了文艺复兴思想和作品的传播和普及。

第五，黑死病的流行。14世纪中后期，黑死病在欧洲的肆虐，导致大量人口死亡。在《黑死病（1348—1349）：大灾难、大死亡与大萧条》一书中，作者详细记述了黑死病来临后给欧洲各国带来的灾难性影响。如1348年，黑死病在意大利佛罗伦萨传播和流行后，给该城留下了惨绝人寰的景象："墓地不再够用。于是人们挖了沟，将数以百计的尸体像船上的货物那样排成行，每层尸体中间稍微撒上些泥土，直到沟被填满。周边农村的景象和城市里相同。""无论多么华丽的房屋，多么庄严的宫殿，都已经没有人烟。多少高贵的家庭全家罹难！多少财富遗留下来却无人继承！多少男男女女，正青春年少，上午被伽林（古希腊名医）、希波克拉底（古希腊名医，被称为"医药之父"）、埃斯库拉庇乌斯（古希腊罗马神话中的医神）一样的名医断为健康无比，中午还在和朋友欢宴，晚上却和朋友在另一个世界用晚宴了。"③一方面是成千上万人的死亡，另一方面则是承担社会管理职能的教会腐败无能——"黑死病是欧洲历史的耻辱，因为它暴露了封建政府一切的涣散，当时欧洲的人们除了逃离，几乎没有能力来克服危机……黑死病对于欧洲人来说，是一个严重的教训，它

---

① 雅各布·布克哈特：《意大利文艺复兴时期的文化》，何新译，商务印书馆，1979年，第243页。

② 塞尔日·格鲁金斯基：《一部全球化历史：世界的四个部分》，李征译，东方出版社，2022，第76页。

③ 弗朗西斯·艾丹·加斯凯：《黑死病（1348-1349）：大灾难、大死亡与大萧条》，郑中求译，华文出版社，2019，第52页。

使人们认识到了自己居于危巢之中的本质。"①

教会在面对黑死病时，不仅束手无策，而且更可恶的是，"他们把一个个求助者拒之门外，更有甚者把与自己同门的教士驱逐出外。就这样，人类的'救赎者'成了不折不扣的伪善者。人们开始在怀疑神的存在和作用的同时，也开始怀疑博爱的上帝和博爱的神圣，从而自觉或者不自觉地开始内心反省。人们会自然而然地想：这么多修士的死亡，如果他们不是最大的罪人的话，为何上帝会杀掉这么多？教会的力量在根基上出现了动摇，黑死病的到来意味着教会的权威开始弱化。那就意味着，无需神职人员也能和上帝对话，一旦有了这个想法你接下来就会想，好吧，那我为何还要这些所谓的权威，那我为何还要主教……这些想法的可怕就在于它的颠覆性"。当欧洲人经历了这场前所未有的死亡体验后，"人们的心灵受到了强烈的震撼……劫后余生者从他人的死亡恐惧之中唤起了对自我生命存在幸福的追求和对生之权利的百般珍惜。于是不失时机地追求现实享乐便成为人们的生活信念，歌颂人生、申扬人权成了新的社会观念"②。由上述可见，这场大瘟疫不仅导致教会权威的动摇，也促使人们现实主义和自主意识不断增强。

第六，深层次原因——教会严格控制人们的思想，激起了资产阶级与平民的不满。黑死病过后，新兴资产阶级力量的壮大、城市经济的涅槃重生、知识的世俗化、科学技术得以发展，为文艺复兴的兴起奠定了经济和社会基础，提供了物质载体。而且文艺复兴具有整体性特征，它是作为一个政治、经济、文化综合发展的统一模式存在的。

---

① 朱孝远：《欧洲涅槃：过渡时期欧洲的发展概念》，学林出版社，2002，第112页。

② 黑死病对当时欧洲人的思想和宗教观念的冲击，请参看施太格缪勒：《当代哲学主流》（上卷），王炳文、燕宏远、张金言译，商务印书馆，1986，第184页。关于黑死病对宗教改革的影响，国内学术界相关研究成果有真龙：《黑死病与意大利文艺复兴的关系》，《人口·社会·法制研究》2017年第2期；裴世东：《黑死病对中世纪欧洲社会影响的历史分析》，《绥化学院学报》2015年第8期；贾雪颢：《浅析黑死病对于西欧基督教会的长远影响》，《黑龙江史志》2015年第2期；李炳贤：《试论黑死病对文艺复兴的推动作用》，《城市地理》2014年第8期；李晓光：《1348年黑死病与欧洲文艺复兴》，《湖北第二师范学院学报》2014年第3期；潘树林：《浅谈黑死病与欧洲文艺复兴运动的关系》，《社科纵横》2011年第10期；邵晓莉：《试论中世纪黑死病对欧洲社会的影响》，《西安社会科学》2011年第4期；苗颖、刘晓兵：《黑死病与文艺复兴》，《中学历史教学》2008年第9期；赵红：《是灾难，更是契机和动力——试论黑死病对欧洲社会的三大影响》，《湖州师范学院学报》2004年第10期；马忠庚：《论黑死病对中世纪欧洲社会变迁的影响》，《聊城大学学报》2004年第1期；宋耀良：《黑死病与文艺复兴运动》，《社会科学战线》1988年第6期等。

四、文艺复兴时期意大利所取得的文学艺术成就

意大利是文艺复兴的发源地，在文艺复兴期间出现了诸多杰出的文学家、艺术家和政治思想家，他们的著述和作品能反映和体现出欧洲从中世纪迈向近代的时代巨变。

（一）文学三杰

但丁（1265—1321年），意大利民族诗人。恩格斯称他为"中世纪最后一位诗人，同时又是新时代的最初一位诗人"。他继往开来，在欧洲文学史上占据重要地位，其代表作是《新生》和《神曲》。

但丁创作的《新生》和《神曲》与其生平和时代有着密切关系。13、14世纪的意大利尽管在经济上比较繁荣，但在政治上四分五裂，诸邦林立，内部冲突乃至战乱频仍。在但丁的一生中，有两件事情对其影响很大，一件是青少年时期的爱情，另一件则是其成年后卷入佛罗伦萨的政治斗争。他的两部成名作均与上述两件事情密切相关。

《新生》的创作与但丁早年一次美丽的邂逅有密切关系。在一个春光明媚的上午，但丁在佛罗伦萨城阿尔诺河的"旧桥"上遇见了美丽的贝特丽丝。但丁对贝特丽丝一见钟情，念念不忘，但不久之后，贝特丽丝去世，但丁闻此噩耗，悲痛不已，遂创作《新生》以纪念。"新生"顾名思义，就是生命获得重生，在其作品中，主人公贝特丽丝获得新生。由此可见，爱情催生了《新生》，而《新生》又为他晚年创作《神曲》储备了素材。

《神曲》的创作与但丁生平中第二件大事——参与佛罗伦萨政治斗争有着密切关系。13世纪，意大利新兴市民阶层与封建贵族之间的斗争十分激烈，而佛罗伦萨作为当时意大利的经济和政治中心，更是如此。1266年，佛罗伦萨政局出现变化，贵族和市民阶层开始平分政权，贵族担任执政官，组成共和政府，新兴的工商业市民组成市民会议。市民会议有立法和监督权，其成员非富即贵，须是当时最有势力的同业公会的成员，如律师公会、银行公会、医药公会等。尽管但丁家族早已败落，但他还是想方设法进入了医药公会。1300年，但丁作为医药公会代表参加了佛罗伦萨最高行政会议，并当选为六大行政官之一。然而，但丁所在的"贵而夫党"在其当选为行政官不久，分裂为白党和黑党。黑党是守旧的贵族，支持教皇；白党是新兴商人，反对教皇。但丁作为白党领袖，不仅反对教皇，而且支持成立佛罗伦萨共和国。在1302年黑白党之争中，黑党获胜，掌握了共和国大权，残酷地镇压白党。他们不仅没收了但丁全部家产，还将其终生流放，但丁从此流亡异乡。退出政坛后，但丁开始

著书立说，将大部分精力用于创作《神曲》。在《神曲》中，但丁表达了强烈的爱国主义情感，反对分裂，渴望实现国家统一，建立一个继承古罗马传统的意大利帝国。

弗朗西斯克·彼特拉克（1304—1374 年），意大利早期人文主义者、诗人，被誉为"文艺复兴之父"，以十四行诗著称于世，与但丁、薄伽丘齐名，他们三人被称为欧洲文学史上的"三颗巨星"。彼特拉克创作了大量的十四行抒情诗，其内容和思想突破了中世纪禁欲主义、神秘主义和经院哲学的束缚，直接描写爱情，反映人们喜怒哀乐等内心真实感受，具有强烈的反封建色彩和爱国主义情感——缅怀古罗马光荣伟大，渴望意大利和平统一。彼特拉克也是最早搜集和研究古典著作的学者，开创了研究古典文化的新风，他猛烈抨击罗马教廷，对欧洲人文主义运动起了巨大的推动作用。

乔万尼·薄伽丘（1313—1375 年），意大利人文主义杰出作家。其代表作《十日谈》是欧洲文学史上第一部现实主义作品。在书中，薄伽丘批判了宗教守旧思想，主张"幸福在人间"，被视为文艺复兴的宣言。全书共 100 个故事，主要揭露了教会神职人员的虚伪、贪婪和淫荡，贵族的昏聩、卑鄙和残忍，歌颂个性自由、感官享受和个人主义。

通过上述文学作品所描述的内容和创作思想可以发现，它们有一个共同的主题——均将描写爱情和人的真实情感密切联系起来。究其原因，人文主义者开始把人的本能的幸福感和正当性联系在一起。在他们看来，既然爱情是人们所热衷追求的，也必然具有正当性。正因如此，爱情成为文艺复兴时期，尤其是早期人文主义时期文学家、艺术家集中描绘的对象，成为承载人文主义思想的重要内容之一。

（二）艺术三杰

列奥纳多·达·芬奇（1452—1519 年）是与拉斐尔和米开朗基罗齐名的意大利文艺复兴艺术三杰之一，也是整个欧洲文艺复兴时期的代表人物。达·芬奇是欧洲文艺复兴时期的科学家、发明家和画家。现代学者称其为"文艺复兴时期最完美的代表"，其最大成就是绘画，代表作有：《蒙娜丽莎》《最后的晚餐》《岩间圣母》等，体现了精湛的艺术造诣。他认为自然中最美的研究对象是人体，人体是大自然的奇妙作品，画家应以人为绘画对象的核心。

米开朗基罗（1475—1564 年），全名米开朗基罗·迪·洛多维科·博纳罗蒂·西蒙尼，是当时意大利著名的雕塑家、建筑师、画家和诗人。所画人物以"健美"著称，即使女性也画得肌肉健壮。其事迹见《米开朗基罗传》，代表作有：《大卫像》《末日的审判》《摩西像》和《创世纪》。

拉斐尔·圣齐奥（1483—1520年），意大利文艺复兴时期著名的画家和建筑师。拉斐尔绘画以秀美著称，画作中的人物图像清秀、场景祥和。他为梵蒂冈教宗居室创作的大型壁画《雅典学院》是经典之作。他将柏拉图和亚里士多德、基督教和异教融在一起，创造出和谐的场面。拉斐尔于1520年逝于罗马，终年37岁，葬于万神庙。其画有各种圣母像，他笔下的圣母都被塑造成充满母性和幸福感的世俗母亲的形象，而不带丝毫神秘主义和禁欲主义，代表作有：《花园中的圣母》《西斯廷圣母》《教义论争》等。

（三）政治思想家——马基雅维里

尼科洛·马基雅维里（1469—1527年），出生于意大利佛罗伦萨的一个律师家庭，是文艺复兴时期的政治哲学家、音乐家、诗人和喜剧剧作家。他是意大利文艺复兴中的重要人物，著有《君主论》《论李维》和《佛罗伦萨史》。

《君主论》是马基雅维里撰写的一部现实主义政治作品，也是一部讲述为君之道的著作。"他把生活分为两截：白天在农民当中劳动和生活；黑夜单独与古人对悟，探索治国之道。"[1]故该书主要"讨论君主国究竟是什么，它有什么种类，怎样获得，怎样维持，以及为什么会丧失。……此书一定会获得君主，特别是一位新君主的欢迎。"[2]纵览全书，可将马基雅维里所提出的为君之道总结如下：军队和法律是权力的基础；君主应独揽大权，注重实力，精通军事；君主不应受任何道德准则的束缚，只需考虑对施政效果是否有利，而不必考虑所实现的手段是否有害，故对外可示仁慈，但内怀奸诈，亦可效法狐狸与狮子，诡诈残忍均可兼施；君主可以与贵族为敌，但不能与人民为敌；君主应当不图虚名，注重实际，残酷与仁慈、吝啬与慷慨，都要从实际出发，明智之君宁蒙吝啬之讥而不求慷慨之誉等。

纵览马基雅维里的著作，可以看出，在文艺复兴时期，人文主义学者一改中世纪史学撰写之主题，开始摒弃上帝史学，关注现实，重视史学为现实服务之功能。同时，在史学撰写过程中，将人重新置于世界之中心。在马基雅维里的著作中，通篇可以看到从人性善恶来分析和解释历史的动因。

五、文艺复兴的历史意义

文艺复兴的重大历史意义在于它促使欧洲人以神为中心过渡到以人为中心，在于人的觉醒，在于人们把重点从来世转移到现世。它唤醒了人们的积极

---

① 尼科洛·马基雅维里：《君主论》，潘汉典译，商务印书馆，2017，序言第 xii 页。

② 尼科洛·马基雅维里：《君主论》，潘汉典译，商务印书馆，2017，序言第 xiii 页。

进取精神、创造精神以及科学实验精神，从而在精神方面为资本主义制度的胜利和确立开辟了道路。具体表现为：解放了人的思想，即把人们从中世纪的基督教神学的桎梏下解放出来，发扬了人们为创造现世的幸福而奋斗的乐观进取精神；文艺复兴摧毁了僵化死板的经院哲学体系，提倡科学方法和科学实验，为17、18世纪以及19世纪自然科学的发展奠定了坚实的基础；文艺复兴时期创造出来的大量的精湛的艺术和文学作品，成为人类艺术宝库中的无价瑰宝，永放光芒；文艺复兴为以后欧洲人的思想进步扫清了障碍，不仅打破了经院哲学的一统局面，使得各种世俗哲学兴起，而且推动了各种政治理论和学说的兴起，为后来"自然权利""社会契约论""人民革命权利""人民主权"以及"三权分立"等学说的产生提供了思想渊源。

第三节 宗教改革

近代欧洲宗教改革始于16世纪，其结果不仅瓦解了自基督教成为罗马帝国国教后在西欧逐渐形成的由天主教会所主导的政教体系，而且促使了新教的产生，为后来西方国家从基督教（天主教会）统治下的封建社会过渡到多元化现代社会奠定了基础。宗教改革期间的代表人物有马丁·路德、约翰·加尔文、约翰·卫斯理等。从时间上来看，狭义上的宗教改革通常是指1517年马丁·路德提出《九十五条论纲》一直到1648年《威斯特伐利亚和约》出台为止的欧洲宗教改革运动。宗教改革是欧洲资本主义发展的一个必然结果，也是基督教发展史上的一个重要里程碑。

一、中世纪天主教神权统治情况

公元1世纪基督教诞生于罗马帝国，在公元4世纪初被定为罗马国教。476年，西罗马帝国灭亡后，基督教在整个欧洲历史进程中扮演了重要角色，成为欧洲文明的中心内容，在欧洲人的伦理道德和心理行为的塑造上起了决定性作用。1054年，基督教第一次分裂为以罗马为中心的天主教和以君士坦丁堡为中心的东正教；到16世纪近代欧洲宗教改革时，再次分裂为天主教、东正教和新教，新教包括路德教、加尔文教和英国国教。

基督教教义和信仰的核心理论是"原罪说"和"灵魂救赎"。在基督教诞生早期，乃至宗教改革之前，基督教信仰者关注的是来世而非现世，对于世俗政权生活并未给予太多的关注和思考。但在其成为罗马帝国国教后，帝国的前途和命运就成为基督教教会和教徒们不得不面对和思考的一个重大问题。公元410年，哥特人攻陷了罗马，为千年未有之变局。在罗马帝国被异族入侵这种末日来临般的灾难面前，包括诸多基督教教徒在内的帝国知识分子深受震撼，开始深入反思罗马帝国灭亡之原因。一方面，他们反驳"异教徒们"将罗马帝国灭亡之原因归于基督教会和基督教教徒们；另一方面，在这样一个危机四伏的世界里，基督教会和教徒们如何实现自我拯救。

面对上述危局，圣·奥古斯丁（354—430年）开始撰写《上帝之城》，其目的有二："一是回答罗马帝国为什么灭亡；二是指出现世的人类应该生活在何种组织形式中。"①很显然，奥古斯丁对第二个问题的解答所产生的影响，远远超出了解答者的预期。对基督教信仰者而言，人生的终极关怀是"灵魂救赎"，人生的价值目标是来世而非现世。正如奥古斯丁所言："欲望是现实统治的驱动力，但这种欲望却不是虔诚的基督徒应该追求的东西，甚至恰恰相反，好的基督徒应该控制这种欲望。人世间不过是人生的逆旅，世界历史不过是一部灾难史；人的永恒归宿在另外一个世界，追求彼岸世界才是头等重要的大事，也是人的终极追求。那么，人类如何才能从此岸走向彼岸，走向人的永恒归宿呢？"答案是包括神职人员和诸多信众组成的基督教会，它为人类在等待末日审判来临，最终走向永恒归宿这一期间做好准备。基督教会的发展与君士坦丁大帝有密切关系，在基督教成为罗马帝国国教后，君士坦丁大帝做出了一个重要举措——在帝国每个行省（不列颠地区除外）建立教会组织并任命主教。该举措将基督教会变成了一个遍布罗马帝国的庞大行政组织。帝国灭亡后，在经过漫长的世俗皇权和教权斗争后，基督教会最终成为一个世界性的组织机构。

由此可见，奥古斯丁在基督教发展史上具有承上启下、奠基之功。其宗教哲学一旦被人们所接受和认可，变成人们的世界观后，就为以后近千年欧洲人的行为方式和伦理道德做出了约束和规定。此后，新约《圣经》中的"原罪"和"灵魂救赎"原始教义经过历代神学家延伸和发挥，尤其是在13世纪，经过著名神学家托马斯·阿奎那（1225—1274年）完善后，基督教会的权威得到了进一步的巩固。

随着基督教教义的发展和演变，教权与皇权之间的斗争持续不断。公元9世纪到11世纪，教皇与世俗皇权之间的斗争一直是西欧历史的主线。直到公元11世纪，格里高利七世（1073—1085年在位）成为教皇，他从罗马法中找

---

① 金观涛：《轴心文明与现代社会：探索大历史的结构》，东方出版社，2021，第216页。

到了一条制约世俗皇权的依据，即罗马法规定教皇有权开除皇帝的教籍。这一规定影响深远，是教权战胜皇权的决定性因素。对此，美国学者哈罗德·伯尔曼将其称为"教皇革命"——1059年举行的教会会议首次禁止主教由世俗政府任命，宣布由罗马枢机主教选举教皇；1075年，教皇格里高利七世拟定《教皇敕令》，从罗马法中为教皇不受世俗权力约束找到依据①。故从11世纪开始，到13世纪，教皇权势发展到顶峰，天主教会不仅严密控制着信徒们的生与死，世俗皇权也匍匐在教皇脚下。然而，当西欧历史进入14、15世纪后，教皇权力越来越受到世俗权力的挑战，教皇和教会势力开始衰退。

二、宗教改革兴起的原因

鉴于宗教改革的重要影响，国内外学者对其进行了大量研究，其中关于宗教改革的原因，伯特兰·罗素的论述具有代表性：

> 宗教改革是一场复杂的多方面的运动，它的成功也要归功于多种多样的原因。大体上，它是北方民族对于罗马东山再起统治的一种反抗。宗教曾经是征服了欧洲北部的力量，但是宗教在意大利已经衰颓了：教廷作为一种体制还存在着，并且从德国和英国吸取大量的贡赋，但是这些仍然虔诚的民族却对于波尔嘉家族和美第奇家族不能怀有什么敬意，这些家族借口要从炼狱里拯救人类的灵魂，收敛钱财，大肆挥霍奢侈。

> 民族、经济和道德的动机结合在一起，加强了对罗马的反叛。此外，君王们不久就看出来，如果他们自己领土上的教会完全变成为本民族的，他们便可以控制教会；这样，他们在本土上就要比以往和教皇分享统治权的时候更加强而有力。由于这一切原因，路德的神学改革在北欧的大部分地区，既受统治者欢迎，也受人民欢迎。②

宗教改革作为近代西欧一场广泛而深刻的社会巨变，其爆发的根本原因还需从当时西欧社会经济变迁中去寻找，正如马克思所言，一切社会变迁和社会变革的终极原因应当在经济条件的变化中去寻找。到16世纪，西欧等国随着

① 金观涛：《轴心文明与现代社会：探索大历史的结构》，东方出版社，2021，第216页。1075年，教皇格里高利七世颁布了《教皇敕令》，规定了教皇的地位及权力：唯有教皇一人具有任免主教和制定新法律的权力；教皇有权废黜皇帝，以及解除人民对邪恶统治者效忠的誓约；罗马教会从未犯过错误，也永远不会犯错误；凡不与罗马教会和谐相处者不得视为基督徒；教皇可以命令臣民控告他们的统治者；教皇永不受审判等。《教皇敕令》是罗马教廷建立世界统治的一个纲领性文件，是中世纪欧洲教权与皇权之争的一次重大胜利。

② 伯特兰·罗素：《西方哲学史》（上卷），何兆武、李约瑟译，商务印书馆，1963，第19页。

资本主义的发展，新兴资产阶级渐趋成熟，要求打破天主教神学的精神束缚，为资本主义发展扫除障碍。而中世纪西欧的整个文化思想领域受天主教神学思想统治，以资产阶级为首的广大群众要求冲破封建神学思想体系的束缚，获得解放，这是16世纪宗教改革发生的根本原因。在政治上，14、15世纪欧洲民族主义观念开始兴起，建立统一的民族国家的呼声日益高涨，这就要求打破天主教一统天下的局面。在思想文化上，文艺复兴与宗教改革紧密相连，前者的兴起和人文主义者所倡导的人性至上、积极进取、科学求知等思想的传播有密切关系，为人们重新认识基督教教义和挑战天主教会提供了理论和思想依据。在社会层面上，当时蔓延于整个欧洲的黑死病为宗教改革奠定了社会基础，一方面，面对瘟疫的肆虐，教会既无力提供拯救亿兆黎民于水火的良方，又无法为垂死之教徒以心灵慰藉，其无能与虚伪在黑死病面前暴露无遗，人们对教会的失望可想而知；另一方面，随着大量有学识的教士及神职人员的死亡，当黑死病瘟疫逐渐退却后，教会所补充的诸多不合格的神职人员不仅不能抚慰幸存者，而且更加腐败无能，不仅无法挽救摇摇欲坠的教会组织，而且加速其灭亡。

此外，教会的日益腐败和搜刮导致群众日益不满，也是导致宗教改革的重要原因。正所谓物必先腐而后虫生，教会之所以出现改革的诉求，皆因其自身的腐败。15、16世纪，天主教会日益商业化，成为榨取信徒膏血的机器，教会不仅把圣职和教士的服务变成商品，而且将教徒用来赎罪的神恩圣德以"赎罪券"①的形式公然出售。如教皇英诺森八世（1484—1492年在位）就直言不讳地宣称："上帝并不希望惩治罪人，而只要求他们交钱赎罪。"此外，教皇生活奢侈荒淫令人震惊，如，保罗二世（1464—1471年在位）所戴的一顶皇冠价值高达三万杜卡特金币；西克斯特四世（1471—1484年在位）被时人称为城市的破坏者、天国的羞辱、掠夺孩童的强盗、淫夫和小偷；英诺森八世通过贿赂当选为教皇后，用出卖神职而搜刮来的钱财养私生子，被时人讽为"罗马

---

① 从13世纪开始，欧洲民众就用花钱购买赎罪券的方式以求赦免自己的罪行。到15世纪时，在教会的大力推动下，信徒购买赎罪券已变得非常普遍。因为在1453年，奥斯曼土耳其攻占了东罗马教会大本营君士坦丁堡，按照惯例，罗马天主教廷和教皇应组织新的十字军讨伐异教徒，护卫正教信仰，这就需要筹措大批军费，故在1476年，教皇思道四世宣布购买赎罪券可以帮助炼狱中的灵魂得以解脱，这为各级教会组织用赎罪券来换取大量捐献大开方便之门。此外，随着欧洲印刷术的进步，为大量印制赎罪券以及民众购买赎罪券提供了可能和便利。请参看张笑宇：《技术与文明：我们的时代和未来》，广西师范大学出版社，2021，第133-136页。

城的爸爸"；利奥十世（1513—1521年在位）在生活腐化奢侈方面超过了所有前任，在其任内，将教廷所积攒的巨额财富挥霍一空，更为后继者留下了大笔债务，甚至在拍卖了皇冠等教廷珍宝后仍不能偿清所欠债务。15世纪末叶，教皇沉湎于人间享乐，致力扩充世俗领地，其精神上的威严已堕落无余，教士的腐朽愚昧已不能胜任最基本的宗教职责。对于教皇的奢侈腐败和教会人士的腐朽无能，一些教会有识之士已认识到严重后果：种种恶行引起了人们对于一切神职人员的仇恨，如果不予以纠正或改革，世俗人对神职人员的崇敬心理将一扫而光，并认为罗马教廷是一切罪恶的根源，他们将效法胡司先例，攻击教士的所作所为。

三、马丁·路德与德国宗教改革

近代欧洲宗教改革始于德国，率先向罗马教廷和天主教会发难的是马丁·路德。马丁·路德（1483—1546年）早年在爱尔福特大学攻读法律，因受其母亲的影响，宗教信仰十分虔诚。1505年，其放弃学业，进入奥古斯丁修道院，成为一名修士，冀望通过苦修以求上帝赦免自己的原罪。1510年，其受修道院差遣去罗马朝拜，沿途所见所闻使路德对教廷的腐败及世风恶浊深有感触，开始对教会赎罪得救制度产生了怀疑。可以说，罗马朝圣之旅是路德思想发生转变的重要原因。1512年，路德在获得神学博士学位后，被任命为威登堡修道院副院长和威登堡大学神学教授。他利用大学图书馆潜心研究《圣经》，发现天主教会一整套制度及其神学理论和实践与基督教原始教义背道而驰。因为《福音书》已明示耶稣之死已替人类在上帝面前赎了罪，故信徒只要相信耶稣就可得救，这即是路德从《圣经》中悟出"信仰耶稣即可得救"的道理。

就在路德体悟出"信仰耶稣即可得救"这一重大发现后，便对教皇兜售赎罪券的行为再也无法忍受。1517年10月30日，马丁·路德撰写了《关于赎罪券效能的辩论》（即《九十五条论纲》），并在翌日中午贴在维登堡卡斯尔教堂大门上，要求公开辩论赎罪券问题。其中论纲的第二十八条写道："显然，当金钱投到钱柜中当当作响时，只是贪婪爱财的欲望增加了。但是教会代替罪人祈求赦免的效果只能取决于上帝的意志。"第三十六条写道："凡是感觉自己是真正做了忏悔的基督徒，不论他是活着的或者是死去的，都有分享上帝赐给基督和教会的恩典的权利。"因此，教会出售赎罪券是"欺骗"和"捏造"，不符合基督教教义[①]。马丁·路德的言论可谓石破天惊，随着其传播，很快就在民

---

① 《九十五条论纲》全文，请参看齐思和、林幼琪选译《中世纪晚期的西欧》，商务印书馆，1962，第139-149页。

众和教会组织中引起了轩然大波。基督教教义及路德宗教改革的教义发展历程大致如下。

（一）"信仰耶稣即可得救"与"因信称义"

在基督教形成过程中，新约《圣经》是其经文的重要载体，共收录21封书信，其中13封保罗的书信深刻阐述了基督教教徒应有的信仰。而"因信称义"作为基督教最基本的教义已初见端倪。在《圣经》最重要的经卷《罗马书》中，保罗从神学角度反复论证，系统阐释了基督救赎观及人的"因信称义"思想。具体为：何谓"信"？就是确信、坚信、虔信，指毫不犹豫、毫不迟疑、毫不怀疑地相信；何谓"义"？指罪人在基督耶稣那里不再被神看作罪人，即为"义人"；为何要"称义"？因为人类祖先犯有原罪，不论是犹太人还是外邦人，其子孙人人"都在罪恶之下"，没有义人，故需要救赎；那怎样才算称义？即罪人在神面前得称（恕免）为义，不是别的，而是"蒙神的恩典，因基督耶稣的救赎，就白白地称义"。信是称义的条件，称义是信的结果。只要坚信耶稣是基督，即可称义。

（二）因律和善功称义：罗马教会偏离因信称义

1054年，基督教发生第一次大分裂，分裂为东正教和天主教。天主教会自认为承袭了古代公教会传统，但事实上，它越来越远离或背离原始基督教的"因信称义"教义，把基督耶稣传播天国福音、保罗发展起来的关于基督的内在信仰变成了偶像崇拜式的外在宗教，其根本目的是维护其最高宗教权威。其主要表现为：依恃世俗当局，追求教会的普世化；垄断《圣经》，突出教士的中介地位；偏离因信称义，强化教权主义。通过历代天主教神学家的补充和完善，特别是在13世纪由著名的神学家托马斯·阿奎那将"善功称义"理论发展完善后，教宗至上、神职人员至高、教会权威不容挑战成为中世纪后期西欧社会的共识。

（三）因信称义：马丁·路德回归福音信仰

从前述可知，路德企图通过苦修以求赎罪，因此，他严格遵守教会制定的"金科玉律"。他曾言道："我是个虔诚的修士，严格地力行我的规条……若曾经有修士因为过修道院的生活，而获升天堂的话，那么我也一定可以升天堂……如果这种修行生活，需要久一点的话，我也要以反省、祈祷、阅读或做其他工作，来使自己受苦，甚至死亡。"[1]然而，当他研读《圣经》时发现"信仰

———
① 威尔·杜兰：《世界文明史·宗教改革》（第六卷），幼狮文化公司译，东方出版社，1999，第425页。

耶稣即可得救"后，路德悟出了"神的永久正义完全是一个怜悯的赠礼，只要人相信耶稣基督，他就可以获得这份赠礼。人不论做什么都无法强迫神赠予他这份礼物。相信他获得了这份礼物本身也不是人所能达到的"这一重要结论。由此可见，路德的这一重要发现，实际上回到了新约《圣经》中使徒保罗所提出的"义人必因信得生"这一原始教义上。

综上所述，纵览路德的宗教思想，可以看出，其核心要点为：人要想自己的灵魂得救，需依靠个人虔诚的信仰，而不需要教会神职人员的干预，即"因信称义"，简化宗教仪式；信仰的唯一依据是《圣经》，而不是天主教会所制定的神学教义，即每一个基督教教徒，都有权利按个人的看法解释《圣经》；国家权力应当高于教权，并且支配教权，即"世俗权力是受上帝的委任来惩治奸邪、保护善良的。因此，我们应该让整个世俗政权在整个基督教世界中执行它的职务，不要加以阻碍。无论什么人，不管他是教皇、主教、传教士，或是修士、修女，世俗权力都有权来管他"[①]。

四、马丁·路德宗教改革的过程

《九十五条论纲》影响巨大，直陈教会的种种弊端。基督教本是一个救赎宗教，救赎要靠上帝。教会只是在教徒等待末日审判来临前信众中的精英分子管理宗教事务的组织。后来教会变成了与上帝沟通的中间媒介，竟然代表上帝制定规条，这就违反了基督教的基本价值观，意味着人的救赎必须依靠社会组织。路德的最大贡献就在于"拨乱反正"，引导诸多教徒回归基督教原始信条，但对教会而言，可谓生死攸关。于是，在1519年，教会派出神学家约翰·艾克同马丁·路德在莱比锡展开了大论战，这场大辩论无疑成为路德宗教改革生涯中的一次重大转机，因为它进一步宣传了路德的宗教改革主张。仅1520年，出版的路德著作就多达133册，其中包括被称作宗教改革的三大论著：《致德意志民族基督教贵族公开书》《教会被囚于巴比伦》《论基督徒的自由》。在这些著作中，路德的攻击矛头并非指向某一教皇或教廷的奢侈腐败，而是整个封建神权政治。其学说从根本上否定了中世纪的宗教组织及奴役人们的圣礼制度和教会法规，提出建立与资本主义发展相适应的资产阶级廉俭教会，并在宗教理论上以资产阶级自律的宗教取代了封建主义他律的宗教。

1520年10月，教皇颁布诏书，勒令路德在60天之内悔过自新，否则将开除其教籍，但路德毫不退却，将教皇诏书付之一炬。路德的这种坚决态度极大

---

① 威尔·杜兰：《世界文明史·宗教改革》（第六卷），幼狮文化公司译，东方出版社，1999，第437-438页。

地鼓舞了其拥护者和支持者的信心，他们更加崇敬路德，也更加向往宗教改革。可以说，由路德点燃的宗教改革之火在西欧各国已成燎原之势。教皇一再敦促神圣罗马帝国皇帝查理五世（1520—1556年在位）为路德定罪，查理五世遂于1521年4月17至26日在沃姆斯召开帝国会议，商议惩处路德。在帝国会议上，路德据理力争，声称：坚持己见，决无反悔！面对路德的坚持己见和毫不妥协，会议最终宣布，路德为不受法律保护之人。在此情况下，路德只好隐居到萨克森的瓦特堡，从事《圣经》翻译工作。

尽管路德受到打压，但他点燃的宗教改革之火很快就在欧洲引起了燎原之势。在德国，路德进行宗教改革后，一部分诸侯信仰新教，成为新教诸侯；另一些诸侯担心宗教改革会引起农民起义，仍坚持旧信仰。1529年，帝国会议在斯拜尔召开。在这次会议上，由于天主教诸侯占据优势，因此，会议重申了1521年在沃姆斯会议上颁布的反对异端的禁令。新教诸侯拒绝接受这个决定，并提出抗议，此后新教徒被称为"抗议者"。新教诸侯在提出抗议的同时，已经做好了战争的准备，1531年，成立了相互保护同盟。1546年，爆发了新教诸侯与以皇帝为首的天主教诸侯之间的战争。1555年，双方缔结了《奥格斯堡和约》，和约规定诸侯有权决定其臣民的信仰，即所谓"教随国定"的原则。至此，路德派新教得到正式承认，但其主要在德国北部，在德国南部，仍然为天主教国家。

五、加尔文与瑞士宗教改革

约翰·加尔文（1509—1564年），法国著名的宗教改革家和神学家，基督教新教的重要派别——加尔文教派（在法国称为胡格诺派）的创始人。加尔文出生于法国皮卡迪省，后归信基督教新教，1534年赴瑞士，1536年定居日内瓦并发表了《基督教要义》（《基督教原理》）。1538年由于提倡改革宗教，和日内瓦市政当局发生冲突被迫离开；1541年重返日内瓦，重获市政当局的支持，建立了日内瓦改革宗教会；从1541年到1555年期间，进行了一系列宗教改革和神学护教辩论。

和路德宗教改革相比，加尔文宗教改革和主张更加纯粹，二人在宗教改革和教义主张方面也有诸多不同之处。

第一，路德提出"因信称义"，实现了信仰和救赎的简单化或纯粹化。与路德相比，尽管加尔文也认同"信仰耶稣即可得救"，但他提出了更加激进的"预定论"，即万能的上帝在每个人出生之前就决定了哪些人注定得救，哪些人注定沉沦，这是人的意志无法改变的。但这并不意味着信徒们可以对他们在世上的行为漠不关心，谁是"选民"，谁是"弃民"，可以通过上帝的呼召体现出来，判断的标志就是人在现世生活中的成功与否。由此可见，加尔文提出的"预定论"不仅进一步打击了天主教会的"歪理邪说"，而且极大地解放了人们的思想。试想，哪一个基督教教徒不想得救，不想成为上帝的选民，其结果必然是人人都想积极进取、发财致富、成为成功人士、成为上帝的选民，这就在客观上促进了资本主义的发展。

第二，在政教关系上，路德反对大一统教会，主张国家政权高于教权，教会要服从国家，从而开启了教会与世俗政权的新阶段。但加尔文坚持政教合一，主张教权高于政权，建立政教合一的国家；在宗教信仰问题上，坚持信仰的纯正性和排他性，绝不宽容；在教会之间关系问题上，加尔文始终不遗余力地促进海外宣教和建立普适性的新教教会。

六、亨利八世与英国宗教改革

在近代欧洲进行的宗教改革中，与路德在德国、加尔文在瑞士进行的宗教改革相比，英国宗教改革既有其自身复杂的原因，也有其明显的特点。

（一）英国宗教改革兴起的原因[①]

在探究英国宗教改革原因时，可以发现其既有偶然性，又有深刻复杂的历史原因。偶然性，即当时英国国王亨利八世（1509—1547年在位）与王后凯瑟琳膝下无儿，且凯瑟琳年事已高，考虑到以后王位继承，亨利八世欲离婚再娶，但时任教皇克莱门特七世（1523—1534年在位）慑于王后凯瑟琳娘家之

---

① 国内学术界关于英国宗教改革的研究成果有陆曦：《宣誓的政治意涵——以16世纪英国宗教改革为中心的考察》，《学海》2022年第2期；蔡蕾：《试论亨利八世在英国宗教改革中的作用——兼论都铎君主在近代英国国家建构中的地位》，《商丘师范学院学报》2015年第8期；刘莹：《民族国家形成与英国宗教改革关系探究》，辽宁师范大学硕士论文，2013年；蔡蕾：《近代英国国家建构视域中的都铎宗教改革》，《河南师范学报》2010年第11期；李强：《英国走出中世纪——以亨利八世宗教改革为例》，《长春工程学院学报》2009年第1期；张若愚：《英国宗教改革及其影响》，《宁波工程学院学报》2009年第3期；马亮：《英国都铎王朝宗教改革研究》，福建师范大学硕士学位论文，2005年；童自觉、杨纪兰：《英国宗教改革特点刍议》，《常德师范学院学报》2000年第5期；李增洪、李慎令：《英国宗教改革的历史意义新论》，《聊城师范学院学报》1999年第4期；蔡骐：《论英国宗教改革与社会生活变迁》，《湖南师范大学学报》1999年第8期；蔡骐：《英国宗教改革原因探析》，《湖南师范大学学报》1996年第10期；蔡骐：《英国宗教改革的政治遗产》，《世界历史》1996年第10期等。

势力①，不予批准，激怒了亨利八世，遂与罗马教廷决裂，开始推动英国宗教改革。当然，英国宗教改革也有其必然性，其根源不在于16世纪本身，而是由各种变化综合引起的，具体如下：

第一，英吉利民族国家的形成为亨利八世宗教改革奠定了民族基础，提供了改革的推动力。民族的形成以及民族君主国的确立对16世纪宗教改革起到了强大的推动和保障作用，这是因为：民族国家反对任何外来的剥削压迫，进而支持王权，拥护国王的独立自主政策，同时，也震慑了英国内部的反对派，在一定程度上减小了改革的阻力。

第二，资本主义生产关系的发展提出了宗教改革的迫切要求。英国宗教改革发生的最深刻的经济根源，是日益发展壮大的资产阶级和乡绅阶层要求摆脱罗马教廷和英国教会政治上的干涉，夺取教会财富，以求自身进一步发展。

第三，王权的强大提供了宗教改革的可能性和必要性。英国王权历经了与教皇及大贵族的长期斗争，到亨利八世时已巩固。玫瑰战争后，英国旧贵族实力消耗殆尽，旧贵族家族"只剩下28家，并为资产阶级出身和有资产阶级倾向的新贵族所代替了"。亨利七世（1485—1509年在位）设置星室法庭制裁不驯服的大贵族，又下令禁止蓄存私兵，剪除大贵族的羽翼，至亨利八世时大贵族已对王权构不成威胁。另外，王权的强大及亨利七世积存的大量财富使议会不能借征税问题而要挟国王，反过来议会中上院的大贵族和下院的资产阶级与乡绅阶层却由于经济利益的诱惑及相互斗争的需要而向国王靠拢。这一切促成了亨利八世时期君主专制统治的稳固。

第四，有利的外部环境推动并保障了宗教改革的发生和发展。一方面，在欧洲大陆兴起的文艺复兴所产生的"新学问"和"新思想"在英国广泛传播。15世纪末，英国人文主义者运动的时代终于到来。另一方面，教皇权力已摇摇欲坠，不仅威信扫地，而且沦为西班牙哈布斯堡王朝的傀儡，无力干预欧洲各国进行宗教改革。1535年，教皇保罗三世（1534—1549年在位）颁布敕令，欲惩处亨利八世，但法国和西班牙却迟迟不愿执行教皇敕令而无法落实。此外，从15世纪末开始，法国与德国、西班牙为争夺意大利爆发了长达60余年（1494—1559年）的战争，旷日持久的战争不仅消耗了法、西两国的国力，而

---

① 亨利七世为了加强英国与西班牙两国之间的关系,维护国家利益,遂让其长子阿瑟与西班牙国王斐迪南与王后伊莎贝拉所生之女凯瑟琳联姻。1501年,阿瑟与凯瑟琳完婚,但阿瑟次年病故。1509年,亨利八世即位,为了维持与西班牙的联盟,遂与其兄遗孀凯瑟琳成婚。

且使其长期处于敌对状态，无力干涉英国内政。这是亨利八世得以顺利推进宗教改革的重要外部因素。

（二）英国宗教改革的特点

由于国情不同，英国在宗教改革过程中呈现出与欧洲大陆其他国家一些不同的特点，在宗教改革后，也未出现大规模血腥的宗教战争，具体特点如下：

第一，采取自上而下的方式，即由国王亨利八世发出改革动员令，得到下院的乡绅和资产阶级支持，以和平方式进行。

第二，走"中间道路"，即亨利八世采取一条介于新教与旧教之间的改革道路。亨利八世的宗教改革虽然使英国与罗马教廷决裂，并建立了以国王为中心的英国国教，但为了减轻改革的阻力，又保存了天主教教义和教阶制度，这就是所谓的"中间道路"。

第三，宗教改革以议会立法的形式进行。亨利八世在进行宗教改革时，充分利用了英国议会所具有的立法职能，即通过议会立法、制定一系列法律法案，来迫使国内反对派屈服。如1532—1534年期间，英国议会通过了《教士首年薪俸法》《禁止税收上缴教廷法》和《至尊法》，前两项法令规定：英国主教的第一年薪俸、教区征收的什一税以及教会以各种名义征收的税，一律停止上缴罗马教廷，改为上缴英国国王；《至尊法》则宣布英国国王是英国教会唯一的、至高无上的首脑，拥有纠正错误、镇压异端和处理教会事务的一切权力。

综上所述，亨利八世进行宗教改革的实质是以王权取代教皇在英国的最高统治权，加强政治统一与思想统一，其步骤先从政治、经济入手，而在教义方面基本保留了天主教思想。改革建立了以国王为首的民族国家教会，符合英吉利民族利益；改革的自上而下方式和走中间道路原则成为英国宗教改革最终完成的基本方式和原则；改革促进了英国资产阶级的成长，加强了民族国家的整体实力，推动了议会的发展和完善，为英国资本主义的发展提供了条件。亨利八世宗教改革的胜利既是专制君王的胜利，也是资产阶级的胜利。

第四节　西欧启蒙运动

启蒙运动通常是指17世纪至18世纪，在西欧出现的一个新思维不断涌现的较长的文化运动时期，其指导思想是理性主义①。启蒙运动涵盖了当时各个知识领域，包括自然科学、哲学、伦理学、政治学、经济学、历史学、文学、教育学等。启蒙运动是继文艺复兴之后在欧洲发生的第二次思想解放运动，它将知识与天赋人权、国家主权等学说紧密结合起来，进而使人们以新的观念看待国家、政权机构、宗教生活以及"人的自身"等。随着启蒙思想的传播和国际化，在思想上有力地冲击了封建制度、专制制度，为资产阶级革命提供了思想上和理论上的准备。

一、启蒙运动兴起的背景

启蒙运动的兴起与西欧资本主义的发展以及与西欧自然科学突飞猛进有密切关系。17、18世纪，西欧资产阶级不断壮大，拥有雄厚的经济实力，而封建专制制度犹如套在资产阶级身上的一道沉重枷锁，严重阻碍了资本主义的进一步发展。因此，推翻封建君主专制制度，摆脱封建"旧制度"的束缚就成为17和18世纪欧美资产阶级所面临的时代命题，而启蒙运动的出现可谓顺应时代要求，为欧美资产阶级革命提供了思想准备。

启蒙运动的核心思想是"理性主义"，而理性主义思想的出现与这一时期西欧自然科学技术的长足进步又有密切关系。随着理性主义的先驱者勒内·笛卡尔（1596—1650年）在数学方面以及艾萨克·牛顿（1643—1727年）在物理学方面做出的开创性贡献，为人们认识自然世界打开了一种革命性方式，也极大地刺激了学者们的观念。在此之前，欧洲人以一种被动的心态看待世界，正如英国著名哲学家和历史学家大卫·休谟（1711—1776）所言："我们被放在这犹如戏院的世界上，每个事件的起源和缘由却完全隐瞒不让我们知道，我们既没有足够的智慧预见未来，也没有能力防止那些使我们不断受伤害的不幸事件发生。我们被悬挂在永恒的疑惧之中……"②但艾萨克·牛顿发现的万有引力定律告诉世人："自然界存在着规律，而且规律是能够被认识的。"牛顿的这一重大发现，给当时的欧洲人带来前所未有的自信。欧洲知识阶层认为，上帝创造了世界，而牛顿发现了上帝创造世界的方法。曾经匍匐在上帝脚下的人

---

① 启蒙运动时期所说的"理性"，其含义正如启蒙学者狄德罗在著述的《百科全书》中所言：理性一是指"人类认识真理的能力"，一是指"人类的精神不靠信仰的光亮的帮助而能够自然达到一系列真理"。启蒙思想家认为："理性是一种自然的光亮，他们的使命就是要用这种理性之光去启迪人类，去照亮中世纪宗教神学布下的黑暗和愚昧。"请参看唐晋主编《大国崛起：以历史的眼光和全球的视野解读15世纪以来9个世界大国崛起的历史》，人民出版社，2006，第209页。

② 任学安、陈晋等：《大国崛起·解说词》，中国民主法制出版社，2007，第76页。

类，终于大胆地抬起头来，开始用自己理性的眼光打量世界。诸多启蒙思想家认为，既然自然界存在可以被发现的基本规律，那么，人文哲学和一般人类关系领域也存在与牛顿物理学相类似的方法或规律。由此可见，近代欧洲自然科学的进步，为启蒙思想家认识社会、解释历史提供了理论依据和思想方法。

二、启蒙运动中的代表性思想家

启蒙运动发源于英国，兴盛于法国，影响到世界各地。以下列举和介绍几位英法著名的启蒙思想家。

约翰·洛克（1632—1704年），英国哲学家、经验主义（他把经验分为外在经验和内在经验两种）开创人，同时也是第一个全面阐述宪政民主思想的人，在哲学和政治学领域均有重要影响。1689年，洛克从哲学领域转到对政治理论问题的研究，出版了《关于政府的两篇论文》的著作。其思想可总结如下：

其一，提出主权在民，即统治者的权力来自被统治者的同意，建立国家的唯一目的是保障社会的安全及人民的自然权利。当政府的行为与其建立的目的相违背时，人民就有权利采取行动甚至以暴力的方式收回权力。

其二，阐明人的"自然权利"，即天赋人权，包括生存权、自由权和财产权。

其三，提出了三权分立学说，并对权力进行了分配。他将政治权力分为立法权、行政权和对外权，认为立法权高于其他两权，但立法权仍受人民制约，当人民发现立法行为与他们的委托相抵触时，人民有权罢免或更换立法机关。立法权属于议会，行政权和对外权属于国王。该理论后来由法国启蒙思想家孟德斯鸠继承和发展，产生了重大影响。

洛克的政治思想对后来西方国家的政治发展和实践都产生了重要影响。他不仅第一次系统地提出了"天赋人权"学说以反对"君权神授"思想，而且对政治权力进行了分解，以防止由于权力过于集中而出现暴政，这对西方政治学理论具有开创性意义。洛克的思想传到北美和法国后，对美国独立革命及其随后的政权建设，以及对法国启蒙思想家和启蒙运动均产生了重大影响。

伏尔泰（1694—1778年），原名弗朗索瓦·马利·阿洛埃，笔名伏尔泰。法国启蒙思想家、文学家和哲学家，启蒙运动的旗手，被誉为"思想之王"。伏尔泰一生著述甚丰，代表作有：《查理十二史》《路易十四时代》《论世界各国的风俗和精神》（简称《风俗论》）和《哲学辞典》。

在其上述著述中，伏尔泰阐述了自己的政治思想——提倡天赋人权，认为人生来是自由和平等的,一切人都具有追求生存、追求幸福的权利,这种权利是天赋的,不能被剥夺;主张人一生下来就是自由的,在法律面前人人平等,他曾言道:"我不能同意你说的每一个字,但是我誓死捍卫你说话的权利。"他对天主教会和以教皇为代表的教会人士进行了严厉批判,抨击天主教会的罪恶行径,但主张信仰自由和信仰上帝;反对封建君主专制制度,倡导君主立宪制,强调资产阶级的自由和平等。

孟德斯鸠(1689—1755年),法国启蒙思想家、法学家,近代欧洲国家中系统研究古代东方社会与法律文化的学者之一。其著述不多,但影响广泛,《论法的精神》是其思想之大成。

孟德斯鸠认为在社会和政治活动的世界中,有着与自然世界类似的普遍规律,学者们的任务就在于发现支配着人事变化的原理。他在其著述的《罗马盛衰原因论》中,阐述和论证了社会发展的规律性。他对政治学进行了深入研究,提出政体应分为三个类型:政权属于全体人民的民主政体;属于极少数人的贵族政体;按照法律并且依靠贵族来统治国家的君主政体。孟德斯鸠继承和发展了洛克的三权分立学说,划分了国家权力,把立法、行政和司法权力分开,使其分属于三个不同的机构。他在《论法的精神》中论述了自然历史环境对人性的影响、对国家品格的塑造,提出了"地理环境决定论"。

让·雅各·卢梭(1712—1778年),法国著名的启蒙思想家、哲学家、教育家和文学家,18世纪法国大革命的思想先驱,启蒙运动卓越的代表,被誉为"人民主权的捍卫者"。其代表性著述有《社会契约论》《论人类不平等的起源和基础》等。

卢梭是一位激进的民主主义者,认为理性不可靠,这是卢梭与其他启蒙思想家之间的重要区别。其思想精华和基本原则是人民主权思想,他继承和发展了洛克的"天赋人权"和"人民主权说",提出"主权在民"这一重要思想,即一切权力属于人民,权力的表现和运用必须体现人民的意志,政府和官吏是人民委任的,人民有权委任他们,也有权撤换他们,甚至有权举行起义,消灭奴役压迫人民的统治者,这就是所谓的"革命合法性"。此外,卢梭认为私有制是人类不平等的根源;"公共意志"非常重要,公民应接受它的统治。"公共意志"的具体体现形式就是法律,遵守法律的行为就是自由的行为。卢梭的思想主张在法国大革命中成为罗伯斯比尔领导的雅各宾派的理论旗帜,对欧美各国革命产生了深刻影响。

三、启蒙运动的影响

从启蒙思想家的著述及其所蕴含的思想理论可以看出,启蒙思想包含着两大基本信条:第一,绝大多数启蒙思想家都相信在物质的宇宙中存在自然法则,万物都受自然法则的支配,人类社会也受其支配,自然法则反映在人的头脑中,便是理性。理性是衡量一切的标准,凡是违反理性的,都应打倒。第二,相信人类过去充满了黑暗和愚昧,而人类未来则一片光明。这从以伏尔泰为代表的启蒙思想家对中世纪历史几乎全盘给予否定的评价中就可看出。

人们常说,思想是行动的先导,正如托克维尔所言:"一旦普遍理论受到承认,就不可避免地转化为政治激情和行动。"[①]启蒙思想家提出的天赋人权、主权在民、三权分立、法律面前人人平等等诸多政治主张和政治思想,最终转化为欧美资产阶级革命的理论先声,为后来的美国独立革命、法国大革命的爆发奠定了理论基础。具体而言,从对资产阶级革命时代的影响来看,启蒙运动所批判和主张的内容,为资本主义取得统治地位做了思想和理论上的准备;为法国大革命的爆发和发展做了充分的思想准备;其所宣传的天赋人权、三权分立、自由、平等、民主和法制的思想,推动了资产阶级的革命和改革;还直接影响了一些欧洲封建专制君主,如普鲁士腓特烈二世、奥地利特蕾莎女皇及其子约瑟夫二世、俄国女皇叶卡特琳娜,他们借助"开明专制"来维护自己的统治;启蒙运动也对19世纪以后的亚洲国家有很大影响,鼓励了中国和日本的一批仁人志士为改造社会而斗争。

---

① 托克维尔:《旧制度与大革命》,冯棠译,商务印书馆,2017,第183页。

第二章
民族国家的兴起与欧洲诸国专制制度的形成

近代民族国家兴起于欧洲。在民族国家兴起过程中，既与近代早期欧洲以王权为中心的封建君主专制制度的形成有密切关系，也与后来资产阶级逐渐壮大进行资产阶级革命、推翻封建王权、建立真正意义上的民族国家密不可分。民族国家的形成对促进近代欧洲的崛起，以及构建以民族国家为主体的近现代国际体系产生了深远影响。

第一节 近代欧洲民族国家的形成

关于什么是"民族国家"，学术界众说纷纭，不同研究领域的学者从不同角度对其进行界定。但纵观民族国家的形成过程，可以发现，它是一种国家形态演化的产物，是在历史发展过程中逐渐形成的。有学者认为民族国家的发展经历了三个阶段："革命性"的民族国家（1815—1871年），"帝国性"的民族国家（1871—1914年）以及"极权式"的民族国家（1914—1945年）。有的学者则认为，民族国家的形成并不是"由'自下而上'的大众化的意识与身份构建所导致的近乎不可避免的结果，而是'自上而下'的集权化权力意志的产物"①。一些历史学家在对欧洲历史进程演变考察后认为，古代欧洲历史以城邦为主，中世纪是以天主教会为中心所构建的普世国家，而近代则以民族国家为中心。其实，纵观近代欧洲民族国家的形成过程，可以看出，是逐渐摆脱中世纪以来以天主教会为中心所形成的"大一统教会国家"的过程。在此过程中，随着文艺复兴和宗教改革的深入推进，以及教会权威的衰落，以君主为中心的世俗皇权最终战胜了教权，进而建立了封建君主专制国家，这也是近代欧洲民族国家在形成过程中迈出的关键一步。

---

① 于尔根·奥斯特哈默：《世界的演变：19世纪史》（第二卷），强朝晖、刘风译，社会科学文献出版社，2016，第781页。

近代民族国家形成的第一个阶段包括兴起和巩固时期，分别是13世纪中叶至15世纪下半叶和17世纪上半叶，其标志是以王权为中心的封建君主专制制度的形成。众所周知，罗马帝国灭亡后，在西欧逐渐形成了以封建领主为基础的封建国家，以及凌驾于其上的以教皇为核心的大一统天主教会的政治局面。故对当时欧洲广大民众而言，所效忠的对象并非国家和民族，而是与自己有切身利益关系的封建领主和教皇。当时欧洲人认为："自己首先是一个基督教教徒，其次是某一地区的居民，最后才是法兰西人、英格兰人或德意志人。"因此，中世纪的欧洲人既要忠诚于自己衣食的父母——封建领主，又要膜拜于救赎自己灵魂的教皇，但唯独可以忽视封建邦国和世俗君主。"我附庸的附庸不是我的附庸"就是当时欧洲君主、封建领主和民众之间关系的一种真实写照。鉴于此，欧洲广大民众只知有教皇和封建领主，而不知有民族和国家概念。由此可见，在中世纪西欧人们的社会观念中保留着浓厚的地方主义和普世主义，而这两种观念均不利于民族和民族国家的形成。然而，以下三个因素的发展逐渐改变了欧洲人所效忠的对象："一是各种方言的兴起，这些方言在日常生活和文学表达方面的运用，极大地增进了民族自豪感和民族认同，彰显了不同民族之间的差异；二是一些国家的教会脱离了罗马天主教会，成为在国家疆域范围内独立的不受罗马教廷干预的民族教会；三是近代西欧的一些王朝建立，并围绕着巩固王权形成了近代民族国家——英国、法国、西班牙、葡萄牙、丹麦等。这些因素为民族主义的兴起打下了基础。"①

英、法等国要加强王权就必须打击教权和封建领主贵族。随着西欧自然经济的发展壮大，城市和商业逐渐兴盛起来。随着城市的兴起，市民阶层（中产阶级）也诞生了，并且力量不断增强，"当欧洲脱离中世纪的时候，新兴的城市中产阶级是欧洲的革命因素"。新兴市民阶层出于自身经济发展的需要，渴望在一个国家内部形成一个统一市场的愿望日益强烈。而当时的教会和具有严重分裂倾向的封建贵族就成为市民阶层实现上述愿望的最大障碍，但新兴的市民阶层力量尚弱，不足以推翻教会和打击封建贵族，必须依靠和借助君主的力量。因此，市民阶层的兴起是封建君主专制制度及民族国家形成的重要因素。

除此，14、15世纪在西欧各国之间爆发的诸多战争是导致王权加强、民族意识兴起和民族国家形成的另一个重要因素。这从国内外诸多学者将英法百年战争视为英法两国民族国家形成的开始就可看出。14世纪以后，西欧地区

---

① 郝时远、王建娥主编《世界民族·文明与文化》（第四卷），中国社会科学出版社，2013，第226页。

民族国家的观念出现在人们的意识之中。随着英法百年战争以及欧洲各地人民对罗马教廷腐败行为，特别是对外来教士聚敛财富的不满情绪日益增长，西欧各国人民之间开始出现了最初的民族意识。到16世纪，在席卷欧洲的宗教改革运动中，英国都铎王朝通过自上而下的宗教改革，建立了国家民族教会和国家独立主权，成为西欧最早的民族国家之一。与此同时，西班牙通过王室联姻、驱逐摩尔人以及与教皇签署教务专约，建立了近代西班牙民族王国。法国从路易十一时代起，对内通过打击国内封建贵族，强化王权，对外排除教权，向民族国家方向迈进。到16、17世纪，现代民族国家出现在近代欧洲历史舞台上。而德国和意大利虽然处于四分五裂的状态，但到18世纪，随着国内民族意识的觉醒和增强，也开始努力地向民族国家转变和迈进。此外，文艺复兴和宗教改革对于解放欧洲广大民众思想，打击天主教会，促进民族意识的形成方面起了非常重要的作用。

总之，在上述诸多因素综合作用下，到16、17世纪，在西欧摧毁了以天主教会为中心的"大一统"普世国家，取而代之的则是以王权为中心的封建君主国家。正如恩格斯所言："国王的政权依靠市民打垮了封建贵族的权力，建立了巨大的、实质上以民族为基础的君主国。这对欧洲而言，是历史一大进步。"因为王权在近代民族国家形成过程中起到了加强国家主权、促进民众对国家认同、保护民族和国家利益等重要作用。但需要指出的是，这种君主国还不是真正意义上的民族国家，只是王朝国家，还需要进一步改造。这个历史重担便落在了民族国家兴起的第二个阶段，即资产阶级对第一阶段所形成的民族国家进行改造，使其具有现代性和公民性，时间是从英国资产阶级革命开始到德意志和意大利的统一为止。民族国家的资本主义改造的根本标志，是主权从专制君主手里转移到国民代表机构即议会手里。

第一阶段所形成的具有民族性和主权性的王朝国家，其核心是君主专制，而专制君主属于封建范畴，这种历史的局限性阻碍了日益兴起的资本主义经济和市民社会的发展，新兴资产阶级仍然需要继续前进。兴起于18世纪的启蒙运动可谓恰逢其时，它不仅对封建君主专制制度进行了严厉批判，而且提出了诸多具有构建现代民族国家的学说和理论，如用人民主权代替王权，用国家利益代替王朝利益等。

第二阶段则是资产阶级发动资产阶级革命，推翻封建君主专制制度，彻底扫清其发展的障碍。对此，先有英国资产阶级革命，后有法国大革命。这两场革命先后将国王查理一世和路易十六送上了断头台，标志着欧洲资产阶级反对封建君主专制制度达到了高潮。在资产阶级夺取政权后，对内通过改革，建立现代公民社会，对外加强主权和宣示民族性。至此，真正意义上的民族国家在欧洲才得以建立。

第二节　西欧君主专制制度的形成

西欧君主专制制度是从封建国家向资产阶级国家转变过程中出现的一种政治形态，它产生于特定的历史时期。君主专制的特征是国王集权，依据"君权神授"理论，集立法、行政、司法于一身，依靠官僚制度和常备军，对全国实行集权统治。其形成原因为：一是在16世纪，欧洲封建制度逐渐解体，资本主义生产关系日益发展，开始了资本原始积累。这一时期，封建贵族渐趋衰落，"被削弱的贵族寻求国王的庇护，以免遭受更大动乱的威胁。国王坐收渔人之利，趁机扩大他们自己相对于贵族更多的财富和权力"[①]。与此同时，资产阶级也日益兴起，两个阶级势均力敌，力量均不足以压倒对方，在他们相互对抗和同敌对阶级的冲突中，君主充当了仲裁者和保护者的角色，从而取得了他们的支持，确立专制统治。二是君主专制统治得到了资产阶级的支持。中世纪以来保留下来的封建贵族割据状态不利于工商业发展。因此，新兴的资产阶级乐意用财力支持君主去与封建势力做斗争，结果建立了以民族为基础的君主国。

一、法国专制制度的形成

法国君主专制制度逐渐形成始于15世纪中叶英法百年战争的结束。英法百年战争不仅增强了法国民众的民族意识，奠定了法国统一的民族国家基础，而且旷日持久的战争也削弱了法国封建贵族的势力。法国国王路易十一（1461—1483年在位）执政时，打败了勃艮第公爵大胆查理，消灭了勃艮第公国，进一步扫除了中央集权的障碍。同时，路易十一采取了整顿行政机构，加强对地方行省的控制，设立11个军政府管理各行省，重新任命大法官和总督，建立常备军和王家炮队，建立正规的税收制度，大力发展城市工商业等措施，加强王权。法兰西斯一世（1515—1547年在位）进一步采取了一系列加强君主权力的措施，如设立御前会议，加强中央集权；剥夺男爵的司法审判权，削弱贵

---

① 伊曼纽尔·沃勒斯坦：《现代世界体系(第一卷)：16世纪的资本主义农业和欧洲世界经济的起源》，郭方、刘新成、张文刚译，社会科学文献出版社，2013，第152页。

族、加强王权；取消保有自治权城市的独立地位；创设常备军；摆脱罗马教廷控制，实现教会民族化；实施有利于保护本国商业利益的举措等。从15世纪中叶到16世纪40年代，在路易十一、法兰西斯一世等人的强力推动下，法国封建君主专制制度得到了大大加强。然而，这一历史进程被爆发的胡格诺战争所打断。

早在16世纪20年代，加尔文教就开始在法国传播，称为胡格诺教。法国南部的大封建贵族信奉加尔文教，企图利用宗教改革运动来达到夺取教会地产的目的。他们与北方有分裂倾向的信奉天主教的大封建贵族有深刻的利害冲突，最终演变成长期内战，史称胡格诺战争（1562—1598年）。尤其是发生在1572年8月23日晚上天主教教徒对胡格诺教徒的大屠杀事件使这场战争变得更加残酷，此后建立的"胡格诺联邦"和"天主教神圣同盟"使得战争旷日持久。

长达三十余年的战争对16世纪的法国造成了严重破坏，封建贵族势力再次兴起。1589年，胡格诺集团首领波旁·亨利（史称亨利四世，1589—1610年在位）即位，法国内战又持续了一段时间，直到1593年，亨利四世改信天主教，次年加冕成为法国全国公认的国王，战争遂告结束。亨利四世执政后，采取了一系列缓和社会矛盾、恢复国力、发展社会经济、加强中央集权的措施，具体如下：

第一，在宗教方面，于1598年颁布了著名的《南特敕令》，宣布天主教为国教，同时给予胡格诺教在法国合法地位，胡格诺教徒在民事和担任公职方面享有同天主教教徒同等的权利，赦免教派冲突中的一切战争行为。这一宗教宽容政策具有划时代的意义，它是基督教欧洲国家实行宗教宽容政策的一个成功范例，结束了天主教和胡格诺教长期的敌对状态，为法国民族国家的统一和经济的复兴创造了条件。

第二，在政治方面，压制巴黎高等法院的独立倾向，委任各省监督官，加强对省市行政机构的控制。到17世纪初，法国基本平息了大领主的叛乱，奠定了法国专制制度。

第三，在经济方面，任命其密友苏利公爵（1560—1641年）为财政大臣，负责处理经济和财务问题。苏利通过采取奖励工商业、创办工厂、发展贸易、建立海外贸易公司等举措，恢复了经济，平衡了财政收支，使法国重新成为欧洲经济强国。此外，为了加强专制统治和增加收入，亨利四世实行卖官制，这一举措有助于国王与具有经济实力的市民阶层结成同盟，既增加了国库收入，又巩固了专制王权的基础。

经过亨利四世的励精图治，法国政局比较稳定，国力逐渐恢复。然而，好景不长，1610年，亨利四世遇刺身亡，贵族分裂活动死灰复燃，宗教战争再度爆发。在1610至1624年间，法国再次陷入内乱，亨利四世的继任者路易十三（1610—1643年在位）任命枢机主教黎塞留（1585—1642年）为首席大臣。黎塞留实行国家利益至上的治国之策，把国王和国家视为一体，他把加强绝对君主专制以及将法国建成欧洲最强国家视为两项基本国策。黎塞留宣称："我的第一个目的是国王崇高"，"我的第二个目的是王国荣耀"，为了实现这两大目标，他采取高压手段治理国家。在黎塞留的领导下，贵族叛乱和宗教冲突被平息。1642年12月到1643年5月，黎塞留和路易十三相继去世，王位留给不到5岁的路易十四。

路易十四（1643—1715年在位）登位之初，其母后安娜摄政，枢机主教马萨林（1602—1661年）任首席大臣。马萨林是黎塞留的忠实信徒，延续了黎塞留的政策，致力于发展王权和称雄欧洲两大事业。1661年，马萨林去世，他在遗嘱中向路易十四传授黎塞留的教诲：国王独揽大权，统治一切。路易十四亲政后，决心实践绝对君权理论，并采取了诸多加强王权的措施，将法国封建君主权力推向了顶峰。

第一，制造王权至上理论根据——"君权神授"和"朕即国家"。对此，正如当时主教博叙埃所说："国王的权力是神圣的……上帝确立诸多国王作为他的执行者，并通过他们统治国家。"[1]为了实现其统治的绝对权力，路易十四向自己的孙子传授治国经验："不要被人管治，你要成为主人；永远不要有什么特别喜欢的人，也不要有首相。"[2]

第二，取消巴黎高等法院对国王敕令的指摘权（当时，巴黎高等法院是一个由200名律师组成的机构，他们希望可以像真正掌权的英国议会那样，与法国国王分享权力），停止召开三级会议。压制巴黎高等法院是路易十四加强集权的重要举措，标志着国王大大强化了对立法权的垄断。对此，路易十四曾言道：

> 在我的幼年时代，高等法院地位过高给整个王国造成了威胁。有必要贬抑它们，这样才能防止它们过去犯下的罪行在未来重演。高等法院的权力已经膨胀到人们将其视为可以与我的权力对抗的地步，不管它们的意图

---

① 蒂莫西·布莱宁：《追逐荣耀：1648—1815》，吴畋译，中信出版集团，2018，第261页。

② 蒂莫西·布莱宁：《追逐荣耀：1648—1815》，吴畋译，中信出版集团，2018，第263页。

有多好，其权力都造成了非常有害的后果，妨碍了我最伟大、最有用的措施。[1]

除此，路易十四一步步削弱三级会议直至取消。根据路易十四的指示，各省的三级会议首先需要批准征税，才能对国王提出其他意见。即便如此，在路易十四统治时期，三级会议也维持不了多久；大臣们要做的只是"询问国王想要什么，然后一言不发，会议就结束了"。

第三，加强中央集权，向各省派驻司法、警察和财政监政官。路易十四将自己的意志转化为国家意志的有效途径之一就是向各省派驻监政官，这些监政官实际上成为"国王在外省的代表"，他们全称为："司法、公安和财政督办"。监政官最早由黎塞留在1635年派出，其目的是加快筹措与西班牙开战所需要的资金，后在投石党运动[2]期间被废除，但在17世纪50、60年代，最终被定为常设职位。到1689年，法国共有33位监政官以及大约700名"次级代表"作为监政官助手。监政官由国王任命，其职位也不能买卖，权力极大，"外省的幸福与苦难都取决于他们"。

第四，大力加强军队建设，扩充兵员，引进新式武器和先进技术，创建强大海军。路易十四亲政后，大力整顿军备，大大扩展陆军人数（由最初的7.2万人扩充至约40万人），创建海军（将舰船数量由30艘增加到近千艘）。随着大规模的扩军，路易十四将军队变成了"一个共和国"。除此，他还加强对军队的绝对控制，法国军队在很大程度上已经成为路易十四一个人的军队。

第五，建立凡尔赛宫，羁縻贵族。为了彻底制服贵族，路易十四一方面采用暴力手段予以惩罚；另一方面运用怀柔和羁縻政策，可谓霸道与王道并用。用王道对付贵族，采取的措施就是在巴黎郊区建立规模宏大的凡尔赛宫，用以羁縻和豢养贵族[3]。此外，路易十四在选人用人方面，以提拔身份和社会地位较低的"穿袍贵族"为主。对此，他可谓用心良苦——"我对提拔身份较为高贵之人不感兴趣。最重要的是，我必须树立自己的威望，让公众从我提拔之人

① 蒂莫西·布莱宁：《追逐荣耀：1648—1815》，吴畋译，中信出版集团，2018，第269页。

② 投石党运动发生在路易十四继位之初，当时，马萨林为了筹措三十年战争经费，向法国金融家预支借款，以允许他们征收捐税作为交换条件，包税商从中获得巨利，引起了贵族的嫉妒和人民的愤怒，进而引发了贵族的叛乱。投石党运动分为两个时期，前期为1648—1649年，由巴黎高等法院主导；后期为1650—1653年，由大贵族孔代亲王领导发动。

③ 关于路易十四建立凡尔赛宫、羁縻贵族的情况，请参看雅克·巴尔赞：《从黎明到衰落：西方文化生活五百年，1500年至今》，林华译，中信出版集团，2018，第343-346页。

的等级知道我的意图并非与他们分享权力。我希望他们只获取我乐于给予的东西，而不是去劳神费力有什么非分之想，而这对出身高贵的人来说是相当困难的。"[1]

在路易十四出台的种种措施下，法国封建君主专制制度达到了顶峰，路易十四被称为"太阳王"。在统治后期，路易十四好大喜功、穷兵黩武，连年对外战争使法国国库亏空，财政赤字达到天文数字（1715年路易十四死时，法国国债高达25亿里弗），法国财政实际已破产。到路易十五、路易十六执政时，法国的旧制度已不可挽回地走向了衰落。

二、英国专制制度的形成和发展

英国专制制度的形成和发展是在都铎王朝（1485—1603年）统治时期。这一时期英国社会发生了剧烈变革，封建制度解体，资本主义因素迅速发展，为以后英国超越其他欧洲国家，发展成为一个资本主义工业强国奠定了基础，政治上与此相适应的是君主专制制度的确立。

在英国专制制度形成和发展过程中，资本主义快速发展以及由此而引起的社会巨变是英国与其他欧洲大陆国家之间的明显区别。16世纪中叶，英国以呢绒业为主，其他如毛纺织业、采矿、酿酒等手工工场快速发展。到17世纪70年代以后，采煤业、炼铁业和造船业的发展也突飞猛进。国内工业的发展带动了商品贸易，尤其是海外贸易的快速发展，一大批海外贸易公司纷纷建立，如莫斯科公司、利凡特公司、东印度公司等。

在城市经济和商品贸易快速发展的同时，这一时期英国农村兴起的圈地运动使资本主义渗透和深入农村，深刻地改变了英国农村社会结构，成为后来英国进行资产阶级革命的重要因素。

（一）圈地运动

14、15世纪，在农奴制解体过程中，英国新兴的资产阶级和新贵族通过暴力把农民从土地上赶走，强占农民份地及公有地，剥夺农民的土地使用权和所有权，限制或取消原有的共同耕地权和畜牧权，把强占的土地圈占起来，变成私有的大牧场、大农场，这就是英国历史上的"圈地运动"。圈地运动前后分为两个阶段，每个阶段兴起的原因也有所不同。

第一阶段：15世纪末至17世纪末的英国圈地运动。15世纪末到16世纪初，欧洲直通印度新航线的开通和美洲大陆的发现，以及麦哲伦环球航行的成

---

[1] 蒂莫西·布莱宁：《追逐荣耀：1648—1815》，吴畋译，中信出版集团，2018，第263页。

功，使英国对外贸易迅速增长，进一步刺激了羊毛出口业和毛织业的发展。羊毛价格不断上涨，养羊业成为获利丰厚的事业。10英亩牧场的收益往往超过20英亩的耕地。英国圈地运动最早从工商业较发达的东南部农村开始。地主贵族最初圈占公有地，后来圈占小佃农的租地和公簿持有农的份地。在宗教改革中，国王把没收的教会领地赐给亲信宠臣或卖给乡绅、市民、商人和工场主等。他们变成新贵族后也大规模圈占农民土地。根据1630年和1631年的调查报告，莱斯特郡在两年内圈地10万英亩，约占该郡土地的2%。大部分的圈占地变成牧场，主要圈占者是乡绅。1485—1550年他们在莱斯特郡圈地的面积占圈地总面积的60%。大批农民被迫出卖土地，或远走他乡，或到处流浪，陷于极端悲惨的境地。

第二阶段：18世纪初期至19世纪中期的圈地运动。这一时期，英国资产阶级取得了决定性胜利，城市工业进一步发展，城市人口急剧增加，因而对农产品的需求日益增加。因此，地主贵族为了生产肉类和粮食以供应城市之需要，便扩大投资，改善土地生产能力，同时加速进行圈地。地主贵族和资产阶级的圈地行为得到了政府的大力支持——通过议会立法使圈地合法化。有了议会立法的保障，地主贵族则更加有恃无恐，依靠国家机器，强迫农民服从圈地法案。农民无力负担圈地费用，或因失去公有地使用权而无法维持生产和生活，被迫出卖土地。一方面，随着圈地运动的持续进行，使土地得以集中，为后来农业技术改良提供了良机；另一方面，随着1701年条播机的发明，英国开始了农业生产技术革命，于是生产关系革命就在更加广泛的基础上深入开展。到18、19世纪，英国议会通过了4763件有关圈地的法案，共批准圈占269万公顷共耕地和公有地。1845年以后，圈地运动已近尾声。1876年公布的禁止非法圈地的法案虽只应用于公有地，但表示圈地作为一种运动已结束。

圈地运动不仅使英国农村土地关系、农业经营方式和耕作制度均发生了变革，推动英国封建农业经济向资本主义农业转变，资本主义性质的租地、农场制产生和发展起来了，从而大大提高了生产力，而且导致英国社会结构发生了巨大变化——旧贵族的衰落和新贵族的兴起，以及大量失去土地的自由民的出现。

（二）都铎王朝专制统治的加强

15至17世纪上半叶，英国社会在经济上尽管已出现了资本主义快速发展的特征，但在政治上依旧是封建专制制度，并在都铎王朝时期得到了进一步加强。

英国都铎王朝从第一位君主亨利七世开始，实行专制统治。亨利七世采用高压手段对付封建割据势力和反叛的贵族。如禁止贵族私养家兵，解散封建家臣，摧毁城堡；在中央，成立受命于国王的枢密院，用"星室法庭"严厉惩治阴谋叛乱的贵族；依靠新贵族和城市资产阶级。

在亨利七世的继位者亨利八世以及伊丽莎白一世（1558—1603年在位）统治时期，继续采取措施加强君主专制统治，尤其是在亨利八世统治时期，推行宗教改革，摆脱了罗马教廷的控制，增加了国家财富，进一步巩固了王权。都铎王朝之后是斯图亚特王朝。尽管在斯图亚特王朝时期，英国依然是封建君主专制国家，但英国社会发生了巨大变革，已经处于资产阶级革命的前夜。

（三）重商主义与英西战争

都铎王朝为了增强国力，在经济上推行重商主义政策。一方面限制羊毛、粮食和制成品出口，另一方面大力发展对外贸易。重商主义是16—17世纪西欧资本原始积累时期的一种经济学理论，反映了资本原始积累时期商业资产阶级利益的经济理论和政策体系。该理论认为，贵金属是衡量财富的唯一标准，一切经济活动的目的就是获取金银。除了开采金银矿以外，对外贸易是货币财富的真正来源。因此，要使国家变得富强，就应尽量使出口大于进口，因为贸易出超才会导致贵金属的净流入。一国拥有的贵金属越多，就越富有、越强大。因此，政府应鼓励出口，不主张甚至限制商品，尤其是奢侈品进口。但由于不可能所有贸易参加国同时出超，而且任一时点上的金银总量是固定的，所以一国的获利总是基于其他国家的损失，即国际贸易是一种"零和博弈"。

在重商主义政策推动下，英国与西班牙在争夺美洲殖民地贸易、海上霸权以及两国在宗教信仰方面的严重分歧，最终引发了1588年英西大海战，西班牙的"无敌舰队"在英吉利海峡被摧毁，其海上实力受到重创。国内外一些学者认为这场英西大海战对英国和西班牙，以及欧洲近代历史均产生了重大影响。如中国首都师范大学刘新成教授认为："1588年的'英西大海战'是人类历史上最重要的海战之一，它决定了近代早期欧洲的命运，并且在一定程度上，对近代早期的世界都产生了影响。"英国皇家历史学会教授波琳·克罗夫特则认为："此次胜利也极大地振奋了英国人的士气，回顾历史，它确实标志着17世纪英国海上力量的崛起，自此西班牙的霸权开始向英国转移。无敌舰队惨败后50年间，西班牙仍旧保持着大国地位，但显然其根基已经动摇。"英国在1588年英西海战中的胜利，"是一次以弱胜强的胜利，它再一次显示了在王权统治下的民族国家的力量。长期处在欧洲主流文明之外的岛国，第一次以强国的姿态向欧洲大陆发出了声音，并迅速进入世界海洋霸权和商业霸权的争夺中心"①。

（四）君主专制的没落——斯图亚特王朝

1603 年，伊丽莎白去世，无嗣，按其遗嘱，由苏格兰国王詹姆斯·斯图亚特继承英国王位，即为詹姆斯一世（1603—1625 年在位），英国从此进入斯图亚特王朝统治时期。

詹姆斯一世是一位典型的封建专制君主，为了加强王权，他专门撰写了《自由君主制的真正法律》一书，鼓吹君权神授理论，宣称国王创造法律，而非法律创造国王，国王是上帝派到世间的最高权威，拥有无限的权力。

詹姆斯一世为了加强王权，力图摆脱英国法律和议会的限制，根据英国议会传统，法律的制定和废除以及征税都必须征得议会的同意。在税收问题上，詹姆斯一世与议会之间发生了尖锐矛盾。"国王应靠自己生活"是英国古老传统，英国国王平时财政收入来源主要依赖封建捐税、王室领地进项和关税，数量微乎其微，如遇战争，须求助议会补助金。这种财政制度使国王政府处于经常性的财政困难之中。

查理一世（1625—1649 年在位）子承父业后，萧规曹随，为了进一步加强王权，采取了一系列倒行逆施的政策：继续鼓吹君权神授思想；在经济政策上，不顾议会反对，大规模推行工商业垄断强制征税；随意解散国会，卖官鬻爵；在对外政策上，查理一世违背资产阶级利益，改变了伊丽莎白一世联合荷兰新教，打击西班牙天主教的传统政策。这种倒行逆施的对外政策，极大地损害了资产阶级的利益，使他们在财政上拒绝支持国王。这些政策进一步恶化了查理一世与英国议会和资产阶级之间的关系。纵观斯图亚特王朝，詹姆斯一世和查理一世为了在英国实行封建君主专制统治，采取措施加强王权。但首先要解决税收问题，詹姆斯一世在税收问题上，与议会发生了激烈冲突，查理一世也是如此，这也成为英国资产阶级革命爆发的重要原因。

整体来看，产生于特定历史时期的欧洲封建君主专制制度在一定程度上推动了欧洲历史的进程，具有明显的积极作用。正如英国皇家历史学会教授波琳·克罗夫特所言："在欧洲以及英国社会由中世纪向现代社会转变的过程中，强有力的君主制是关键的一环。强大的君主对于这些国家是有益的，因为他们是爱国主义的核心，能给予国家明确的领导。""强有力的君主制给英国带来了

---

① 关于 1588 年英西大海战对英国崛起产生的影响，请参看任学安、陈晋等：《大国崛起·解说词》，中国民主法制出版社，2007，第 48—49 页。

早期的辉煌，使英国走出了成为大国的重要一步。在海外扩张和贸易不断拓展的同时，这个岛国的面貌和气质也在悄然转变。"[①]

第三节　中东欧诸国的"开明专制"

16、17世纪，以英国和法国为代表的西欧诸国开始加强王权，建立了封建君主专制制度。客观上讲，该制度在一段时期内起到了积极作用，推动了西欧诸国的历史进程，但毕竟这是在西欧特定历史时期产生的一种制度，随着资产阶级和资本主义的进一步发展、壮大，高度集权的封建君主专制制度已无法适应历史发展进程，严重阻碍了资产阶级的发展。因此，进行资产阶级革命，推翻封建君主专制制度，建立资本主义制度就势在必行。然而，纵观中东欧诸国16、17世纪的历史，可以看出，这些国家君主亦采取诸多措施，加强君主专制，但随着西欧诸国资产阶级革命的爆发，给中东欧国家的君主带来了极大的震动，他们开始实行自上而下的改革，即实行"开明专制"，以避免重蹈西欧诸国爆发大规模资产阶级革命的覆辙。关于中东欧诸国君主实行开明改革的原因，学者们见仁见智，如我国学者徐贲在其著述的《与时俱进的启蒙》一书中就认为："18世纪开明专制时代的到来是有历史原因的，最重要的原因却并不是启蒙思想，而是战争和君主统治因为战争而遭遇到的困境和危机。"除此，他还提出："开明改革的另一个重要方面是对君主权力的合理性做了理论更新。"[②]

一、开明专制的含义

"开明"和"专制"两词在我国古代典籍文献中早已有之。如，《史记·五帝本纪》中记载："尧曰：谁可顺此事？放齐曰：嗣子丹朱开明。"唐李邕《大照禅师塔铭》曰："生而茂异，长而开明。"宋罗大经《鹤林玉露》卷十四中记载："旗叟号西堂先生，开明练达，遇事如破竹。""开明"一词的汉语意思是指通达、明智，从野蛮进化到文明，后来指人的思想开通、不顽固、不保守。而"专制"一词在《淮南子·氾论》中曰："周公事文王也，行无专制，事无由己。"《汉书》卷四"文帝纪"记载："夫以吕太后之严，立诸吕为三王，擅

---

① 任学安、陈晋等：《大国崛起·解说词》，中国民主法制出版社，2007，第50页。

② 关于18世纪中东欧国家"开明君主"推行改革的原因，详见徐贲：《与时俱进的启蒙》，上海三联书店，2021，第339–350页。

权专制……"在古代，专制是一个中性词，指君王或君主专制，而今天"专制"一词是一个带有强烈道德谴责意味的专门政治术语，汉语之意是指凭一己之意，独断专行，操纵一切。在西方，启蒙思想家孟德斯鸠是首位在道德谴责意义上阐述"专制"内涵的学者，在其对三种政府形式（共和、君主和专制）的区分中提出来的。他对专制的批判使得该词成为一个负面政治用语，指的是一人掌权、独断专行、肆意妄为等。

关于开明专制的具体含义，国内外学者从不同视角进行了研究和阐释。徐贲认为："开明专制时代指的只是过去的一个历史时段，在这时期内欧洲多个君主制国家里几乎同时发生了一些改革，其共性呈现出一种有时期特征的潮流或趋势。"而德国宪制史研究者弗里兹·哈同在《开明专制的定义》一文中指出，要了解18世纪人们所说的"开明专制"，需要厘清启蒙时期开明专制概念的两个部分，即"专制"和"开明"。哈同认为，"专制"经常是指"绝对权力"，它是"一种虽然接受法治和承认臣民权利，但不接受阶级或议会制度约束的政府形式"。英国历史学家托马斯·蒙克认为，开明专制被"视为一个方便的说法，指的是国家形成的一个过程，在这个过程中，政治权威一般丢掉许多自诩的'神授之权'，而采纳了有限程度的公开和向公众负责"。美国历史学家乔治·杜契尔在《开明专制的重要》一文中提出，对18世纪欧洲的社会改革，"民众和宪制的政府都是不可思议的"，"专制成为唯一可能的解决方案，而且必须遵循一种显而易见的理性方式——开明方式，它不应该引起疑虑，而是应该以最小的矛盾和迟缓来取得最大的成果"[①]。

二、奥地利君主专制制度

（一）奥地利的兴起

三十年战争后，德国的分裂进一步加剧了。在分崩离析的德意志，有两个邦占重要地位，那就是奥地利和普鲁士。奥地利位于德意志东南隅，在德语中是"东方国"的意思，境内物产丰富，气候适宜，是欧洲南来北往的交通枢纽。从古罗马以来就是南北商货的重要集散地，故其经济在德意志诸邦中一向发达。

在中世纪早期，奥地利仅是东法兰克福王国的一个边区，神圣罗马帝国建立后，帝国政府在这里派驻边区行政长官，从此开始了巴奔堡家族长达270年的统治。1156年，奥地利升格为公爵领地，统治者获得邦君的特权。1246年，

---

① 关于"开明专制"的含义，请参看徐贲：《与时俱进的启蒙》第七章《开明专制与改革》、第八章《启蒙与开明专制》，上海三联书店，2021，第338-339页、363-392页。

巴奔堡家族谱系中断，奥地利落入北方的波希米亚王室手中。1278年，当选为神圣罗马帝国皇帝的哈布斯堡伯爵鲁道夫经过几年激战，从波希米亚国王手中夺得奥地利，并将其视为家族的世袭领地，此后哈布斯堡家族一直统治着奥地利，直到一战结束。哈布斯堡家族在以后几个世纪的统治中又陆续夺得了一些土地，在1396年，首次召开了奥地利邦议会，这表明奥地利开始作为一个国家实体出现在历史舞台上。

1452年以后，哈布斯堡家族一直被推选为帝国皇帝，这又进一步扩大了他们的势力。通过联姻、外交手段，再加上强大的武力做后盾，奥地利哈布斯堡家族于1526年获得波希米亚、摩拉维亚、西里西亚和匈牙利大片土地，这样奥地利成为帝国内部最强大的邦。

（二）奥地利实行"开明专制"

三十年战争结束后，尽管德意志分裂局面日益加深，但奥地利逐渐上升为强国。通过一系列战争，到18世纪初，奥地利已成为幅员辽阔的多民族国家，但国内矛盾重重。一是哈布斯堡统治者与被征服地区和民族之间的矛盾；二是奥地利统治集团和贵族地主与下层被压迫人民之间的矛盾；三是专制政府与封建贵族间的矛盾。为了缓和社会矛盾，在18世纪中后期，奥地利女皇玛丽亚·特蕾萨（1740—1780年在位）及其子约瑟夫二世（1780—1790年在位）进行了一系列改革：实行土地改革，减少农民劳役地租及代役租数量，在部分地区宣布解放农奴；实行教会改革，使君权高于教权，解散修道院，实行宗教宽容政策；取消地主部分特权，缓和农民与地主之间的关系；奖励工商业，实行保护关税政策，成立国家工厂，增加国家收入；实行司法改革，即司法和行政分立原则，颁布刑法典，废止刑讯逼供等。

三、普鲁士君主专制制度

（一）普鲁士的兴起

在德意志诸邦中，唯一能与奥地利相抗衡的力量就是普鲁士。从17世纪开始，普鲁士就深刻影响着整个德意志的历史。长期以来，普鲁士的统治者是霍亨索伦家族，其在10世纪由统治瑞士北方的索伦山上的一个城堡开始，不断进行领土扩张，到18世纪中后期，小小的勃兰登堡（面积23751平方公里）一跃成为一个疆域辽阔的王国（到1772年，普鲁士领土面积为194891平方公里）。随着领土的扩张，霍亨索伦家族也由之前的城堡城主荣升为普鲁士国王。1415年，该家族从神圣罗马皇帝那里取得了勃兰登堡领地和选侯的称号，直到1701年，腓特烈一世将勃兰登堡选帝侯国升格为普鲁士王国，其本人也于同年1月18日宣布成为普鲁士国王。

普鲁士的兴起一方面与勃兰登堡地理位置优越,对经济发展有利有密切关系,加之霍亨索伦王朝实行一系列保护工商业的政策促进了普鲁士的发展;另一方面,与普鲁士推行军国主义政策也密不可分。

(二)"普鲁士精神"的形成

标志一个国家或一个民族内在化本质特征的是其"精神"。在世界历史上很少有把某个国家或民族同"精神"联系在一起称呼的。"普鲁士精神"可以说是一个例外。现在很难确定"普鲁士精神"这一概念的起源,以及它所包含的确切含义或内容。"普鲁士精神"是在普鲁士和德国历史发展过程中逐渐形成的历史产物。民族精神往往包含着两种不同的有时是对立的精神"本质",即积极性和消极性相混合,并在不同历史时代或阶段发挥着不同的作用。如"普鲁士精神"所包含的"守时、勤勉、忠诚、节俭、高效、清廉"等积极一面,也包含着尚武精神或军国主义精神等消极一面,这也使德国后来成为两次世界大战肇事国的主要原因。

(三)普鲁士实行"开明专制"

经过腓特烈·威廉选侯(1640—1688年在位)和腓特烈·威廉一世(1713—1740年在位)的治理和发展,到腓特烈二世(1740—1786年在位)统治时期,普鲁士发展成为欧洲强国。腓特烈二世推崇法国启蒙思想,在其继位后,"与启蒙思想家广交朋友,恢复了柏林科学院,把它完全交给法国学者管理;他宣布要维护良知自由,为了表明自己的善意,他召回了被他父亲放逐的哲学家;他减少了野蛮的刑法;他对国家的经济事务表现出积极、全面、有益的关心"[①]。总之,在其统治时期,开办学校、奖励科学、资助艺术、重视教育;采取措施,大力发展工商业,振兴经济,为普鲁士实现富国强兵奠定了基础。他标榜自己是"国家的第一仆人",且身体力行。据腓特烈二世手下的一名官员描述:

> 他一大早就开始处理外交事务。他已读过来自大使们的公函,这些公函以密码写成,此时已经解密,现在,他开始向秘书口述对每一份公函的答复,不论重要与否,他都从第一件答复到最后一件,答复经常长达数页。随后,他向另一位秘书口述对一切有关内政事务信件的回复、对财政管理委员会报告的回复、对军队监督官报告的回复。他已经在其中某些报

---

① 徐贲:《与时俱进的启蒙》,上海三联书店,2021,第353页。

告的页边写下了笔记。在此期间，另一位秘书准备重要性较低的信件和私人请愿书的摘要。摘要随后被放在国王面前，他用寥寥数语决定每件事务。[1]

由此可见，在腓特烈二世统治期间，他一边标榜开明，一边事无巨细，将国家权力牢牢抓在自己手中。他通过改革财政和军事等核心机构，加强王权，扩充军队，进行对外扩张战争。对此，他在《政治遗嘱》中言道："一个安排得好的政府必须建立在一个犹如哲学般严丝密缝的观念上。每一个行动都必须很好地论证；财政和军事都必须为同一个目标服务，那就是增强国力，是国家强大。这样的制度只能来源于一个人的想法，那就是君主。"[2]

四、俄国沙皇专制制度的确立

15世纪是俄国历史发展中的重要转折期，不仅摆脱了蒙古人的统治，取得了国家独立，而且以莫斯科公国为核心，在16世纪前期打败了其他公国，完成了领土的统一，初步实现了中央集权化。然而，俄国国内封建大贵族势力依然强大。1533年，伊凡四世（1533—1584年在位）继位，其母后摄政，1547年已经成年的伊凡四世亲政，改称沙皇。两年后，伊凡四世召集"重臣会议"商讨国家改革事宜，以彻底消除封建割据势力。在随后召开的"缙绅会议"上，发表改革宣言，编撰新法典，并以此为依据开始进行改革，限制或打击大贵族，加强沙皇权力。

1584年，伊凡四世死后，俄国政局动荡，危机四伏，经过激烈的权力斗争后，1613年，俄国大贵族米哈伊尔·罗曼诺夫（1613—1645年在位）当选为俄国沙皇，俄国从此开始了罗曼诺夫王朝统治时期（1613—1917年）。在罗曼诺夫王朝建立初期，俄国农奴制得到了进一步发展和巩固，沙皇权力大大加强，工商业有所发展，全国性市场初步形成，但国家管理机构混乱、效率低下、腐败横行。总体来看，与欧洲其他国家相比，俄国经济发展依然非常落后，到17世纪末，全国仅有30个手工工场。

（一）彼得一世的改革

彼得一世（1682—1725年在位），原名彼得·阿列克谢耶维奇·罗曼诺夫，1672年6月9日出生于莫斯科。他是沙皇阿列克谢·米哈伊洛维奇和其第二个妻子纳塔利娅·纳雷什金娜的独生子。彼得一世不到4岁父亲就去世了。

---

① 蒂莫西·布莱宁：《追逐荣耀：1648—1815》，吴畋译，中信出版集团，2018，第293页。
② 徐贲：《与时俱进的启蒙》，上海三联书店，2021，第380-381页。

因为老沙皇米哈伊洛维奇与第一个妻子还育有多个孩子，故在其去世后，在王位继承人问题上展开了一场漫长的殊死斗争。曾经一度，彼得一世为了保全性命，不得不逃亡到乡下。彼得一世的同父异母姐姐——索菲娅·阿列克谢耶夫娜做了几年摄政王，直到1689年退位，彼得一世的地位才真正稳固。

彼得一世所接手的是一个国力不仅比英法等西欧国家落后很多，而且也弱于清政府的国家。俄国错过了西欧文艺复兴和宗教改革的大好时机，神职人员愚昧无知，文学暗淡无光，数学和自然科学无人问津。同西欧相比，俄国几乎还停留在中世纪时期。在此情况下，1697至1698年间，彼得一世到西欧国家进行了一场长途考察，为他随后的统治定下了基调。他以一个下士彼得·米哈伊洛夫的身份率领了一个由250人组成的庞大使团去西欧考察。由于彼得一世使用了一个假名，因而他看到了许多他想看到的事物。在这次考察期间，他在荷兰的东印度公司当了一个时期的船长，还在英国造船厂工作过，在普鲁士学过射击。他走访工厂、学校、博物馆、军火库，甚至还参加了英国议会举行的一届会议。总之，他尽最大努力学习西方的文化、科学、工业及行政管理方法。彼得一世的西欧之行使其目睹和亲身体会到俄国与西欧国家之间的巨大差距，尤其是在1700年发动与瑞典的北方战争后，在战争初期，俄国战败促使彼得一世下定决心进行改革。

第一，在经济方面，大力鼓励工商业发展，允许企业主购买整个村庄的农奴到工厂做工，允许外国人在俄国开办工厂。引进西方工艺、技术和技术人员，同时派遣许多年轻的俄国人到东欧去学习。

第二，在政治上建立完整的中央集权统治，提高工作效率。剥夺贵族领主杜马会议的职能，代之以参政院，参政院下设11个委员会负责具体工作；罢黜大教长，代之以宗教院，使教会成为国家政权的一部分；划分行政区域，将全国划分为50个省。颁布"官秩表"，将官员分为14个等级[①]，所有官员不论门第出身，都要从最低一级做起，靠功绩晋升。为了树立典范，做出表率，彼得本人在海军和陆军中担任职务。他之所以这么做，是因为希望让俄国的领主们认识到，为国效力，依靠功绩获得升迁。

第三，在社会生活方式改革上，实行生活习惯西欧化。颁布法令，规定俄国男子不得蓄胡，要求宫廷人员必须穿西装，鼓励吸烟和喝咖啡。尽管彼得一世制定的许多政策在当时遭到了许多贵族的强烈反对，但这些政策却为俄国带

---

① 彼得一世改革时，所制定的"官秩表"中将官职分为14个等级，262个不同职位，具体包括126个陆海军职位、94个政府职位和42个宫廷职位。

来了长期影响——由贵族统治的俄国在很多方面实行了西方的风俗和文化。彼得一世认为俄国东正教会是落后势力，故对其进行了部分改革，加强对其控制。彼得一世在俄国创办非宗教学校，鼓励发展科学，引进了儒略历，使俄文字母现代化。在他统治期间，俄国创办了第一家报纸。

第四，在对外政策方面，在南部与土耳其交战，在北部与瑞典交战。吞并了包括爱沙尼亚、拉脱维亚和芬兰附近的部分领土。这些征服为俄国打通了通往波罗的海的出海口，提供了一个"瞭望欧洲的窗口"。彼得一世在击败瑞典后，夺取其部分领土，在涅瓦河两岸建立了一座新城市——圣彼得堡。1712年，他将俄国首都从莫斯科迁到圣彼得堡。从此之后，圣彼得堡就成了俄国与西欧交往的主要之地。

总之，彼得一世从1698年开始在俄国发起了声势浩大而又严厉无比的改革运动，这场改变俄国国家命运的大改革涉及政治、经济、军事、文化教育和宗教等领域。他为俄国建立了正规的陆军和海军，使军力落后的俄罗斯一跃成为欧洲军事强国。在彼得一世统治时期，俄国出现了第一张报纸，开办了第一批军事学校和技术学校，创建了第一个国家博物馆和第一个公共图书馆，兴建了第一批公众剧院和公园，设立了科学院，从而使俄罗斯"从愚昧无知的深渊登上了世界光荣的舞台"，"他用野蛮制服了俄罗斯的野蛮"。

（二）叶卡特琳娜二世与俄国的"开明专制"

彼得一世以强制手段推行改革，但在其死后，人亡政息。在经过多次宫廷政变后（37年间俄国换了6位沙皇），直到1762年，近卫军拥立彼得三世的妻子叶卡特琳娜（1762—1796年在位）为女皇，即为叶卡特琳娜二世。

由于叶卡特琳娜早年受启蒙思想家的影响，其继位初期，在内政方面采取了一些"开明"措施。如在经济方面，发展工农业生产，削弱行会控制，鼓励各阶层人士开办工厂；在教育方面，创办学校，鼓励贵族子弟接受西欧教育；在政治方面，推动地方行政改革，但改革的本质是强化和巩固专制权力。如在1767年成立了"新法典草案编撰委员会"，并于同年7月30日在莫斯科克里姆林宫召开了立法会议。学者认为，叶卡特琳娜成立"新法典草案编撰委员会"的主要目的是巩固其统治地位。该委员会在会议召开期间从未讨论过宪政问题，因为叶卡特琳娜认为唯一适合俄罗斯帝国的政府形式是专制政府。在其于1766年12月颁布的《圣谕》第二章对此有明确规定：

> 君主是绝对的。因为只有以他一个人为中心的政府才能以与如此庞大的国家相称的活力来行事。庞大的国家产生了将绝对权力授予统治者的需

要。有必要迅速解决边远地区事务，以弥补遥远距离所造成的延误。任何其他形式的政府不仅会损害俄罗斯，还会最终导致它彻底毁灭。①

尤其是在1733年，由普加乔夫领导的俄国历史上最大的一次农民起义爆发之后，叶卡特琳娜倚重贵族，着手对行政制度进行改革，加强对地方事务的控制。

综上所述，在18世纪后半叶，东欧的普鲁士、奥地利和俄罗斯等国的君主迫于国内形势，采取了一些"开明"措施，进行改革，以解决国内矛盾。"开明专制"思想是法国启蒙思想家伏尔泰、狄德罗提出的。他们呼吁"开明"君主革新政治，抛弃旧的封建统治，摆脱宗教愚昧。他们崇尚理性、知识，向往资产阶级的自由和平等。普鲁士弗里德里希二世（即腓特烈大帝）、奥地利玛丽亚·特莉莎和约瑟夫二世、俄国的叶卡特琳娜二世是"开明专制"的实践者。"开明专制"与法国启蒙运动和法国大革命平行发展。法国通过资产阶级革命确立了资产阶级统治。普、奥、俄等国则由"开明专制"发展到资产阶级改革，持续数十年以至一个世纪，得到与法国大革命基本相同的结果。对此，美国历史学家约翰·加格拉尔多把"开明专制"看作"后进国家'西欧化'或'近代化'的重要阶段"，法国史学家乔治·勒弗伯夫勒则认为"开明专制"是西欧文明向东欧的扩展，德国历史学者弗里茨·哈尔通认为："开明专制受到启蒙哲学，特别是启蒙主义国家学说强烈影响的统治方法。"

五、"开明"君主实施的整体改革举措

第一，进行政治改革，削弱或废除贵族某些特权，在一定程度上触动了封建专制制度的基础，朝政治平等的目标前进了一步，主要表现为：对农奴制度进行部分改革，这是一项触及欧洲大陆的封建主义基础的改革，也是开明专制最进步的措施之一，因为农奴制已成为资本主义发展的障碍，故削弱农奴制有利于新兴的资本主义的发展；改革行政制度，加强中央集权，提高行政效率，增强政府动员能力；改革法制，实行开明专制各国已出现行政和司法分立的近代立法原则的端倪。不仅如此，各国编纂法典明确了资本主义的立法原则。

第二，开明专制的经济改革使资本主义在各国较快发展起来。"开明"君主为了富国强兵，需要强大的经济基础作为支撑，故大力扶持资本主义工商业，同时鼓励农业和贵族经营工商业。在农业方面，实行开明专制的各国注重

---

① 蒂莫西·布莱宁：《追逐荣耀：1648—1815》，吴畋译，中信出版集团，2018，第307页。

国内发展，大力提倡向落后地区移民，并保证农民的财产权和土地继承权，开垦荒地、修筑公路、开凿运河等，从而保证了开明专制时期各国农业的发展。此外，各国大力扶植工商业，取得成就也最大。

第三，推行军事改革。"开明"君主不论是为了对付国内贵族的叛乱或镇压人民起义，还是为了防御他国入侵或对外扩张，均需要有一支强大的军队。因此，实行开明专制的国家均实行了军事改革，扩充军队。如奥地利仿照普鲁士，实行募兵制，建立常备军，军队人数在18世纪80年代就有27万人之多。而军国主义盛行的普鲁士在扩军方面更是不遗余力。容克（贵族地主阶级）与普鲁士军队紧密结合、相互支持和利用是推动普鲁士军队发展的重要特征。在腓特烈·威廉一世在位时期，普鲁士军队人数达到8.5万余人，占当时普鲁士总人口的4%。在整个欧洲，普鲁士在人口方面位列第13位，但是军队规模却高居第4位，国家财政收入的3/4都用在军事方面。到腓特烈二世统治时期，普鲁士军队从8万余人增加到20多万人，军费开支占国库开支的4/5。依靠强大的军事力量，普鲁士领土不断扩大，到18世纪末期已成为欧洲名副其实的大国。

第四，实行教育改革。约瑟夫二世、腓特烈二世和叶卡特琳娜均非常重视教育。如在叶卡特琳娜统治时期，创办了许多学校，鼓励贵族子弟读国外书，学习外国语言。在其去世时，全俄有549所学校，6.2万多名学生，俄国贵族文化水平大为提高。腓特烈二世也非常重视教育，开办学校、奖励科学、扶助艺术。他本人爱好音乐，善写诗词，谈论文学，甚至请伏尔泰教他用法文写作。

综上所述，在18世纪，中东欧的奥地利、普鲁士和俄国的"开明"君主们利用启蒙思想实行改革，以巩固其专制统治。虽然君主专制本身并没有得到根本改变，也没有把国家权力交给人民的打算，但改革还是推进上述诸国从人治向法治、从独裁向宪制转变的进程。具体而言，"开明的绝对君权是从中世纪而来的等级制封建社会史的最后阶段。它已经开始质疑社会中那种由生而来、父传子承的等级鸿沟。……它努力要减轻这个制度中的不合理和贫困"。然而，这些开明君主们不仅缺乏勇气，而且也"不能充分把握启蒙理念的意义，也无力改变现存的整个制度"。但从历史的角度来看，"开明专制不只是绝对主义君主制的结束阶段……而且也是君主国家转变为现代国家的一个重要阶段，在这个阶段里，国家在政治上更为统一，政治生活的'开明'世俗和实用主义理论把政府行为和公共权力组织安置在一个正式的永久的基础上"①。实行改革的中东欧专制各国的资本主义在这一时期有了较快的发展，缩短了同西欧先进国家之间的差距。通过改革，上述东欧各国基本上达到了富国强兵之目的，文教事业也空前繁荣。"开明"君主的改革，为这些国家随后进行资产阶级改革奠定了基础，是资产阶级改革的先声。历史表明，从封建主义向资本主义转变有两条道路：一是法国革命式的道路；二是开明专制各国后来的改革式道路。开明专制是一场确实存在的带有资产阶级色彩的自上而下的改革，在一定程度上促进了历史的发展。

---

① 请参看徐贲:《与时俱进的启蒙》,上海三联书店,2021,第350页、第371页。

第三章
资产阶级革命时代

在近代以来的世界舞台上，由于不同原因爆发了不同类型的革命，有资产阶级为推翻封建专制统治而爆发的资产阶级革命，如英国资产阶级革命和法国大革命；有为了推翻宗主国压迫而引发的革命，如尼德兰革命和美国独立革命；有广大亚非拉国家为反抗西方列强殖民统治、取得民族独立的民族革命；有开创社会主义事业发展新纪元的社会主义革命等。本章囿于篇幅和内容安排，仅对前两种革命进行叙述和阐释。

第一节　革命的含义

在汉语中，"革命"一词，本指变革天命，后随着词义扩大，包括但不限于政治领域的重大革新均可称"革命"。在我国古代典籍文献中，"革命"一词最早见于《周易·革卦·象传》中："天地革而四时成，汤武革命，顺乎天而应乎人。"意指商王汤讨伐夏桀和周武王讨伐商纣，实施变革，更替朝代，上应天命，下顺民意。这里的"革"即变革，"命"即天命，是从神权政治观出发对革命做出的解释。

在西方，"革命"一词源于"轮回"与"复归"，最初指天文学上时间或空间上的旋转循环运动。到16世纪时，在意大利佛罗伦萨的一些历史学家率先赋予"革命"以政治内涵。他们在其著作中使用"rivoluzione"一词来指"在15世纪末到16世纪初，美第奇家族①在佛罗伦萨统治的频繁更迭，并认为这种变动具有周期性地向过去的政治制度回归的特点"。在17世纪40年代以后，随着欧洲战争频仍和政治动荡，一些意大利历史学家在其撰写的著作中开始使用

---

① 美第奇家族是15至18世纪中期,意大利佛罗伦萨地区,乃至欧洲拥有强大势力的名门望族。该家族对意大利文艺复兴的兴起和发展做出了重要贡献,也是这一时期佛罗伦萨共和国的实际统治者。

"革命"来描述此类历史事件,如卢卡·阿萨里诺撰写的《加泰罗尼亚革命》,亚历山德罗·吉拉菲著述的《那不勒斯革命》等。纵览当时学者们的著作可以看出,"革命"一词已经具有政治变动、王国兴衰、朝代覆灭等现代意义上的内涵了。但需要说明的是,这一时期"革命"一词多用于著作的标题或前言部分,在正文中则很少使用或几乎不用。即使在英国资产阶级革命时期,学者们对"革命"一词的理解仍未脱离政治变动这一窠臼①。

尽管在17世纪,西方学者们将包括英国资产阶级革命到光荣革命在内的一系列重大历史事件称为"革命",但真正赋予现代意义上的"革命"则是法国大革命。这场轰轰烈烈的资产阶级革命所产生的最重要后果,同时也是革命最重要的特征就是:"国家政权、社会结构、意识形态等各方面发生的全面的、彻底的、剧烈的变革。"此后,随着学者们对法国大革命的研究日益深入,其对"革命"一词的理解也日益深入和全面,如西达·斯考切波认为:"社会革命是一个社会的国家结构和阶级结构都发生快速而根本转变的过程;与革命相伴随,并部分地实施革命的是自下而上的阶级反抗。……社会革命的独特之处在于,社会结构和政治结构的根本性变化以一种相互强化的方式同时发生。而且,这些变化的发生要通过剧烈的社会政治冲突来实现,阶级斗争又在其中起着关键作用。"塞缪尔·亨廷顿则认为:"革命是对一个社会居主导地位的价值观念和神话,及其政治制度、社会结构、领导体系、政治活动和政策,进行一场急速的、根本性的、暴力的国内变革。"②由此可见,法国大革命对现代意义上"革命"一词内涵的确立具有关键和重要意义。

总之,在西方政治思想史中,不同学者从不同视角对"革命"一词给予了阐释,可大致分为四种③。一是从道德视角,认为革命是一种实现正义和恢复秩序的行为。如古罗马历史学家李维在其撰写的《建成以来史》(简称《罗马史》)中就把罗马共和国的建立看作一种道德行为。这与李维对道德史观的重视以及对共和主义的赞赏有密切关系,纵览其著作,可以看出,他不惜笔墨讴歌罗马共和时期的英雄们为祖国和同胞奉献自己生命的高尚道德以及所取得的

---

① 关于革命一词含义的演变,请参看张旭鹏:《"革命"的内涵与变形:一项全球思想史的考察》,《华东师范大学学报》2022年第4期。

② 张旭鹏:《"革命"的内涵与变形:一项全球思想史的考察》,《华东师范大学学报》2022年第4期,第29页。

③ 关于西方政治思想中对革命的分类和定义,可参看王健:《有关当前中东变局的两点思考》,《国际展望》2011年第3期,第2-3页。

丰功伟绩。因此，他认为罗马的美德造就了永恒的罗马。而希腊化时代的著名历史学家波里比阿认为，"革命"就是消灭和改变僭主统治的过程，是恢复正义和正当秩序的过程。二是从权力转移视角，认为革命是一种权力转移的方法。如美国政治学家杰克·戈德斯通认为，革命就是"不同集团，其中包括前政府，都力争使自己成为中央权力"①。即革命是争夺权力的公开较量，是某些阶级或集团将国家或中央政府的权力转移到本阶级或本集团手中的一种方式。三是从大众心理视角，认为革命是一种发泄不满和改变现状的途径。如古希腊学者亚里士多德在著述的《政治学》一书中，分析"革命"爆发的原因时指出："有些人看到和他们相等的他人占着便宜，心中就充满了不平情绪，企图达到同样平等的境界。另一些人的确有所优越，看到那些不能和自己相比拟的人们却所得相等，甚至反而更多，也就心中激起了不平情绪，企图达到平等的境界。于是，政变出现了。"②近代意大利政治学家马基雅维里则指出："人们因为希望改变自己的境遇，愿意更换他们的统治者，并且这种希望促使他们拿起武器去反对他们的统治者。"③这些观点主要强调了民众进行革命的心理原因，但忽视了革命爆发的经济和政治根源。四是从历史发展进程来看，认为革命是一种实现社会变革的历史过程。现代学者认为，任何革命均非单一的夺取政权的事件，而是一个复杂的社会变革过程。

除上述观点外，马克思对"革命"一词的含义也做了深入研究和阐释，对学者们全面、科学地理解社会意义和政治意义上革命的含义具有重要启发和借鉴作用。马克思认为，革命是阶级矛盾和社会矛盾激化的产物。在阶级社会中存在着阶级矛盾、阶级冲突和对抗，当矛盾激化时，就会发展为政治革命。从这个意义上讲，革命是阶级矛盾和社会矛盾激化的产物，同时又是解决阶级矛盾和社会矛盾的主要途径和手段。

革命是一个阶级推翻另一个阶级的暴力行动。这是因为任何一个统治阶级出于自身利益，都不会轻易退出历史舞台，相反，则会竭力维护自己的统治。在此情况下，一个阶级只有通过暴力革命推翻另一个阶级，才能达到变革社会制度的目的。

革命是政治的最高行动。马克思指出："社会的物质生产力发展到一定阶

① 伍天冀、杜红卫编译《中外政治格言集萃:政治的智慧》,警官教育出版社,1992,第122页。
② 亚里士多德:《政治学》,吴寿彭译,商务印书馆,1983,第236页。
③ 尼科洛·马基雅维里:《君主论》,潘汉典译,商务印书馆,2015,第6页。

段，便同它们一直在其中活动的现存生产关系或财产关系发生矛盾。于是这些关系便由生产力的发展形式变成生产力的桎梏。那时社会革命的时代就到来了。"换言之，马克思认为，革命是人类社会历史发展中不可避免的政治行动，这是因为它不以人的主观意志为转移，而是由社会矛盾运动规律所决定的。以推翻现政权和破坏旧关系为主要内容的政治行为将导致社会经济、政治和文化发生深刻变化，故这种政治行为被视为是政治的最高行动。

第二节　尼德兰革命

尼德兰是荷兰语"低地"之意。从地理范围来看，约包括今天欧洲国家——荷兰、比利时、卢森堡和法国东北部。中世纪初期，尼德兰是法兰克人王国的一部分，法兰克人王国分裂后，它分属于德意志皇帝和法兰西国王。到15世纪，其大部分领地并入勃艮第公国。从16世纪初开始，尼德兰又因联姻和继承关系归属于西班牙，受西班牙哈布斯堡家族的统治。这时的尼德兰实际上是由一些封建公国和伯国组成的联邦，并组建了中央集权制的政府机构，为首的是由西班牙国王任命的总督，下设国务会议、财政会议和枢密会议，同时还设有中央三级会议和各省三级会议。作为一个统一国家的机构渐趋完善，但其主权经常受到西班牙专制政府的侵犯。

一、15—16世纪尼德兰社会经济发展状况

由于濒临大海，从14世纪开始，荷兰的捕鱼业就非常兴盛。当时荷兰人口不到100万，约有20万人从事捕鱼业。捕鱼业使荷兰人开启了商旅生涯，开始与东北欧、英格兰、南欧和非洲等地进行贸易。贸易不仅改变了荷兰原本不利的地理位置，而且开始显示出其巨大的优越性。地处西北欧的荷兰，面朝大西洋的北海，背靠广袤的欧洲大陆，欧洲的两条主要水道，从这里入海。为了排涝，荷兰人修建了多条运河，从而构建了当时欧洲最发达的水上交通网。这些优势使荷兰具备了成为欧洲新的商品集散地的可能。

从15世纪末开始的地理大发现给欧洲带来前所未有的商业繁荣，也为荷兰提供了成就商业帝国的历史性机遇。由于缺少强大的王权和充足的人力资源，荷兰人自然地选择了依靠商业贸易来积累财富，同时也积累着足以让自己强盛起来的竞争技巧和商业体制。利用有利的地理位置，荷兰人作为中间人、代理人、加工者和推销商，从葡萄牙和西班牙那里装载香料、丝绸和黄金，然后把它们运销到欧洲各地。返航时，他们又为这两个最早的海上霸权国家运去波罗的海产粮区的小麦、瑞典的铁器、芬兰的木材，以及自己生产的海军补给品。

随着荷兰海外贸易的发展，促使其造船业和海外运输业日渐繁荣。到16世纪末，荷兰的商船大概有1800艘，超过英格兰、法国和苏格兰海上商船的总和。伴随着商业贸易的发展，城市作为交易的市场、储存货物的仓库、维修船只的工场，也逐渐兴旺起来。当时荷兰的商业中心，首推佛兰德斯的安特卫普，它是连接南欧和北欧之间进行贸易的桥梁，也是西欧和北欧贸易与金融中心，被誉为"十六世纪的华尔街"，其在16世纪的欧洲经济生活中扮演了主角，"它不仅仅协调哈布斯堡帝国的不少国际贸易，而且也是英国和葡萄牙与世界经济相联系的关键"。另外，安特卫普也是这一时期"欧洲最大的银钱市场"[①]。而另一大城市——阿姆斯特丹成为当时国际性的商业大都市。

伴随着城市的兴起，以荷兰为中心的尼德兰社会结构和阶级关系也发生了深刻变化。在城市中，一方是处于统治地位的贵族，另一方则是日渐富有的市民阶层。为了更好地发展商业贸易和保护自己的利益，富有的市民阶层决定从贵族手中购买城市的管理权和自治权。结果，城市由有钱的商人统治，他们来决定城市的管理，市民可以自行立法，贵族不能直接向他们收税。"市民自治"为荷兰经济进一步发展注入了强大动力。到15世纪末，近一半荷兰人生活在城市中。在农村，随着商品经济的发展，农奴制早已废除。贵族内部也发生了分化，一部分人从事资本主义经营活动，大部分耕地已转入富商和大资产阶级手中，采取资本主义经营方式，收取货币地租。由商人、包税商、手工工场主和农场主组成的城乡资产阶级正在形成，其中商业资产阶级占据首要地位。

总之，16世纪中后期，以荷兰为中心的尼德兰利用得天独厚的地理优势并依靠商业贸易和海外运输业，成为欧洲富甲一方的地区。

二、尼德兰革命爆发的原因

1543年是荷兰历史上具有重要意义的年份。同年，西班牙国王通过政治联姻，取得了对荷兰的统治权。对此，荷兰人并未表现出不满或反对，反而予以默认。然而，西班牙对荷兰的统治给后者带来了灾难性后果。西班牙在欧洲实行霸权政策，四处扩张，需要大量经费，尼德兰不仅战略位置重要，且非常富有，因此，尼德兰就成为西班牙严密控制和大肆搜刮的对象。不论是西班牙

---

① 伊曼纽尔·沃勒斯坦：《现代世界体系(第一卷)：16世纪的资本主义农业和欧洲世界经济的起源》，郭方、刘新成、张文刚译，社会科学文献出版社，2013，第196页。

国王查理一世（1516—1556年在位），还是腓力二世（1556—1598年在位），在经济上对尼德兰采取横征暴敛、杀鸡取卵、竭泽而渔的短视政策，给尼德兰商业贸易和银行信贷带来毁灭性打击；在宗教政策上，颁布"血腥敕令"，设立宗教裁判所，残酷迫害新教徒，处死宗教"异端"，没收财产等。西班牙这种倒行逆施的统治政策，激化了矛盾，引起了尼德兰民众的强烈反抗，最终引发了革命。

三、尼德兰革命爆发的过程

面对西班牙的残暴统治，1566年4月，以奥兰治威廉亲王、埃格蒙特伯爵为首的"贵族同盟"向西班牙派驻尼德兰总督玛格丽特呈递了请愿书，要求废除"血腥敕令"等苛政，但遭到西班牙政府的拒绝。同年8月11日，以打击天主教会为主要目标的大规模起义在佛兰德斯爆发。随后，西班牙国王腓力二世改派阿尔伐为总督，率领大军进入尼德兰，对起义群众进行大肆屠杀，导致10余万尼德兰商人、农民和手工业者逃往国外。

在反抗西班牙的斗争中，尼德兰逐渐形成了以今天荷兰为地域的北方斗争中心和以今天比利时和卢森堡为地域的南方斗争中心。1573年底，北部尼德兰取得了反抗西班牙统治的重大胜利，宣布独立，成为事实上的独立国家。而南方情况比较复杂，天主教会和封建贵族势力比较强大，大商业资产阶级在经济上同西班牙有密切关系，故斗争过程比较曲折。1576年10月，南北双方代表在根特城签署了《根特协定》，宣布恢复尼德兰的统一和各城市原有特权，废除阿尔伐颁布的一切法令。但《根特协定》并未解决根本问题，不久，南方战火重启，西班牙派驻尼德兰新任总督率军镇压。1585年，随着安特卫普的陷落，南方反抗西班牙统治的斗争以失败而告终。但与南方节节败退形成鲜明对比的是，北方最终取得了完全胜利。1579年1月23日，北方各省在乌特勒支城集会，组建了"乌特勒支同盟"。两年后，即1581年7月26日，奥兰治亲王在海牙召集联合各省代表大会，宣布废黜腓力二世统治，尼德兰北部正式脱离西班牙而独立，成立联省共和国，是为荷兰共和国。1609年4月，西班牙同荷兰签订了为期十二年的休战协定，事实上承认了荷兰共和国的独立。

四、尼德兰革命的历史意义

尼德兰革命的成功，北方诸省长期艰苦的斗争是其主因，也与当时有利的国际环境密不可分。1588年英西大海战，英国摧毁了西班牙无敌舰队；1589—1598年，干涉法国的胡格诺战争又以失败而告终。西班牙在欧洲推行的霸权政策致使国力受损，元气大伤，无力继续干预和镇压尼德兰革命。尼德兰革命的成功具有重要的历史意义。

第一，尼德兰革命是一次成功的资产阶级革命，建立的荷兰共和国是"十七世纪标准的资本主义国家"。革命的胜利使荷兰成为17世纪欧洲乃至世界上富有而强大的国家。其工商业、造船业和渔业发展迅速，对外贸易和航海业发展尤为突出，荷兰因此也获得了"海上马车夫"的称号。英国著名重商主义者托马斯·孟在1664年惊叹道："这是世界上的一个奇迹：这样小的一个国家，还没有我们的两个最大的郡大，自然财富、食料、木材或其他在战争或和平时期所需的军火都少得微不足道，但它竟宽绰有余裕地一切都有。"①除富有之外，荷兰的独立也带来了自然科学的发展和文化思想的活跃。可以说，17世纪是荷兰文学、自然科学以及艺术发展的黄金时代。正如年鉴学派大师布罗代尔所言："当时的人只是看到一些令人眼花缭乱的表象。跟往常一样，他们对长期的准备过程未加注意，直到荷兰获得光彩夺目的成就时，他们才猛然醒悟。刹那间，任何人都不明白，一个初出茅庐的蕞尔小国居然一举成功，发展神速，无比富强。人们纷纷议论荷兰的'秘密'、'奇迹'和'出奇的'富有。"②

第二，尼德兰革命沉重打击了西班牙哈布斯王朝，推动了欧洲各国和各地区反封建革命运动新进展，为后来欧洲其他国家进行资产阶级革命创造了有利条件。西班牙陷入尼德兰战争长达40余年，其经济和军事力量遭到严重削弱，这是当时欧洲的重大事件。作为当时欧洲强大的封建势力的堡垒，它的削弱意味着欧洲反动势力的削弱，为后来其他国家资产阶级扫清了革命道路上的主要障碍，推动了欧洲反封建和反西班牙霸权的斗争，标志着资产阶级革命时代的到来。尼德兰革命不是孤立的事件，它集中体现了欧洲各国资产阶级和劳动人民反封建统治的共同愿望。在西班牙与荷兰休战后，欧洲并未平静，不久捷克便爆发了民族起义；荷兰反西班牙斗争再起；此后葡萄牙先后两次爆发了反抗西班牙的起义，恢复了独立。由此可见，尼德兰革命拉开了欧洲各国反封建、反霸权斗争和争取独立、争取资义主义发展斗争的序幕。

第三，尼德兰革命开创了世界资本主义时代的新纪元。16世纪，封建君主专制统治和封建制度在世界范围内大行其道，占据主导地位。而尼德兰革命开历史之先河，率先突破封建生产方式，成功地进行了资产阶级革命。革命胜

---

① 托马斯·孟:《英国得自对外贸易的财富》,袁南宇译,商务印书馆,1965,第75页。

② 转引自王加丰、陈勇、高岱、高毅、李工真、汤重南、徐天新、何顺果:《强国之鉴——八位央视〈大国崛起〉专家之深度解读》,人民出版社,2007,第35—36页。

利后的荷兰快速崛起，成为欧洲乃至世界强国。尼德兰革命开辟了世界历史上资产阶级革命的新时代，为资产阶级革命时代的到来奠定了舆论上的准备，反映了从17世纪起进入资本主义时代的特征。而且这次革命的胜利，开始了资本主义取代封建主义历史任务的总进程。

第四，尼德兰革命推动了欧洲宗教改革，打击了天主教会。在中世纪的意识形态中，神学居于主导地位。故当时任何社会运动和政治运动都不得不采取神学形式，对深受宗教影响的民众而言，要掀起巨大的风暴，就必须让群众的切身利益披上宗教的外衣出现，尼德兰革命也不例外。16世纪，尼德兰人文主义者揭露天主教会在解释和翻译圣经原文时的错误，揭发天主教僧侣的无知、贪婪和道德败坏，使得《圣经》不再是教会所解释的"神的启示"。路德派教义、加尔文派教义和再浸礼派教义在尼德兰的传播，不仅深受城市市民和农民的欢迎，而且推动了尼德兰宗教改革的深入发展。1566年爆发的声势浩大的"圣像破坏运动"就是尼德兰民众主张用强力推翻西班牙专制统治和天主教会的有力行动。

第五，尼德兰革命是一次成功的民族解放战争。16世纪前半叶，西班牙获得了尼德兰统治权后，作为西班牙帝国税收的主要来源地每年向西班牙贡献了国库收入的一半。因此，尼德兰就成为西班牙国王"王冠上的一粒珍珠"，不仅受到严密控制，而且被大肆搜刮。在尼德兰革命爆发后，腓力二世派遣新任总督阿尔伐公爵率领大军1.8万人抵达尼德兰，设立"除暴委员会"，采取恐怖手段——"宁留一个贫穷的尼德兰给上帝，不留一个富裕的尼德兰给魔鬼"。尽管西班牙统治者采取高压手段镇压尼德兰革命，但北方革命不断取得胜利，并成立了联省共和国。此后，形势急转直下，西班牙不得不与尼德兰进行和平谈判。腓力三世同荷兰缔结了停战协定，标志着尼德兰北方资产阶级革命的胜利。可见，尼德兰资产阶级革命，通过民族战争摧毁了西班牙统治。因此，尼德兰革命也是一次民族解放战争。

第三节　英国资产阶级革命

16世纪末，英国实际上还是一个人口很少的小国。其领土主要包括英格兰、威尔士和周边一些岛屿，人口不到500万，其中75%居住在农村，封建经济在整个国民经济中占据主导地位。但与其他欧洲大陆国家相比，英国在14

世纪废除了农奴制，在15世纪产生了资本主义生产关系萌芽，在16世纪资本主义经济有了一定的发展，到17世纪时，英国已经具备了资产阶级革命的条件。

一、英国资产阶级革命爆发的原因[①]

17世纪40年代，英国爆发资产阶级革命，原因甚多，资本主义的发展以及由此而引起的社会结构巨变，是其根本原因。斯图亚特王朝专制统治所引发的社会矛盾也是革命爆发的重要因素。具体原因如下：

第一，从15世纪末开始的大规模圈地运动使资本主义深入农村，是资产革命爆发前夕英国资本主义和社会发展的重要特征。在以农业为主的封建社会中，农业资本主义发展的规模和水平，往往是影响革命爆发的一个重要变量。因为它可以摧毁或瓦解整个封建社会的经济体系。早在14世纪，英国就已经出现了契约租地农，与此相伴随的则是封建农奴制度的迅速衰落和瓦解。到15世纪末，农奴制已在英国基本解体。而在此时，由于羊毛出口和毛纺织业的快速发展，养羊成为有利可图的事业，圈地运动由此而兴起，也极大地推动了英国农业资本主义的发展。到17世纪上半叶，资本主义农牧场已遍及英国东南各郡，这也预示着革命前英国农业资本主义的发展规模和水平是当时世界上其他任何国家所无法比拟的。

农业资本主义发展产生的后果之一便是改变了英国传统的农业生产结构。即根据不同地区的自然地理和气候条件，出现了各种经济专业区，如中部各郡以种植粮食为主，塞温谷地区种植烟草等经济作物，北部地区为畜牧区。为了满足不同经济专业区之间的商品交换，在各交通要道旁，汇聚了一大批大型农牧产品批发商，还有诸多流动商贩往来于乡间。当时，"除北方意大利和尼德兰外，英国是当时欧洲商品化最发达的国家"。不仅农牧产品，就连最基本的生产资料——土地也成为市场流通的商品。据统计，到16世纪后期，在英国7个郡中2500个庄园，大约1/3的土地更换了主人；到17世纪上半期，又有1/3以上的土地易主，土地流通的规模反映了英国农村市场经济发育的程度，"这些发展变化正在破坏着旧的义务和契约关系，正在构建一种基于市场竞争之上的新型关系"[②]。

---

① 关于对英国资产阶级革命爆发的原因分析,请参看程汉大:《英国较早发生资产阶级革命的原因》,《山东师范大学学报》1994年第2期,第29-34页。

② 程汉大:《英国较早发生资产阶级革命的原因》,《山东师范大学学报》1994年第2期,第29页。

　　此外，农业资本主义的发展导致英国社会结构发生了剧烈变动。农村人口出现了水平快速流动，即原先附着在土地上的自耕农离开故土，向其他地区流动或迁移；不同等级和社会阶层之间也呈现出垂直流动，即旧贵族的衰落、乡绅阶层的迅速崛起和农民的严重分化。英国贵族之间的分化与其开放性特点有密切关系，他们不享有免税特权，也就不排斥以营利为目的的工商业生产。因此，在社会巨变来临时，部分贵族能顺应时代发展潮流，及时改变生产经营方式，积极参与圈地运动，成为新贵族。而继续墨守成规、不愿做出改变的部分旧贵族最终不可避免地走向衰落。

　　除贵族分化外，乡绅阶层的崛起是英国社会结构发生巨变的另一个重要特点。乡绅是英国社会特有的一个阶层，他们原是中等土地所有者。务实、进取和求变是乡绅阶层的基本特征。在资本主义潮流来袭时，多数乡绅能随机应变，或圈地，创办农牧场，或投身工商业，结果是其手中财富急剧增长。据统计，1530—1630年期间，仅沃里克郡乡绅的财富就增长了3.5～4倍。到17世纪上半叶，仅占人口2%～3%的乡绅控制了全国土地的40%，个别地区甚至高达80%[①]。随着财富的增加和经济地位的上升，乡绅阶层逐渐谋取更多、更大的政治权力。他们不仅几乎垄断了英国地方各郡的治安法官职位，也占据了绝大多数议会下议院席位。此外，原来处于社会底层的农民也出现了严重分化。除少数自由农发家致富外，绝大多数自由农在圈地运动的冲击下，失去土地，走向破产，沦为工资劳动者，农村雇佣劳动者数量剧增。

　　综上所述，在英国资产阶级革命前夕，英国社会阶层发生了巨大变化。就贵族而言，既有旧贵族（封建贵族），也有新贵族（包括中小贵族、乡绅、部分富商）；就资产阶级而言，既有大资产阶级（包括大金融家、包税商、专利公司股东），也有中小工商业者（主要为分散和集中的工场手工业者）；就农民阶层而言，既有公簿持有农（主要由农奴转化而来，占当时英国农民的绝大多数），也有贫农（包括佃农和雇农），还有由手工业者及其家属构成的城市平民。

　　当英国资本主义快速发展、资产阶级日益壮大时，当封建专制制度成为资本主义发展严重障碍时，新贵族、资产阶级、受压迫的农民阶层和城市平民就联合起来，成为推翻斯图亚特王朝的强大力量。

　　第二，长期以来，在英国逐渐形成的议会和法律制约着王权，保障王权的

----

　　① 程汉大：《英国较早发生资产阶级革命的原因》，《山东师范大学学报》1994年第2期，第30页。

两大支柱——军队和官僚机构的弱小既是革命的诱因，也是革命成功的重要因素。

在一个阶级推翻另外一个阶级的斗争中，革命能否成功与旧政权的结构特点有密切关系。英国政治体制形成于都铎王朝时期，学术界将其称为封建君主专制制度。尽管从都铎王朝到斯图亚特王朝，英国历代君主采取措施，加强王权，巩固政权，然而，与法国和西班牙等欧洲大陆封建君主专制国家相比，英国的王权因受诸多条件限制，远远不及法国和西班牙王权强大。其主要原因为：从中世纪遗留下来的议会是限制王权的一个重要政治实体。中世纪欧洲的封建制实为庄园制。庄园不仅是一块地产，也是一个政权单位。贵族领主在庄园中不仅拥有司法权，还有经营权和行政管辖权。因此，庄园制意味着贵族与国王的分权。1135—1154年，英国国内诸侯发动叛乱，国王亨利二世不得不与平民结盟，依靠平民、骑士和市民力量来平定叛乱。为此，亨利二世不仅制定了法律，规定了平民、骑士和市民的权利，也为以后国王与市民之间的结盟提供了法律依据。结盟的形式是召开了由国王、市民和诸侯共同参与的"大会议"。"大会议"也就成为以后英国议会的发轫和起源。

到13世纪初，约翰王统治英国，其非常好战，但屡战屡败。在连年对外战争中，英格兰失去了在欧洲大陆的几乎全部领地。除军费开支外，当时英国国王每年还要向罗马教皇缴纳1000镑的重税。不甘失败的约翰王为了维持战事，筹措军费以及向教皇缴税，只能加紧对市民和贵族的盘剥，这就引起了市民和贵族的强烈不满。1215年春天，愤怒的贵族们集结起来，武装讨伐国王。同年6月15日，走投无路的约翰王被迫与25位贵族代表在泰晤士河河边的一座凉亭中举行谈判。经过四天激烈交锋后，英国国王与贵族代表达成了协议，签署了著名的《自由大宪章》（即著名的《大宪章》）。《大宪章》规定：国王不能随意剥夺他人权利；如果没有法庭判决，也不能随意剥夺他人的财产；没有"大会议"同意，国王不得随意征税。这些条款表明，臣民的权利是独立的，不是国王恩赐的，同时也限制了国王滥用权力。

在13世纪中后期，英国国王为了一己之私，经常出现破坏或违背《大宪章》的情况，如在1258年，亨利三世（1216—1272年在位）为给其子谋取西西里王位，强迫贵族和骑士将其收入的三分之一交给王室。结果，贵族冲进王室，迫使亨利三世再度召开"大会议"。是年，"大会议"在牛津开幕，通过了著名的《牛津条例》，它被视为英国历史上第一部成文宪法。1265年，"大会议"有了议会的雏形。1295年，英国国王爱德华一世（1272—1307年在位）

召开议会，当时出席议会的成员有400余人，其中大主教2人、主教和教士18人、修道院院长66人、其他宗教阶层首脑3人、伯爵9人、男爵41人、骑士63人、市民代表172人①。从14世纪中叶起，英国议会确立了两院制组织形态，并取得了制定法律、批准税收和监督国王政府及其政策的权力，成为国家政治体制中一个相对独立的权力实体。到15世纪，议会借助贵族与王权、贵族内部不同集团间的权益之争，进一步巩固了自身地位。

除此之外，长期以来形成的英国基本法和普通法从法律上约束着国王滥用权力。众所周知，英国基本法是在长期历史演进和习惯基础上形成的。在13世纪制定的《大宪章》中，对国王如何行使权力做了一些规定，如未经公意许可，国王不得征税；非经正常法律手续，国王不得随意逮捕臣民等。这些基本原则不仅铭刻在英国人民心中，也保持在英国政治实践的传统中。对此，英国历史学家哈兰姆明确指出，到14世纪末，有五条宪法基本原则已被社会公认，具体为：

> 第一，除非经上、下两院组成的议会的同意，国王不得征税。第二，任何法规的制定均须经议会同意。第三，除非凭法院的令状不得逮捕任何臣民；被捕者必须迅速交付法庭审判。第四，刑事诉讼中关于被告的犯罪事实问题必须在案件发生地区的普通法庭上由12人组成的陪审团决定之；一旦陪审团作出决定则不得上诉。第五，对侵犯臣民个人自由和权利的国王大臣和政府官员也可以提出控告，不得以他们享有的权力为由请求担保，即使国王御旨也不得保释他们。这些原则构成英国宪法的基本框架。②

普通法是在亨利二世（1154—1189年在位）统治英国期间，实行司法改革后，伴随着巡视法官的足迹，在统一各地习惯法的基础上，形成的一种以判例为载体的法律体系。它实行陪审制和誓证法，有一套完整的司法程序和组织机构。在中央，有国王裁判所、高等民事法庭和财政法庭；在地方，有各郡四季法庭。中央普通法庭的法官虽由国王任命，但其薪水主要来自法庭的讼金收入，而非依赖于国王，这为法官在司法实践中保持一定程度的独立性提供了保证。

---

① 金观涛：《轴心文明与现代社会：探索大历史的结构》，东方出版社，2021，第351页。

② 程汉大：《英国较早发生资产阶级革命的原因》，《山东师范大学学报》1994年第2期，第31页。

与此同时，英国王权在财政和军事官僚机器等方面的缺陷也制约着国王的统治方式和政治行为。"国王应靠自己生活"是英国古老的传统，英王平时的财政来源主要依赖封建捐税、王室领地和关税，收入微薄，若遇战争或灾荒，就必须求助于议会补助金。这种财政制度使英国王室经常处于财政困难之中。从16世纪末期以来，英国王室经常入不敷出，财政困难，依靠借贷维持运转。即使以节俭而著称的伊丽莎白女王在去世时，仍然给其继任者詹姆斯一世留下了高达40万镑的巨额债务。19世纪英国著名历史学家大卫·休谟在撰写的《英国史》中，对伊丽莎白一世执政时期的财政状况做了如下描述：

> 伊丽莎白女王以节俭著称，在某些情况下甚至近乎贪婪。只要有望节省，最小的开支在她眼中都会相当重要。甚至最微妙事务当中的邮递费用都逃不过她的注意。她也留心一切收益，不会放过多多少少不寻常的赢利机会。……她从不积攒财宝，没有急需时甚至会拒绝国会补助金。但我们不能据此断定：她的节俭源于爱民。她以垄断专利压迫国民，比任何公正和规范征收的重税更加沉重。她节俭的真正原因在于希望独立，关心自己的尊严；如果她经常向国会要求补助金，不免会危及自己的尊严。[1]

从上述资料可以看出，作为英国历史上享有英明美誉的伊丽莎白女王，为了不向议会求助以维护其尊严，尚且要节俭度日，遑论外来的国王詹姆斯一世及其子查理一世，两人皆因财政困难与议会发生了尖锐冲突，这也是英国资产阶级革命爆发的重要原因。

财政上的捉襟见肘限制了英国王权，那么作为王权的重要保障和支柱——军事官僚机器就更加虚弱，这与英国的岛国地理位置有密切关系。一条海峡将英国与欧洲大陆隔离开来，英吉利海峡也成为英国的天然保护屏障。故长期以来，英国既没有常备军，也没有正规的警察，实行民兵制和临时募兵制。在亨利八世统治时，因推行宗教改革、夺取教会财富，才建立起一支由意大利和德意志雇佣兵组成的常备军。但到1561年，迫于财政压力将其遣散。此后，国王只保留着一支微不足道的近卫军，负责王室宫廷和少数要塞的防卫。如遇战争，国王只能依靠议会拨款临时招募雇佣军和装备低劣、缺乏训练的地方民团。

此外，英国的官僚机构也是当时欧洲各国中最不健全的。查理一世时的英国中央政府可能不如法国诺曼底一省政府规模大。作为中央最高行政机关的枢

---

① 大卫·休谟：《英国史》，刘仲敬译，吉林出版集团，2016，第1755页。

密院，其职责是为国王提供咨询决策，而非真正掌握实权的中央权力机构。而地方政府具有高度自治或半自治性质，即大城市多实行高度自治，自行产生的市政当局具有很大的权力。大城市以下的郡等地方政府则由治安法官管理和负责，他们既不领取薪水，也往往不服从中央命令，带有强烈的地方主义倾向。可见，与一切大权集于国王一身的法国和西班牙等大陆国家的绝对君主专制主义不同，革命前的英国政治体制是一种独特的双重混合结构，既包含享有特权的国王、枢密院和特权法庭等代表个人集权倾向的专制因素，又包含议会、基本法、普通法和自治或半自治地方政府等反专制因素。

第三，清教既为英国资产阶级进行革命提供了精神上的动力，使其披上了合法的外衣，也为革命爆发后英国政治体制的构建提供了参考。关于清教与英国资产阶级革命之间的关系，国内外学者进行了大量研究和论述。如我国学者金观涛就认为："事实上，英国革命源于议会和国王的冲突，导火线则是英国国王意图回归天主教。"那么，作为斯图亚特王朝末代君主——查理一世为什么要让英国回归天主教呢？原因在于"他想模仿法国，建立君权神授的绝对君主制度"。而英国众多的清教徒[①]"无法接受国王重返天主教所带来的'君权神授'体制"，最终引发了革命[②]。张笑宇则认为，英国从"16世纪宗教改革开始，一直到光荣革命，让国王、大臣和精英人士都如临大敌，认为必须综合平衡的核心问题，就是宗教教派的对立"。当时，英国宗教呈现出二足鼎立的态势：天主教、英国国教和清教。伊丽莎白去世后，作为来自苏格兰外来王室的詹姆斯一世为了获取统治上的援助，压制英格兰本地势力，不得不选择与欧洲大陆天主教国王亲近，试图从欧洲大陆寻找支持者，结果触怒了英国本土的两种教派（英国国教和清教），最终引发国王与议会之间的激烈冲突，导致革命爆发[③]。

程汉大在《英国较早发生资产阶级革命的原因》一文中详细分析了宗教因素与英国资产阶级革命之间的关系。他认为，应高度重视清教在促进英国革命爆发过程中所起的直接和关键性的作用，"因为英国革命中的许多现象离开宗

---

① 清教徒一词中的"清"指的是："宗教制度以及对其进行整肃所需要的政治改革，与路德和他的福音传道者们所做的事一样：罢黜主教及其下面的一群官员；略去礼拜仪式中的装饰——蜡烛、十字架、法衣等；简化礼拜仪式，回到福音的教诲中去。"请参看雅克·巴尔赞：《从黎明到衰落：西方文化生活五百年，1500年至今》，林华译，中信出版集团，2020，第315页。

② 金观涛：《轴心文明与现代社会：探索大历史的结构》，东方出版社，2021，第343-344页。

③ 张笑宇：《商贸与文明：现代世界的诞生》，广西师范大学出版社，2021，第352-353页。

教将难以作出令人信服的解释，如，为什么在革命前夕和革命过程中议会通过了那么多宗教法案（仅1621年那届议会就通过了10个宗教法案）？为什么长期国会把自己的斗争目标概括为'保卫宗教、自由和财产'？为什么社会地位和经济利益基本一致的乡绅阶层在革命中一分为二，而且站在议会一边的乡绅基本全是清教徒，而站在国王一边的几乎全是非清教徒？为什么克伦威尔的军队总是高唱圣歌投入战斗？这些现象很难从宗教因素之外找到圆满答案"。对于上述问题，程汉大先生认为，清教在促使英国革命爆发中起了四个方面的重要作用——清教的兴起打破了国家教会的思想垄断地位，动摇了英国封建王权的精神支柱；清教为英国人民提供了革命的思想武器；清教传教士主动把布道和政治鼓动结合一起，自觉充当了革命的宣传员；清教的民主管理形式为英国人民创建政治共和国提供了参照模式[1]。具体而言：

> 教会和国家必须放在一起，因为没有人在一个没有教会的国家中生活过，对一个方面的改革必然影响到另一个方面。毕竟，整个这场运动的发起人是福音传道士，他们的信条是要从罗马教廷所规定的等级制度中解放出来。后来自然而然地出现了争取更大自由的要求：为什么要有贵族和上等阶级？既然每个教区都各自独立，选举自己的牧师，那全国人民也应当享受投票这一政治权力。宗教信条完全可以套用在国家上：如果通过取消教会中高级教职可以实现接近福音所说的更纯洁的宗教，那么取消社会和政治的上层阶级也可以带来接近福音所描绘的更好的社会和经济生活。[2]

综上所述，在17世纪，尽管欧洲已经历了宗教改革的洗礼，但几乎人人都信教，宗教意识依然笼罩在社会各个层面上，影响巨大。纵观近代西方诸国爆发的诸多革命或战争，宗教是其重要因素。它不仅为民众拿起武器、推翻封

---

[1] 国内学术界关于清教与英国资产阶级革命爆发之间关系的研究成果有耿明俊：《清教与英国资产阶级革命》，《齐齐哈尔师范学院学报》1986年第6期；陈利今、俞志强：《英国资产阶级革命是完全披着宗教外衣的吗？》，《史学月刊》1987年第3期；张哲颖：《英国资产阶级革命披着宗教外衣的原因》，《上海师范大学学报》1987年第12期；程汉大：《英国较早发生资产阶级革命的原因》，《山东师范大学学报》1994年第2期；刘波：《试论英国资产阶级革命的宗教特点》，《河南大学学报》1995年第5期；陈祖新：《英国资产阶级革命与宗教关系问题》，《合肥工业大学学报》2002年第2期；何琦：《清教与英国资产阶级革命》，《中学历史教学参考》2005年第5期；苗岩春：《英国资产阶级革命与宗教》，《唐山师范学院学报》2011年第5期。

[2] 雅克·巴尔赞：《从黎明到衰落：西方文化生活五百年，1500至今》，林华译，中信出版集团，2018，第319页。

建君主专制政权起了宣传和鼓动作用，而且也为民众进行革命披上了合法外衣。1640年爆发的英国资产阶级革命也不例外。清教徒在加尔文教"预定论"影响下，自认为是上帝的选民。既然"是上帝的选民，他们就觉得自己必然胜利，而他们的敌人就是上帝的敌人。对于任何人，无论是国王或教士，只要是敢压迫或奴役他们的，他们都觉得应该用上帝所给的任何武器进行反抗……他们自觉负有作为一个历史上进步阶级来从事革命斗争的使命"。除此，英国清教徒对基督教教义中广为流传的"千年王国"说教深信不疑，即上帝即将派耶稣基督降临尘世，建立"千年王国"，凡上帝选民都有义务与上帝合作，以推翻尘世间的暴君，为"千年王国"的建立扫除障碍，即"千年王国的信徒努力要建立新耶路撒冷，即地球上圣徒的王国"[①]。在此理论蛊惑下，在英国资产阶级革命前夕，不少民众宣扬为了"上帝的事业"，要拿起武器进行斗争。而查理一世企图将英国国教强行推及已信仰新教的苏格兰，引发了苏格兰反英大起义，最终也拉开了英国资产阶级革命的序幕。

第四，斯图亚特王朝专制统治，激化了与英国资产阶级之间的矛盾。1603年，都铎王朝最后一位统治者——伊丽莎白女王去世，由于其终身未婚，故死后无嗣，遵照其遗嘱，由苏格兰国王詹姆斯·斯图亚特（1603—1625年在位）继承英国国王，同时兼任苏格兰国王，是为詹姆斯一世，英国从此开始了斯图亚特王朝统治时期。从1603至1640年英国资产阶级革命爆发，作为外来的国王詹姆斯一世及其继承者查理一世为了巩固王权，解决王室财政困难，相继推行的一系列政策，既违背了英国传统社会治理的条规戒律（如不经议会同意，国王不能征税等），与议会之间的关系日益尖锐，以致无法调和，也严重侵犯了资产阶级和新贵族的利益，引起了他们的激烈反抗。

詹姆斯一世兼任英国国王后，大力鼓吹君权神授思想。在其撰写的《自由君主制的真正法律》一书中，声称是国王创造了法律，而非法律创造了国王，国王是上帝派到人世间的最高权威，拥有无限的权力。为了巩固王权，他极力加强国教，迫害清教徒，结果使大量清教徒逃亡美洲大陆和荷兰。1620年，著名的"五月花号"帆船扬帆过海，来到北美大陆，在弃船登岸时，清教徒们立誓，签署了著名的《五月花号公约》这些事件就发生在詹姆斯一世统治时期。

1625年，詹姆斯一世去世，查理一世（1625—1649年在位）继位。查理

---

① 雅克·巴尔赞：《从黎明到衰落：西方文化生活五百年，1500年至今》，林华译，中信出版集团，2018，第319页。

一世子承父业后，在国内政策方面，萧规曹随，为了进一步加强王权，实施了一系列倒行逆施的政策，进一步恶化了与英国议会和资产阶级之间的关系。查理一世除继续鼓吹君权神授外，在经济政策上，推行工商业垄断政策，将煤、盐、酒、纸张等诸多贸易物品列入专卖范围，并且不经议会同意，强制征税，随意解散议会，卖官鬻爵；在对外政策上，改变伊丽莎白一世时联合荷兰新教、打击西班牙天主教的传统外交政策。查理一世在内政和外交方面推行的上述倒行逆施政策，不仅损害了资产阶级的利益，使其在财政上拒绝支持国王，而且进一步恶化了与议会之间的关系。走投无路的查理一世便实行"强迫借贷"，即不经议会同意而任意征收捐税，凡拒绝交纳者，便加以迫害。结果在1627年3月引发了"五爵士案件"，即五位爵士因拒绝交纳借贷金，未经陪审团审判程序就被捕入狱，在全国引起了更大的愤怒。

1628年，查理一世为解决财政困难，召集新的议会，但以皮姆和汉普敦为首的下议院激进派，乘机向国王提出了一份请愿书，其主要内容为：不经议会同意不得借债和征收新税；不依据法律或法庭审判不得随意逮捕任何人并没收其财产；在和平时期不得随意实行军事法；不得在居民家中驻扎军队等。在议会制定请愿书、重申限制王权的同时，也对查理一世做了妥协和让步——答应拨款30万英镑作为其接受《权利请愿书》的条件。查理一世迫于形势，勉强批准了请愿书，但在随后执行过程中，随意曲解，并未认真执行，结果引起了议会的强烈不满和抗议，查理一世也随即强行解散了议会。从1629年3月至1640年4月议会重新召开，英国经历了11年无议会的国王个人统治时期。在此期间，查理一世更加肆无忌惮地推行各种反动政策，如恢复和征收一些古老的苛捐杂税（1635年，为解决财政困难，查理一世下令向全国征收造船税①），任意逮捕反对派和人民，激起了资产阶级的强烈不满和广大人民的强烈反抗。

第五，1637年爆发的苏格兰反英大起义成为英国资产阶级革命爆发的导火索。詹姆斯一世和查理一世为了巩固自己在英格兰和苏格兰的统治，力图使两个国家在宗教上实行统一，即在苏格兰推行英国国教，但遭到苏格兰贵族和资产阶级的强烈反对。1637年，劳德大主教命令苏格兰长老派教会采用英国国教的祈祷书举行宗教仪式，并对反对者进行迫害，引发了苏格兰反对英国的大起义。为了筹措军费镇压起义，查理一世不得不于1640年4月13日下令召集已停开长达11年之久的议会。新的议会召开后，不仅拒绝了国王提出的所

---

① 造船税原本是战争期间，向沿海城市征收的一种临时税收，但查理一世将其作为一种固定税收推向整个英国。

需经费议案，而且抨击查理一世实行暴政，再次重申议会所享有的权利。查理一世一怒之下解散了议会，这届议会持续时间不到一个月，史称"短期议会"。查理一世的行为引起了群众的愤怒，伦敦爆发了示威活动和暴动。8月，苏格兰军队发起进攻，英格兰军队接连失利，查理一世内外交困，统治岌岌可危。

二、英国资产阶级革命爆发的过程

（一）长期议会的召开与革命的爆发

1640年10月，议会举行了选举，王党候选人纷纷落选，反对王党人士及之前被解散的短期议会的议员当选。同年11月3日，查理一世被迫召开议会，这届议会持续存在到1653年，史称"长期议会"。

尽管议会选举对王党不利，但并不意味着新当选的议员已下定决心推翻王权，与国王决裂。然而，长期议会在其活动初期，依然采取了一系列反对和限制王权的措施。如处死了查理一世的亲信斯特拉福伯爵，囚禁了劳德大主教；迫使查理一世签署了"三年法案"，即议会必须定期召开，每两届议会之间的间隔时间不得超过三年；废除了"星室法庭""北方委员会""最高法庭"；重申了不经议会同意不得征税，宣布释放政治犯，取消工商业垄断等。议会通过的上述法案或措施，再次明确了议会在英国权力政治中的重要作用，尤其是以立法形式对王权的限制，为英国后来建立君主立宪制奠定了良好的基础。

为了进一步限制王权，1641年秋季，长期议会开始讨论《大抗议书》。该文件列举了查理一世近十年来所犯的一系列罪行，指出天主教在英国复辟的严重危害性，并提出改革要求——建立大臣对国会负责制等限制王权措施。然而，议员们对抗议书内容分歧严重，最终经过激烈争论，在同年10月22日，议会以微弱多数票通过了《大抗议书》204条。对此，查理一世强烈不满，他也看到了议员们之间的严重分歧，故决定逮捕议会中反对王党人士，就在查理一世带领王室卫队向伦敦进发时，遭到了集结起来的群众的阻拦，无果而返。

（二）查理一世出走与内战的爆发

在遭到伦敦群众阻拦后，查理一世决定离开伦敦，并于1642年1月前往英国北部王党势力盘踞区——约克城。经过半年多准备，在1642年8月22日，查理一世认为时机成熟，便在当天黄昏时分在诺丁汉城堡上竖起王党军旗，宣布讨伐议会，英国内战由此开始。从当时双方力量对比来看，议会占据优势，但在战争之初，议会军队却接连失败，其主要原因是议会军高级将领对王党军队的妥协和动摇。这从议会军高级将领曼彻斯特之言就可看出："如果我们把国王打败99次，他仍然是国王，在他之后，他的子孙也仍然是国王。但是，如果国王只打败我们一次，我们就统统被绞死，我们的子孙将变为奴隶。"结果，在1642年10月23日的埃吉山战斗中，议会军战败，王军趁胜占据了牛津，将其作为大本营威胁伦敦。到1643年底，全国3/5地区处于王党占领之下。为了扭转战场局面，1643年9月，议会同苏格兰签署了《神圣同盟公约》。根据条约，1644年7月2日，苏格兰军队与托马斯·费尔法克斯领导的军队以及曼彻斯特和克伦威尔领导的东部联盟军队所组成的联军在马斯顿荒原之战中击败了王党军队。马斯顿荒原之战是英国资产阶级革命爆发后议会军队在战场上的一次大捷。克伦威尔所统率的骑兵崭露头角，发挥了决定性作用。这次大捷后，在克伦威尔推动下，议会对军队进行了改革，即在1645年初通过了《克己法》。该法案规定：凡是议会两院的议员，必须放弃他们同时担任议会或军事职务当中的一项职务。那些担任军队高级将领的议员，如埃塞克斯、曼彻斯特和瓦勒等人，都解除了军职。总司令由费尔法克斯担任，但实际权力则掌握在副司令克伦威尔手中。

改组后的议会军称为"新模范军"，主要由自耕农和手工业者组成，纪律严明，作战勇敢。在1645年6月14日纳西比战役中彻底击溃了王党军队，1646年6月攻占了王党大本营牛津。战败后，查理一世化妆逃跑，被苏格兰长老派截留，以40万镑的赎金"卖给"英国议会。第一次内战以议会军的胜利而结束。

（三）长期议会出台的治国之策

第一次内战结束后，长期议会在长老派支持下对英国封建专制制度进行了改造——废除了枢密院，提高下院决策地位，在地方上设立新的委员会；没收大主教和王室领地等封建地产后进行公开出售；废除骑士领有制，取消土地所有者对国王的封建义务；废除国会主教制，以长老派教会取代国教地位。整体来看，长期议会的这些政策是资产阶级按照自己意图改造整个国家的表现，是革命取得初步胜利的重要表现。

（四）长老派同独立派之间的斗争

在两次内战之间（1646—1648年），英国国内政治斗争主要在三个政治派别之间展开，即代表大资产阶级和上层新贵族利益的长老派；代表中等贵族和资产阶级利益的独立派；代表社会中下层人民利益的平等派。美国学者雅克·巴尔赞认为："英国人把一切想法和态度都包装在宗教的语言中，并援引《圣经》所载的先例作为权威，这使得那个时期的斗争看起来好像是为了过时的原因。但原因是双重的，虔诚的语言掩盖下的思想按照当今流行的荒谬说法是

'走在时代前面的',意思是孕育着未来。分成清教徒、长老教会、独立派的各教派及其领导人是社会和政治的改革派。他们的区别只在于激烈的程度不同。"①第一次内战结束后,议会成为英国国内唯一的最高政权机关,在议会中掌权的是长老派。长老派和独立派之间的矛盾主要表现为:在发展资本主义政策上,独立派更加激进,主张把土地分成小块出售;在政治上,独立派主张废除王权,而长老派对此有所保留;在对待军队问题上,长老派提议解散军队,独立派主张保留军队。斗争的结果是在1647年8月6日,主要由独立派和平等派组成的军队进入伦敦,用武力平息了长老派煽动的叛乱,长老派主要领导纷纷出逃。至此,议会中长老派和独立派的斗争以掌握军权的独立派胜利而告结束。

(五)独立派和平等派之间的斗争与第二次内战的爆发

在独立派战胜长老派后,国家最高政权便转移到独立派手中。此时,摆在独立派面前的主要任务是如何继续改造国家,建立新的国家制度。然而,独立派高级军官与平等派之间在改造国家问题上,观念大相径庭。于是,双方展开了激烈争论。独立派设想,未来在英国建立君主立宪制,继续保留王权,但要受议会限制;议会由上下两院组成,上院仍由贵族组成,下院议员则从有财产资格的人中选出;另外设立一个对议会负责的国务议会,负责行政事务。针对独立派提出的改造国家方案,平等派在1647年10月15日拟定了改造国家政治和社会经济制度的纲领性文件:"军队事业"。其核心要点是:国家一切权力来自人民,实行成年男子普选权,取消上院、停止圈地,归还农民土地,废除专卖权和什一税等。其实,独立派和平等派争论的焦点是:是否继续保留王权和上议院以及是否实行成年男子普选权。

为了解决双方分歧,1647年10月28日至11月8日,在伦敦城外的普特尼教堂召开"全军会议"。在会上,以克伦威尔和埃尔顿为首的独立派高级军官和平等派代表,围绕双方所拟定的建国方案展开了激烈争论,这即为英国历史上著名的"普特尼辩论"。在双方互不相让、辩论无果后,独立派在11月15日以检阅军队为由,用武力镇压了平等派。然而,就在此时,逃跑未遂并被监禁的查理一世同苏格兰人秘密谈判,企图借外部力量恢复其王位。在1648年春季,查理一世利用英国国内饥荒和经济困难,在伦敦、南威尔士等地发动叛乱,第二次内战爆发。面对内忧外患的严峻形势,独立派和平等派摒弃前嫌,

---

① 雅克·巴尔赞:《从黎明到衰落:西方文化生活五百年,1500年至今》,林华译,中信出版集团,2018,第318页。

再次合作。在经历了国王逃跑事件后，克伦威尔也逐渐改变了态度，尤其是在1647年11月21日接获了国王给王后的"马鞍书信"后。克伦威尔下定决心与国王划清界限："当发现我们不大可能从国王那里得到任何可以忍受的条件时，我们立刻决定使他毁灭。"第二次内战在短短几个月内就以王党的彻底失败而告终。

在第二次内战期间，国会中的长老派借机再次控制了国会，并企图与国王谈判。1648年11月，独立派起草了一份"抗议书"，要求严惩国王、废除君主制等，但长老派控制的议会不予理睬，并于11月15日通过决议，准备接受查理一世的要求，准许他回到伦敦。鉴于此，军队在12月2日再次进军伦敦，同时派人到怀特岛将查理一世押解到赫斯特城堡，以断绝议会同国王的来往。军队进入伦敦后，下院的许多议员仍坚持同国王进行谈判，并于12月5日以129票对83票通过了同国王谈判的决议。这激起了军队的强烈不满，12月6日，军队清洗了议会，史称"普莱德清洗"。至此，全部军政大权落入了独立派手中。

（六）英吉利共和国的建立

"普莱德清洗"之后，"残缺议会"[①]下院在1649年1月4日通过决议——经人民选举产生的下院应成为国家最高权力机关，下院的决议可以不经上院和国王的批准而生效。两天后，下院成立了审判国王的最高法庭，提名135名委员参与审判查理一世，审判地点设在威斯敏斯特宫。在1月20日的一次审判中，查理一世头戴高顶帽，对法庭的指控一言不发，以示对审判他的法庭之蔑视。在随后的审判中，查理一世引用英国普通法和《圣经》中的君权神授理论为自己做了无罪辩护。他对法官们言道："我的权威是上帝所托付的，这是古老、合法的世袭权威，我绝不会违背这项托付，我也不会对新的非法权力做出回应。""不管你们如何僭称，我还是更能代表他们（英国人民，笔者注）的自由。如果没有法律依据的权力可以创造出法律，并且改变王国的根本法律，那么我就不知道英格兰还有哪个臣民能够保证自己性命无虞，能够保证自己的一切财产安全。""对于控诉，我还是不急于下定论，我代表的是英格兰人民的自由。"[②]

---

① "残缺议会"是对1648年12月6日"普莱德清洗"之后英格兰长期议会的称呼，因起初仅存50多名议员，此后到会议员也仅有200余人，因不足法定人数而得名。

② 蒂莫西·布莱宁：《追逐荣耀：1648—1815》，吴畋译，中信出版集团，2018，第245-246页。

尽管查理一世为自己做了无罪辩护，声称他依据法律治理国家，真正维护了人民的自由和利益，但最高法庭参与审判的委员在1649年1月27日经过投票表决，通过了"查理·斯图亚特，作为暴君、叛国者、谋杀犯、我国善良人民的公敌，应当被处以斩首死刑"的决议。从27日审判决议下达到30日被送上断头台的三天时间内，查理一世在读书和祈祷中度过。1649年1月30日，查理一世被带往刑场，当时正值隆冬时节，为了不让观刑群众误会自己因寒冷而发抖，而非害怕而发抖，他特意穿了两件衣服。在行刑前，查理一世留下遗言，依然认为自己无罪，他之所以死，是因为他同意了议会的要求，处死了自己的亲信——斯特拉福伯爵而遭到报应。

在处死查理一世三个多月后，即1649年5月19日，英国议会通过决议，宣布成立英吉利共和国。然而，名为共和，实际权力却掌握在以克伦威尔为首的独立派高级军官手中。在共和国建立初期，克伦威尔在内政和外交方面连续采取了诸多重大举措。在镇压了平等派起义后，克伦威尔便率领大军征服爱尔兰和苏格兰。早在1641年，爱尔兰天主教教徒屠杀当地新教徒，并掀起了反抗英格兰的大起义。为了报复天主教教徒，并防止保皇党的反扑，克伦威尔以爱尔兰天主教同盟支持查理一世为由，在1649年8月率军入侵爱尔兰，并大肆屠杀天主教教徒。次年，由于苏格兰支持已故的查理一世的儿子——查理二世企图反攻英格兰，复辟王位，克伦威尔遂率军攻打苏格兰。经过 年多激战，苏格兰军队溃败，查理二世逃亡法国。1654年，克伦威尔下令将苏格兰合并于英格兰。

在征服了爱尔兰和苏格兰之后，为了维护英国的海外经济利益，克伦威尔发动了对荷兰的战争。尼德兰革命后，荷兰航运业十分发达，垄断了英国海外殖民地之间的运输贸易，从中获利甚厚。鉴于此，在1651年，英国颁布了第一个《航海条例》，重创了荷兰航运业，英荷战争随即爆发。经过两年战争，1654年4月荷兰不得不与英国签署《威斯敏斯特条约》，承认英国《航海条例》，英国的海上贸易优势地位得以确立。

（七）克伦威尔建立护国公制度

在镇压了国内外敌人后，克伦威尔（1599—1658年）权势进一步增长。为集中权力，在1653年4月，克伦威尔解散了"残缺议会"，成立了一个听命于自己的"小议会"，随后由高级军官组成的军官会议拟定了"施政文件"，建立了护国公制度。同年12月16日，宣布克伦威尔为终身护国公，并就任"英格兰、苏格兰和爱尔兰护国主"。护国主任职终身，同时兼任陆海军总司令，立法权属于护国主和国务会议。护国公制是资产阶级和新贵族为了稳定资本主义秩序而建立起来的具有明显军事独裁性质的政治体制。

（八）斯图亚特王朝的复辟和1688年"光荣革命"

护国公制度其实非常脆弱，1658年，克伦威尔突患疟疾，不久病死。其子理查德·克伦威尔继位护国公，但其性格懦弱，且在军队中根基尚浅，英国政局再次动荡起来，面对困境，理查德知难而退，被迫于次年辞职。为了迅速稳定政局，1660年2月，驻苏格兰英军总司令蒙克率军进入伦敦，解散了议会，控制了局势。随后，蒙克与查理王子进行复位谈判。同年4月，查理王子在荷兰发表了《布列达宣言》，宣布在内战期间被没收的王党和教会的土地不予变更，停止实行宗教迫害，除了直接处死查理一世的人以外，其他反对过国王政府的人一律不予追究。同年5月25日，查理回到英国，登上了王位，称查理二世（1660—1685年在位），开始了斯图亚特复辟王朝。

查理二世从16岁起就流亡海外，颠沛流离，在即位之初，取消了克伦威尔在位时一些有违清教教义的禁令，如关闭剧院、禁止女孩登台演出等，这些措施赢得了人民的好感，其本人也获得了"快活王"的称号。但在巩固政权后，查理二世开始秋后算账，宣布凡是当时参加审判查理一世的人均为"弑君者"，不予赦免，并处以极刑，甚至将已经死去的克伦威尔和埃尔顿从坟墓中挖出，枭首示众。更让议会和英国民众愤怒的是，查理二世企图在英国恢复国教统治地位，1672年，他发布了《宽容宣言》，禁止针对天主教的迫害。在对外政策上，他推行亲法政策，如在1662年，以20万镑将英国从西班牙手中夺来的重要港口敦刻尔克卖给法国，使英国失去了在欧洲大陆重要的贸易据点；支持法国入侵荷兰，发动了第三次英荷战争等。查理二世上述种种行为严重损害了资产阶级和新贵族的利益，进而激化矛盾，一场政治风暴正在酝酿。1685年，查理二世中风去世，在其临死前，宣布皈依天主教，这在一定程度上坐实了很多英国人认为他私通国外，是法国间谍的猜测。

查理二世无嗣，死后，其弟詹姆斯继位，是为詹姆斯二世（1685—1688年在位）。詹姆斯二世是一个狂热的天主教教徒，在继位初期就表现出亲近天主教的倾向。1686年，他接见了罗马天主教派来的代表，这在英国一百多年历史上尚属首次。1687年他发表了《宽赦宣言》，呼吁宽容天主教。为此，他积极奔走于英国各地，四处演讲，宣传其政策。他宣称："如果……有一条法律规定必须把所有黑人都关进监狱，我们只能说这条法律是不理性的。我们没有理由仅仅是因为肤色不同而互相争吵，同样，我们也没有理由仅仅是因为持有不同宗教理念而争吵。"①

詹姆斯二世企图在英国恢复天主教的种种努力，引起了议会的愤怒和担忧。本来议会议员认为，詹姆斯二世年事已高且无子，等其死后，邀请其信奉新教的女儿玛丽及荷兰执政威廉来英国共同执掌政权。然而，1688年，詹姆斯二世竟老来得子，在其子出生不久，就接受了天主教的洗礼。对此，议会议员再也无法忍受詹姆斯的行为，也不愿接受一个天主教教徒担任英国国王。于是在当年7月，议会中七名议员，后被称为"不朽七君子"，写信给詹姆斯二世的女儿玛丽（玛丽二世，1689—1694年在位）及女婿奥伦治·威廉（威廉三世，1689—1702年在位），请他们率军进入英国，共同担任国王。接到密信后，威廉和玛丽欣然接受，在1688年11月，率领1.4万余人和453艘舰船在英国德文郡的托尔湾登陆，詹姆斯二世众叛亲离，仓皇出逃，流亡海外。这次英国王权的更迭，是以兵不血刃、和平方式完成的，故被英国历史学家称为"光荣革命"。对于这次不流血的政变，诸多历史学家对其评价颇高，认为它是英国现代政治，即君主立宪制建立的奠基性事件，代表了英国人的智慧。如英国思想家爱德蒙·伯克就认为："光荣革命的目的是维系了英国自古以来就无可争议的法律和自由，以及我们政府的古老宪制，那是我们对法律和自由的唯一保障。"②

英国议会邀请威廉和玛丽共治英国，并非无条件，而是与二人事先及其后达成了协议，对王权进行了限制，并签署了四个重要的法案。第一个法案是《加冕宣誓法案》，明确要求国王按照议会通过的法律治理国家，并维持"真正的福音和依法确立的新教改革派"。第二个法案是著名的《权利法案》，规定国王不经议会同意不能废除任何法律，也不得征税；天主教教徒不能担任英国国王，国王不能与天主教教徒结婚等。第三个法案是《叛乱法案》，要求国王不经议会同意，不能在和平时期维持常备军，只有议会同意后才可招募和维持军队，且时间不超过一年。第四个法案是《宗教宽容法案》，该法案规定：给予不信国教的新教徒一定程度的宽容，但不包括天主教教徒。上述四个法案均在1689年制定。除此，英国议会还在1694年通过了《三年法案》，规定议会必须定期召开，每届议会任期不得超过三年。在1701年通过了《嗣位法案》，该法案在英国君主立宪制度建立过程中具有重要意义。法案不仅明确规定了在威廉三世之后英国王位的继承人选，以及王位不能传给天主教教徒、英国国王的宗

① 张笑宇:《商贸与文明:现代世界的诞生》,广西师范大学出版社,2021,第358页。
② 张笑宇:《商贸与文明:现代世界的诞生》,广西师范大学出版社,2021,第362页。

教信仰等，而且进一步限制了王权。英国议会通过上述诸多法案，一步步收紧和限制了国王的权力。随后，随着内阁制的确立，逐渐使议会权力超越王权，最终形成国王统而不治的局面，君主立宪制在英国真正建立起来了。

（九）英国资产阶级革命的历史意义

从1640年英国资产阶级革命爆发，到1688年光荣革命为止，前后持续近半个世纪。其间虽有斯图亚特王朝的复辟，但最终议会战胜王权，在英国建立了君主立宪制，这是人类历史上民主制度对专制制度的一次重大胜利，为以后英国资本主义迅速发展扫清了障碍。革命过后，英国出现了长期政治稳定的局面，为资本主义顺利发展创造了良好的环境，也为开展英国工业革命和成为工业强国奠定了基础。同时，英国资产阶级革命揭开了欧洲和北美革命运动的序幕，从世界史视角来看，推动了世界历史发展的进程。

第四节　美国独立革命

美国法学家哈罗德·伯尔曼认为，从中世纪以来，对近代西方国家历史发展进程产生重大影响的革命或事件有六次，分别是1054年教皇革命（基督教第一次大分裂，分裂为天主教和东正教），1517年马丁·路德在德国发动的新教改革，17世纪中后期爆发的英国资产阶级革命，18世纪末美国为摆脱英国殖民统治而进行的独立革命，1789年法国爆发的推翻旧制度的大革命，以及1917年开创社会主义新纪元的俄国十月革命[1]。由此可见，美国独立革命在世界近现代历史上的重要意义。

一、英属北美殖民地的形成

在1492年哥伦布发现美洲新大陆四年后，即1496年，英国国王亨利七世给意大利籍探险家约翰·卡伯特颁发特许状，并授其全权去探索和发现"迄今为止仍未被基督徒发现的一切仍由异教徒所占领的岛屿、国家、地区和领土"。当卡伯特登上北美大陆后，立即宣布对其拥有主权，这也构成了以后英国宣称对北美殖民地拥有占领权的法律基础。此后，分别于1578年和1584年，英国王室向汉弗莱·吉尔伯特及其异父弟沃尔特·雷利特颁发了开发北美的特许状，尽管两兄弟均到达北美，但未能建立起永久性殖民地。直到1607年，由

---

[1] 请参看席伟健：《联邦主义与"麦迪逊时刻"：1787年费城制宪会议的历史实践》，《深圳社会科学》2019年第3期，第71页。

伦敦弗吉尼亚公司组织的一百多名殖民者到达北美，才站稳脚跟，建立了英国在北美的第一个永久性殖民地詹姆斯敦。1620年，"五月花号"帆船载着100多名英国移民抵达普利茅斯港，并签署了著名的《五月花号公约》。1630年，上千名英国清教徒在波士顿落脚，建立了马萨诸塞殖民地。从1607年开始至1733年，英国在北美大西洋沿岸建立了13个殖民地：弗吉尼亚、马萨诸塞、康涅狄格、罗德岛、纽约、新泽西、特拉华、新罕布什尔、宾夕法尼亚、马里兰、北卡罗来纳、南卡罗来纳和佐治亚。当时在北美，除了原始居民印第安人以外，主要是来自英国和欧洲的移民，成分复杂，目的各异，既有受到迫害的清教徒，为了信仰自由而移民，也有梦想发家致富者等。在长达百余年的殖民统治中，英国与北美殖民地之间基本维持着和平关系，直到1773年"波士顿倾茶事件"的发生。从1775年至1781年，经过六年英美战争，美国摆脱了英国的殖民统治，取得了国家独立。

纵观英美关系史，可谓源远流长。起初，美国作为英国的殖民地长达一百余年，在取得国家独立后，英美关系高度紧张，在1812年至1814年期间，两国再度兵戎相见（即第二次英美战争）。此后，两国再未发生过战争。从第二次英美战争结束直到1939年第二次世界大战爆发，在此漫长的历史时期内，两国关系冷淡而疏远。但从整体看，作为19世纪的世界霸权国——英国，在英美关系中占据主导地位。二战爆发后，英国实力受损严重，在战争爆发初期，面对德国法西斯的侵略，为了国家生存，英国开始求助于美国，英美关系发生了逆转，美主英从的关系开始形成并维持至今日。

二、英国对北美殖民地的统治和管理

为了统治和管理北美殖民地，英国建立了一整套统治机构，即英国政府内部设置了管理殖民地的贸易局，以及派驻管理北美殖民地的总督和官员。按照英国对北美殖民地的控制程度，在独立战争前夕，北美殖民地大致分为三种模式：一是王家殖民地，是指由民间投资人组成的股份投资公司，然后从王室获得特许状或宪章，在北美某一特定区域建立殖民地；二是业主殖民地，其本质上是欧洲封建领地传统的延续，即王室将北美土地作为礼物馈赠给拥有相当财力的皇亲国戚和显赫贵族，赋予他们独占和统治该领地的权力；三是自治殖民地，该类型殖民地或以自发形式组成，或从王家殖民地内部分裂出来。其共同特点是，这些殖民地最初的政治和法理基础不是王室的特许状，而是一种带有自发性质的"公民契约"。尽管英属北美殖民地的建立形式有别，但殖民地内部事务自治是其最重要的特征，也奠定了美国民主的原始基石。

三、美国独立战争爆发的原因

关于美国独立战争爆发的原因，国内外学者进行了大量研究，其中美国史学界对此问题的研究更是经久不衰，且呈现出流派众多、观点各异的特征。如美国早期史学流派"辉格学派"的代表性学者——乔治·班克罗夫在其十卷本《美国史》中对美国独立战争爆发的原因做了最初的解释，认为是由于英国对北美殖民地人民的压迫，以及欲永久占领北美殖民地，最终引发了战争。而以赫夫特·奥斯古德为代表的帝国学派（盛行于19世纪末20世纪初）认为，独立战争的爆发是英国在1763年以后，在北美大陆推行错误的政策，侵犯了殖民地人民的民主自治权利，加之英法七年战争共同所致。几乎与帝国学派同时兴起的进步学派则从经济学观点解释和分析这场战争的起因，认为独立战争的主角是商人而不是人民，殖民地商业阶层同英国的冲突以及殖民地内部商业和农业的冲突是战争爆发的主要原因。在20世纪40、50年代流行的新保守主义学派认为，英国与北美殖民地之间的关系不论在政治上、经济上，还是在意识形态上都是和谐的，但之所以会爆发战争，是由于"个别人的恶性（如海关署官员的横征暴敛）、个别事件（波士顿惨案等）以及心理活动（误会、猜忌、恐惧）"等原因所致。20世纪60年代在美国兴起的新左派史学（又称新思想史学派），如伯拉德·贝林等学者提出应从思想入手分析美国独立战争爆发的原因，认为独立战争是北美殖民地人民一次思想上的革命[①]。

纵览上述美国诸多学术流派及其学者对于美国独立战争爆发原因的解释和分析，可以看出，尽管学者们研究的视角不同，研究的结论甚至大相径庭，但有其共同特点和原因。如多数学者都承认在北美殖民地长期发展演变过程中，殖民地社会政治结构中孕育了民主因素，这些民主因素不仅使北美居民享有较世界上其他国家的人民更多的自由和民主权利，也削弱了英国在北美殖民统治的基础，从而为美国独立战争铺平了道路。即，受宗主国英国的影响，在北美殖民地建立和发展过程中较早地创建了选举范围更广的比较民主的议会，在地方管理上盛行自治，由选举产生的市镇行政委员会管理等。其实，英属北美殖民地的民主化发展起因从1620年签署的《五月花号公约》中就可看出，当载着102名清教徒的五月花号帆船经过60余天的海上漂泊，在即将到达北美、弃船登岸时，他们决心在"上帝面前共同庄严立誓签约，自愿结为一公民团体"。为了保证"上述目的得以顺利进行、维持并发展，亦为将来能随时制定和实施

---

① 关于美国史学界对于独立战争爆发原因的解释和分析，请参看张翔：《美国史学家关于美国独立战争爆发原因的研究综述》，《安庆师范学院学报》2010年第8期。

有益于本殖民地总体利益的一应公正和平等法律、法规、条令、宪章与公职"，以及全体成员"保证遵守与服从"，他们决定立誓签约。从《五月花号公约》短短的数百字的立誓宣言中，不仅可以看出信仰、自愿、自治、法律、法规这些关键词，而且明确规定了建立的社会自治团体是基于被管理者的同意而成立的，将依法而治。该文件是美国历史上一份非常重要的政治文献，对以后美国立国精神的形成以及宪法的制定都具有重要意义。

此外，英属北美殖民地不存在传统的封建特权，也没有等级制度。恩格斯曾言道："美国没有中世纪的废墟挡路，而且在一开始有历史的时候已经有了17世纪形成的现代资产阶级社会的因素。美国没有像亚欧国家那样经历漫长的封建社会，没有像英国那样在资产阶级革命之后仍然保有土地贵族和君主制度，是在纯资本主义基础上发展起来的、毫无安宁闲逸的封建背景的社会。"这为美国较早形成议会制度及以后民主化的发展提供了有利条件。

除上述因素外，随着农业、工业和贸易的发展，原来处于隔绝状态的各殖民地之间的经济联系大大加强了，统一的北美市场形成了。北美殖民地在宗教、政治制度、法律、风俗习惯乃至伦理道德观念方面都深受宗主国英国的影响，共同的文化、语言和信仰也逐渐形成。在此基础上，民族精神也形成了，到18世纪中叶，在北美英属殖民地上已经形成了一个新的民族——美利坚民族。美利坚民族的形成以及民族意识的增强成为北美殖民地反抗英国殖民统治、要求国家独立的强大动因。当然，在美利坚民族形成过程中，从欧洲传播到北美殖民地的启蒙思想发挥了重要作用，如在1776年召开的大陆会议上出台的《独立宣言》中就引用和陈述了启蒙思想的核心内容——自然权利学说和人民主权学说——人的平等权、生命、自由和追求幸福的权利等；成立政府的目的就是保障上述基本权利，如果政府损害了这些基本而正当的权利，人民就有权利推翻它。

除上述原因外，随着1763年英法七年战争的结束，由于英国长期陷入争霸战争，以致国库亏空、财政拮据，为了解决财政困难，英国决定收紧对北美殖民地的管理和财政税收。时任英国首相乔治·格伦维尔（1763—1765年在任）言道："保护和服从是相互的……政府为了保护殖民地的移民，现在已经负债累累，因此现在政府呼吁殖民地的民众为公共支出贡献自己的一点儿力量。"①随后，英国政府先后颁布了一系列禁令和税收法案：1764年颁布了

① 布伦丹·西姆斯：《欧洲：1453年以来的争霸之途》，孟维瞻译，中信出版集团，2016，第107页。

《糖税法》，对北美殖民地进口的食糖及糖制品征收高额关税；1765年颁布了《印花税法》，规定殖民地的债券、公文、契约、票据、报纸和书刊等，必须缴纳印花税；1767年颁布了《唐森德法》，规定对输入北美殖民地的货物征收入口税，并由英国驻美港口官员负责收缴；1773年通过了《茶叶税法》，将茶叶的运输和销售垄断权授予濒临破产的东印度公司，允许该公司将其积压的大批茶叶免税运往北美殖民地自行销售。这些法令引发了北美殖民地人民的强烈反抗，这是美国独立战争爆发的直接原因。

四、美国独立战争爆发的过程

（一）波士顿倾茶事件

七年战争后，英国政府为了广开财源，决定向输入北美殖民地的茶叶征收茶税，引起了殖民地人民的强烈愤慨。1773年，英国将东印度公司的一批茶叶运到北美倾销，同年12月16日夜，波士顿群众在夜色中登上三艘英国茶船，将342箱茶叶倒入大海中。为了进行报复，英国政府从1774年3月起陆续颁布了几项被殖民地人民称为"不可容忍的法令"。[①]"波士顿倾茶事件"拉开了北美殖民地人民反抗英国殖民统治的序幕。

（二）武装斗争的开始："列克星顿枪声"

列克星顿是美国马萨诸塞州一小镇，因美国独立战争在此打响而著名。1775年4月18日，英军与北美殖民地民兵在列克星顿遭遇，双方发生了激战，揭开了北美人民武装反抗英国殖民统治的序幕。独立战争胜利后，北美人民将列克星顿当作美国自由独立的象征，赞誉它是"美国自由的摇篮"，并在列克星顿镇中心区树了一座纪念碑。碑下刻着一段铭文："坚守阵地。在敌人没有开枪射击以前，不要先开枪；但是，如果敌人硬要把战争强加在我们头上，那么，就让战争从这儿开始吧！"

（三）《常识》的发表及舆论的转变

在独立战争前，尽管北美殖民地与宗主国英国之间存在分歧和矛盾，但二者之间又有千丝万缕的关系，北美民众认为殖民地是大英帝国的一部分，甚至认为英国是"一个聪明而善良的母亲"。因此，在列克星顿遭遇战爆发后，北

---

① "不可容忍的法令"规定：封闭波士顿港口，直至偿付倾茶损失为止；取消马萨诸塞殖民地自治权；英国军队可在北美殖民地任意驻扎；实施《魁北克条例》，将俄亥俄河以北、密西西比河以东的土地划归英属加拿大魁北克省，禁止殖民地人民向西开发；北美殖民地的英国官员如犯罪，应在英国审理。法令内容请参看方连庆、王炳元、刘金质主编《国际关系史(近代卷)》(上册)，北京大学出版社，2006，第127页。

美广大民众依然对英国抱有期许，希望英国放弃或改变其长期以来对殖民地的压迫政策，从而使殖民地与英国之间的紧张关系得以缓和。本杰明·富兰克林的想法就颇具代表性，他认为，北美移民"热爱英国并且以身为英国人为荣。他们非常喜欢英国的礼仪、流行风尚以及工业制品。他们没有打破双方关系的欲求"[1]。不过在 1776 年 1 月，托马斯·潘恩（1737—1809 年）匿名发表了《常识》，对北美殖民地民众思想的转变起了巨大的促进作用。《常识》公开呼吁北美殖民地脱离英国而独立。在书中，潘恩严厉地批判了以英国国王乔治三世（1760—1820 在位）为代表的王室的种种不法行为，提出英王的"始祖是某一伙不逞之徒中的作恶多端的魁首"。根据启蒙思想家的理论和学说，这就对英国统治北美殖民地的合法性提出了质疑，既然英国国王和王室是一群不法之徒，那么怎样才能有效治理和保护北美民众的自然权利和其他利益呢？因此，北美民众推翻英国殖民统治就是必要之举了，故潘恩大声呼吁"英国属于欧洲，北美属于它本身"，"现在是分手的时候了"。在《常识》中，潘恩不仅呼吁北美殖民地独立，而且设计了北美殖民地独立后的政治体制，即建立一个以法制为基础、人民拥有权利的独立国家。"让我们为宪章加冕，北美的法律就是国王"，"只要我们能够把一个国家的专权形式，一个与众不同的独立的政体留给后代，花任何代价来换取都是便宜的"。

《常识》问世后，立刻被北美民众抢购一空。在短短三个月时间中，发行了 12 万册，总销售量达到 50 万册以上。当时在总人口不到 300 万的北美居民中几乎每一个成年男子都读过或者听过别人谈及这本小册子。在许多乡村茅舍，如有幸拥有一本藏书，那自然是《圣经》，如有第二本，那就是《常识》。在许多大陆军士兵的背囊中，都有一本读得皱巴巴的《常识》。一家英国报纸惊叹："很多读过这本书的人改变了态度，哪怕是一小时之前，他还是一个强烈反对独立思想的人。"华盛顿曾承认这本书在"很多人心里，包括他自己在内，引起了一种巨大的变化"。

（四）《独立宣言》的发表

其实，到 1776 年上半年，北美殖民地不管在组织上，还是在舆论方面都已经具备了独立的条件。在同年 5 月 15 日，弗吉尼亚代表会议向出席大陆会议的弗吉尼亚代表发出了一份训令，要求他们向大陆会议提出宣布独立的建议。6 月 7 日，弗吉尼亚代表向大陆会议提出了解除北美殖民地与英国国王的臣属

---

[1] 劳伦斯·詹姆斯：《大英帝国的崛起与衰落》，张子悦、解永春译，中国友谊出版公司，2018，第110页。

关系并宣布独立的议案。在7月2日对该议案的表决中，除纽约代表以外，其余12个殖民地的代表表决通过了弗吉尼亚代表提出的关于独立的议案。两天后，大陆会议通过并公开发表了由杰斐逊执笔起草的《独立宣言》。

《独立宣言》由四部分组成：第一部分为前言，阐述了宣言的目的；第二部分阐述了政治体制思想，即自然权利学说和主权在民思想；第三部分历数英国王室压迫北美殖民地人民的种种罪状，说明殖民地人民是在忍无可忍的情况下被迫拿起武器的，力争独立的合法性和正义性；第四部分，也就是在宣言的最后一部分，宣告美利坚国家的独立。

（五）战争的爆发与北美殖民地积极争取外援

1774年9月，北美殖民地的代表在费城召开了第一届大陆会议，次年5月10日，第二届大陆会议在费城召开。会议决定建立"大陆军"，并任命乔治·华盛顿（1789—1797年任美国总统）为总司令。独立战争开始后，英军虽然只有4.2万人，但装备精良、训练有素，乔治·华盛顿统率的以民兵为主的北美大陆军接连败退，尤其是在1776年8月27至28日爆发的长岛战役中，大陆军遭到了沉重打击。但在1777年的萨拉托加之战中，由于英军兵力分散、路途遥远、配合不佳，导致战争失利。萨拉托加大捷是美国独立战争的重大转折点。此后，北美殖民地迎来了法国和西班牙等欧洲强国的有力支援，这为美国独立战争的胜利提供了重要的外部条件。

其实，在独立战争期间，美国利用英国与其他欧洲国家之间的矛盾，积极争取外援，尤其是在七年战争中被英国打败的法国和西班牙，伺机复仇，是美国主要争取的对象。早在1776年3月，北美人民组织了一个秘密委员会，负责外交事务，以获得外部力量的支持，并委托本杰明·富兰克林（1706—1790年）出使法国。对此，富兰克林明确指出："我们必须要说服欧洲，美国的事业是全人类都在为之奋斗的事业，我们保卫自己的自由，就是在保卫欧洲的自由。"《独立宣言》发表后，美国立即派遣大陆会议代表恩迪、富兰克林和阿瑟·李为特使，秘密前往法国寻求财政支持和军事援助，并商讨与法国结盟的可能性。他们到达法国后，通过法国剧作家博马舍的帮助，取得了大量的贷款和价值高达600万镑以上的武器，并运回美国，对大陆军在萨拉托加战役的胜利和扭转战局起到了决定性作用。但法国并未答应美国特使提出的结盟要求，因为法国援助美国的目的在于削弱英国，在不了解美国的真实作战实力以及确信有必胜把握之前，法国不会轻易将赌注押在美国身上。在1777年10月17日萨拉托加大捷后，英国计划以给予北美殖民地最大限度自治权为条件，结束战争，实现和平，双方遂开始秘密谈判。消息传出后，法国为破坏和谈，继续打击和削弱英国，1778年2月6日，同美国在巴黎缔结了友好通商条约和反英军事同盟条约。条约规定，法国派遣陆海军赴北美与美国并肩作战。西班牙为了收回直布罗陀，在1779年2月同法国缔结了同盟条约，两个月后，派遣军队参加对英国的海上作战。

法、西参战后，对英国本土安全造成极大威胁。英国遂立即采取措施，进行反击，一方面实施海上封锁政策，另一方面向俄国求援。当时，俄国正忙于镇压波兰的反俄斗争，并准备第二次瓜分波兰，自顾不暇，且对英国建立海上霸权的政策极度不满。因此，俄国女皇叶卡特琳娜二世不仅拒绝了英国国王乔治三世的求援，而且在1780年2月28日发表了一份有利于法、西等国，支援北美殖民地的战时保护中立国贸易的原则（又称"武装中立原则"①）。

在得到欧洲国家支援后，尤其是在法国（1778年）、西班牙（1779年）和荷兰（1780年）相继参战后，原本的英美之战变成了一场反英的国际性战争，随着战线的扩大，英国处处受敌。1781年9月中旬，美法军队协同作战，包围了约克镇的英军，10月19日，英军统帅康华里率领7000余人投降，美国独立战争以美国胜利而结束。1782年3月4日，英国众议院通过了关于停止对美国作战的动议。此后，英、美、法、西四国代表在巴黎开始进行和平谈判。尽管法国坚持英国必须承认美国的独立，但其真正目的是想趁机扩大法国在北美的势力范围，西班牙也对佛罗里达和密西西比河以东的领土提出了要求。鉴于此，英国希望与美国单独谈判，美国代表杰伊察觉到法、西两国意图后，说服其他代表，决定撇开法、西两国，与英国单独谈判。1783年9月3日，英美两国在巴黎签署了《大不列颠和美国最后和平条约》（《巴黎和约》）。和约主要内容为：英国承认美国的独立；划分了美国的疆域和边界；规定自条约签署之日起，结束两国敌对关系；释放战俘；英国尽快撤走在美国境内的军队；密西西比河全流域对英国臣民和美国公民自由开放。

《巴黎和约》的签署是美国外交上的胜利。美国能取得战争的胜利，一方

---

① 武装中立原则规定：中立国的船只可以自由地航行于交战国各港口之间及其沿海；除战时违禁品外，中立国的船只可以自由地装载属于各交战国臣民的个人财产；至于对上述战时违禁品的确定，女皇信守俄英(1776年)贸易条约第10条和第11条的有关规定，并将这一承诺扩及一切交战国；关于什么是对一个港口的封锁，是指进攻的国家在距该港口足够近的水域驻扎了它的船只，并由此对这个港口造成十分明显的危险；上述诸原则将作为一种准则，以判定捕获品的合法性。具体内容请参看方连庆、王炳元、刘金质主编《国际关系史(近代卷)》(上册)，北京大学出版社，2006，第127页。

面依靠自身的英勇善战，另一方面也善于利用法、西、荷兰等国与英国之间的矛盾，开展灵活的外交工作，为自己争取了广泛的国际支持。最终，美国既迫使英国承认了美国的独立，又阻止了法、西两国在北美的领土扩张。

五、谢司起义与 1787 年《联邦宪法》的制定

1783 年，《巴黎和约》的签署标志着美国真正的独立。然而，立国后的美国百废待兴，六年多的战争让新生的美国付出了高昂的代价：战争期间产生了高达 4000 万美元的债务；战争结束后，美国各州在商务、航运和土地问题上也逐渐产生了摩擦，建立贸易壁垒，与广大的西部地区接壤的各州均声称对其西部界线附近的土地拥有主权；经济上的无序激化了社会各阶层之间的矛盾，导致了政治上的不稳定。1786 年 8 月，马萨诸塞州爆发了"谢司反叛"。因不堪忍受地方政府的经济政策，马萨诸塞州西部的一群农民揭竿而起，包围了当地政府，反对强行将他们的土地用来抵押他们的债务。尽管这一反叛最后被压制下去，但对于邦联政府来说却不啻为一次严重的警告。除了内部民众的反叛，作为一个形式上统一的邦联在国际事务中也受到了各种形式的欺凌：英国尚未完全撤离西北地区，西班牙也不承认美国对俄亥俄河以南任何领土的所有权，所以欧洲的政治家们要把美国的西部边界推回到阿帕拉契亚山脉。此外，西班牙于 1785 年要求美国邦联议会正式承认西班牙对密西西比河独占的控制权，美国西南部地区面临脱离合众国的危险。

面对严峻的国内外形势，1776 年开始制定、1777 年 11 月 15 日大陆会议通过、1781 年正式实施的《邦联条例》，其自身存在巨大的缺陷——各州权力很大，具有高度的独立性，且中央权力过于弱小。因此，美国俨然是由 13 个独立国家组成的松散的国际联盟。邦联政府在内政外交方面面临的严峻形势最终促使 1787 年费城制宪会议的召开。

其实，早在 1787 年制宪会议召开前，一些州就想修改《邦联条例》，但根据规定，对《邦联条例》的修改需 13 个州的一致同意，因此，该提议因得不到多数州的支持而失败。1785 年，弗吉尼亚州和马里兰州为解决两州间的商业和航海纠纷而召开会议。以此为契机，马里兰州提议召开包括特拉华州和宾夕法尼亚州在内的大范围协调会议，弗吉尼亚州则建议邀请邦联内所有的州召开商业贸易政策协调会。经过努力，在 1786 年 9 月，协调会在马里兰州的安纳波利斯召开，虽有 9 个州接受了邀请，但仅有 5 个州派出代表参加会议。不过，出席会议的汉密尔顿和麦迪逊抓住这一机会，要求次年 5 月在费城召开新的会议，对《邦联条例》进行修正和补充。恰在此时，谢司起义发生了，这也成为

1787年联邦制宪会议召开的催化剂。

1787年5月，北美12个州（罗德岛拒绝参加）的55名代表齐聚费城，召开制宪会议，历时三月有余。在会议期间及会议结束后，与会代表们围绕宪法制定过程中产生的问题以及各州是否批准新宪法展开了激烈争论，并形成了"联邦党人"（赞同新宪法）和"反联邦党人"（反对新宪法）两派。双方围绕美国新宪法和共和政府的性质（成立联邦还是邦联）、分权制衡、众议院、参议院、总统、司法权以及《权利法案》等问题展开辩论。

以亚历山大·汉密尔顿、詹姆斯·麦迪逊和詹姆斯·威尔逊为代表的"联邦党人"认为成立联邦益处众多："一个牢固的联邦将成为各州和平与自由的最大保障，它是抵制国内党争和叛乱的屏障。""一个组织良好的联邦可提供诸多益处，最大的莫过于它有一种阻止和控制派系之争的趋向。"[1]而"松散的邦联对于维护自由是不够的；政府的特征是法律可以实施于个人，而现在的邦联只能将权威施加于州政府集体。大的联邦共和国对于维护自由是有益的，在党争问题上也是如此"。

而"反联邦党人"则推崇西方古典共和主义传统，并援引孟德斯鸠、洛克等启蒙思想家的政治观点，反驳"联邦党人"。他们认为："宪法赋予联邦的权力如此之大，必将吞噬各州，建立一个单一的共和国，而将导致专制。"故"反联邦党人"不仅"反对建立大的单一共和国，而主张建立小共和国的联盟"，并提出"联邦的权力应被限于非常有限的范围，联邦的权威不能直接实施于个人，而只能通过各州政府来实施"[2]。他们以史为证，提出："历史上还没有哪个自由的共和国，像我们的合众国这般幅员辽阔。希腊共和国地域狭小，罗马共和国依然。随着时间的推移，它们把征服活动扩展到广大的地域，结果是使自己发生了变化，原先的自由政府，一步步蜕变为历史上最暴虐的政

---

[1] 姜峰、毕竞悦编译《联邦党人与反联邦党人：在宪法批准中的辩论(1787—1788)》，中国政法大学出版社，2012，第21页、第26页。

[2] 联邦党人和反联邦党人关于美国制宪之争，请参看姜峰、毕竞悦编译《联邦党人与反联邦党人：在宪法批准中的辩论(1787—1788)》，中国政法大学出版社，2012。关于"反联邦党人"的制宪主张，请参看赫伯特·J.斯托林：《反联邦党人赞成什么——宪法反对者的政治思想》，汪庆华译，北京大学出版社，2006。

府。"①双方最终争辩的结果，无疑是"联邦党人"取得了胜利②，美国联邦宪法也体现了他们的政治思想和政治意志。

经过双方的争论、协调与妥协，制宪会议最终制定出1787年美国《联邦宪法》。新宪法不仅使联邦政府的权力得到了极大加强，包括征税、征兵、发行货币、规定度量衡、制定工商业政策、制定军事及外交政策，决定对外和战、邮政管理、对外贸易以及偿还国债等权力，而且规定了美国的政治体制为联邦制共和国。在权力分配上，实行三权分立，即行政权、立法权和司法权分别属于美国总统、国会和最高法院，三者之间在权力运用上相互制约和相互平衡。总统为国家元首，享有广泛的权力——行政权、军事权以及否决国会的立法权，总统由选举产生，即先由选民间接选出，再由选举人团进行复选；国会由参议院和众议院组成，参议院议员名额每州均为两名，由各州议会选出，众议院议员名额则根据各州人口比例进行分配，由选民直接选出，国会具有立法权、征税权、调整国外及州际贸易权等；最高法院作为美国最高司法机关，具有最高审判权、解释一切法律及条约等权力，最高法院的大法官在得到参议院同意后，由总统任命，任期终身。

纵观1787年美国《联邦宪法》，可以说，这是一部充满了妥协与保守，并在调和了不同派别之间的矛盾、分歧和利益后才产生的成文宪法。如宪法调和了保守派与民主派、中央集权派与地方自治派、大州与小州、南方与北方之间的矛盾。客观地讲，体现了美国立国者们的智慧和远见，也是美国立国后长期保持政治稳定的主要原因。

---

① 姜峰、毕竞悦编译《联邦党人与反联邦党人：在宪法批准中的辩论(1787—1788)》，中国政法大学出版社，2012，第9页。

② 美国学者从不同视角解释了反联邦党人失败的原因。其中，杰克逊·特纳·梅因认为："反联邦党人失败的主要原因是他们的经济地位和政治影响力不如对手，联邦党人中的许多人，大多是有产者，而且是赫赫有名的政治家；他们的组织策略也稍逊一筹，在媒体控制力上也不如对手。"请参看姜峰、毕竞悦编译《联邦党人与反联邦党人：在宪法批准中的辩论(1787—1788)》导论第4页。而赫伯特·斯托林则认为："在宪政立国这样的构建性事件中，反联邦党人一旦被贴上反对派的标签，他们在话语权的斗争中可以说已经先失一招。"更为致命的是，"面对联邦党人提出的具体而又系统的宪法主张，反联邦党人无法提出一个替代性的解决方案"。请参看赫伯特·J.斯托林：《反联邦党人赞成什么——宪法反对者的政治思想》译者前言第6—7页。

第五节 法国资产阶级革命

1789年爆发的法国资产阶级大革命以其广泛和深远的历史影响力而在世界近代历史进程中占据着重要地位。鉴于此，法国大革命也是中外学者研究和探讨的热点问题。从持续时间上来看，法国大革命可分为广义与狭义。广义上的法国大革命是指从1789年革命爆发至1815年拿破仑帝国最终覆灭，维也纳会议的召开为止；狭义上的法国大革命是指从1789年革命爆发到1799年雾月政变的爆发为止。

一、法国大革命爆发的原因

一般情况下，人们在分析封建制度下革命爆发或农民起义的原因时，无外乎君主独裁专制、吏治腐败、苛捐杂税、民不聊生等，或哪里有压迫，哪里就有反抗等传统解释。然而，一些学者在对法国大革命进行深入研究后，提出了诸多与以往解释革命爆发原因时不同的"悖论"。

关于法国大革命爆发的原因，国内外学者进行了大量研究，其中一些研究成果亦成为世界名著。由于研究者众多，研究成果丰硕，观点也各有不同。如美国学者苏珊·邓恩在其《姊妹革命：美国革命和法国革命启示录》中认为，美国独立革命对法国大革命产生了重要影响。法国国王路易十六在美国独立战争期间对美国的支持，不仅加剧了法国经济危机（尤其是财政危机），还进一步颠覆了法国传统的价值观，进而威胁到了君主政体的稳定，是导致法国大革命爆发的主要原因[1]。但多数学者认为法国旧制度是导致革命爆发的主要原因，如法国学者雅克·索雷在《拷问法国大革命》一书中认为，大革命前夕，法国社会各阶层对路易十六政权均严重不满，只是他们或希望恢复旧秩序，或希望建立新秩序[2]。除上述研究成果外，托克维尔著述的《旧制度与大革命》一书

---

① 请参看苏珊·邓恩：《姊妹革命：美国革命和法国革命启示录》，杨小刚译，上海文艺出版社，2003。法国学者乔治·勒费弗尔也认为法国"政府危机可以追溯到美国战争。英国殖民地的反叛可以被认为是法国大革命的首要直接原因，一方面由于它号召人权而在法国引起了大骚动，另一方面由于路易十六为支持它而陷入财政危机"。请参看伊曼纽尔·沃勒斯坦：《现代世界体系（第三卷）——资本主义世界经济大扩张的第二时期：1730～1840年代》，郭方、夏继果、顾宁译，社会科学文献出版社，2013，第84页。

② 请参看雅克·索雷：《拷问法国大革命》，王晨译，商务印书馆，2015。

可谓是此方面研究的扛鼎之作，该书自1856年出版以来，先后被翻译成多种语言，在世界各地广为传播，影响极大。

那么，什么是旧制度？在法国旧制度中又如何孕育了革命的种子？对于第一个问题，学术界一般认为，旧制度是指18世纪时法国的封建制度，即路易十五（1715—1774年在位）和路易十六（1774—1789年在位）当政时期。在18世纪末期，法国革命家将腐朽的封建制度称为"旧制度"，此后这一概念便在撰写的法国大革命史著中保留下来并沿用至今。具体而言，法国的旧制度是在近代欧洲由中世纪向近代迈进过程中，建立的最为典型的封建君主专制制度。和同时代其他欧洲国家相比，王权高度集中和绝对专制主义是其重要特征，路易十四的名言——"朕即国家"就是对此很好的诠释。

法国大革命之前，民众之间等级分明，阶层不平等是旧制度的又一鲜明特征。所谓等级制度是指在法国社会中将公民分为三个等级：第一等级是僧侣（教士），第二等级是贵族，剩余的其他阶层均为第三等级，包括农民、工商业者和城市市民等。当时，三个等级服务王室的方式和享受的权利也大不相同，即第一等级用祷告为国王服务，第二等级用剑、用战争为国王服务，第三等级则承担着全部国家财政负担。第一等级和第二等级享有免税权和其他特权，第三等级不仅要交纳沉重的赋税，还是被剥削和压迫的对象。因此，在大革命之前，法国旧制度就显得非常不公平和不平等。

对于第二个问题，即在法国旧制度中如何孕育了革命的种子？换言之，旧制度与大革命之间到底存在何种关系？对此，学术界一般认为，旧制度已不能适应法国社会经济和政治发展的需要，即资本主义商品经济的发展与封建专制制度之间存在尖锐的矛盾，是导致大革命爆发的主要原因。要想对此问题有一个清晰和深入的了解，首先要了解法国大革命爆发的宏观背景。在18世纪中后期至19世纪，西欧乃至整个欧洲，正处于社会大转型时期，即从封建君主专制向资本主义社会的转变。正如托克维尔在《旧制度与大革命》第一编第四章的标题所言——"何以几乎全欧洲都有完全相同的制度，他们如何到处陷于崩溃。"对该问题，他进一步解释道："在18世纪欧洲政体到处濒临崩溃。一般说来，这种衰落在大陆东部不太突出，在大陆西部较为突出；但是在一切地方都能见到旧政权的老化，甚至衰败。"[1]由此可见，当时包括法国在内的欧洲其他国家都面临着"旧制度"的消失，以及新制度或新社会的建立这一时代主题。那么，对法国而言，旧制度到底造成了哪些危害或严重后果？托克维尔在

---

[1] 托克维尔：《旧制度与大革命》,冯棠译,商务印书馆,2017,第57页。

对大量土地清册、大革命前夕民众陈情表等200余种档案文献进行深入研究后认为，旧制度造成了诸如社会不平等和贵族的没落，民众怨恨情绪的增长，激发了经济繁荣时期人们的欲望，政府改革的失败等严重后果。

对于旧制度造成的社会不平等和贵族的没落，学术界已形成共识。当时法国社会各阶层不仅被分成等级森严、界限明显的三个等级：第一等级和第二等级是特权等级，占有大量财富，还享有不纳税等诸多特权；第三等级不仅承担交纳赋税的沉重负担，还在享受权利方面处处受限。对此，托克维尔进一步分析了其所带来的严重危害：

> 所有这些将人和阶级加以区别的措施中，捐税不平等危害最大，最易在不平等之外再制造孤立，并且，可以说，使不平等与孤立二者变得无可救药。因为，请看后果：当资产者与贵族不再缴纳同样捐税时，每年，捐税摊派征收都重新在他们中间划出一条清楚明确的线——阶级的界限。每年，每一个特权者都感到一种现实的、迫切的利害，即不让自己再与民众混同，并作出新的努力与之分离。[①]

更为重要的是，三个等级在阶层上处于封闭固化状态，即贵族永远是贵族，平民永远是平民，这也是第三等级为什么如此憎恨旧制度的原因了。至于贵族衰落的原因与路易十四对法国贵族采取的羁縻政策有关。为了制服反叛的贵族，路易十四软硬兼施，在巴黎郊区建立了金碧辉煌的凡尔赛宫，对贵族实行怀柔和羁縻政策。长此以往，被豢养在凡尔赛宫中的贵族脱离了领地上的民众，成为无民众支撑，仅保有贵族头衔的"光杆司令"，而且，奢靡的生活也逐渐耗尽了他们积累的财富，其衰落就成必然。由此可见，一方面，特权等级造成了社会的极大不公正，导致民怨沸腾；另一方面，随着启蒙思想的传播和深入人心，推翻旧制度的革命思想洪流已逐渐形成。

在旧制度的压迫下，民众的怨恨情绪日益增长就成为必然。客观地讲，18世纪中后期，法国农民的经济和生活状况要好于英国、德国和俄国等其他欧洲国家，他们的人身得到了解放，而且还拥有一小块土地。对此，英国学者科尔曼在著述的《法国、比利时、荷兰和瑞士的农业和农村经济》一书中对1789年至19世纪中期这段时间内，英、法两国农民生活状况的比较论述即可看出："经过对国内（英国，作者注）和国外农民和劳动阶级的考察，我必须实事求是地讲，就人们所处的状况而言，我从未了解到有比法国农民更文明、更整

---

① 托克维尔:《旧制度与大革命》，冯棠译，商务印书馆，2017，第129页。

洁、更节俭、头脑更清醒，以及穿着得更好。在这些方面，他们同绝大部分苏格兰农业劳动者形成鲜明对比，后者过分肮脏和低贱；同许多英格兰农民形成鲜明对比，后者是奴性的、意志消沉和严重缺乏生活资料的；同贫穷的爱尔兰农民形成鲜明对比，后者是衣不蔽体和处于野蛮状态的。"①既然当时法国农民的生活状况尚可，要明显好于其他欧洲国家。那么，法国农民对封建特权和旧制度的怨恨情绪为何日益增长？对此，托克维尔解释道：

> 不管他干什么，处处都有讨厌的邻人挡道，他们搅扰他的幸福，妨碍他的劳动，吞食他的食品；而当他摆脱了这帮人，另一帮身穿黑袍的人又出现了，而且夺走了他的收获的绝大部分。请设想一下，这位农民的处境、需求、特征、感情，若你能够的话，请计算一下，农民心中郁积了多少仇恨与嫉妒。②

"经济繁荣何以加速了革命的到来？"这是托克维尔在《旧制度与大革命》一书第三编第四章中提出的著名悖论。即大革命爆发之前，法国社会总体上在发展："人口在增加；财富增长得更快……国家因战争负债累累。但是个人继续发财致富；他们变得更勤奋，更富于事业心，更有创造性。"可以说，路易十六统治时期是旧制度最繁荣的时期，那么，革命何以到来？托克维尔认为，"革命的发生并非总因为人们的处境越来越坏。最经常的情况是，一向毫无怨言仿佛若无其事地忍受着最难以忍受的法律的人民，一旦法律的压力减轻，他们就将它猛力抛弃"。

其实，在路易十五和路易十六执政时期，为了解决财政及其他社会危机，法国政府任用了一批有才能的大臣，如财政总监杜尔阁、内克等人进行改革，但由于受到贵族及利益集团的阻挠，改革最终流产，激起了民众的强烈不满。在一定程度上印证了托克维尔所言："对一个坏政府来说，最危险的时刻通常就是它开始改革的时刻。"因为，社会弊病被改革，使得人们更容易察觉到其他弊端的存在；民众的痛苦得到了一定的减轻，但人们的感觉却更加敏锐。此前，人们对未来无所期望，现在人们对未来无所畏惧，一心朝着新事物奔去。"伴随着社会繁荣，国家财产和私人财产从未如此紧密混合。但国家财政管理

① 转引自伊曼纽尔·沃勒斯坦：《现代世界体系（第四卷）——中庸的自由主义的胜利：1789～1914》，吴英译，社会科学文献出版社，2013，第81页。
② 托克维尔：《旧制度与大革命》，冯棠译，商务印书馆，2017，第74页。

不善在很长时间内仅仅是公共劣迹之一，这时却成了千家万户的私人灾难。"① 在此情况下，"一场浩劫怎能避免呢？一方面是一个民族，其中发财欲望每日每时都在膨胀；另一方面是一个政府，它不断刺激这种新热情，又不断从中作梗，点燃了它又把它扑灭，就这样从两方面催促自己的毁灭"②。关于国内外学术界对于法国大革命研究的成果可谓汗牛充栋，本书仅列举上述代表性观点。

二、法国大革命的过程

（一）三级会议的召开

三级会议是法国中世纪等级代表会议。参加者有教士（第一等级）、贵族（第二等级）和市民（第三等级）三个等级的代表。三个等级各有一票表决权。通常是在国家遇到困难时，国王为寻求援助而召集会议，故会议不定期，其主要职能是批准国王征收新税。英法百年战争期间，为抵抗外敌，三级会议有了监督政府的权力。16 至 17 世纪初，专制王权加强，三级会议权力被削弱。从 1614 年到路易十六统治时期，三级会议中断了 175 年。当时，法国国库耗尽，国家财政破产已迫在眉睫，在此紧急情况下，路易十六听从了谋士们的劝告，决定在 1789 年召开三级会议。而这次会议也成为法国大革命的导火索，因为 "启蒙的思想已经传遍全国（法国，作者注），几乎所有意见都要求建立君主立宪制，这是对伏尔泰和孟德斯鸠这两位亲英人士没有明言的赞礼。谁也不想废除国王，但谁都想结束所谓的专制政治，制止庞大的官僚机构和腐败壅塞的司法部门随意专横地为所欲为"③。

其实，从 1787 年开始，法国民众就强烈要求召开三级会议，许多省也纷

---

① 大革命爆发之前，法国出现了严重的财政危机。在路易十四统治时期，因不断发动对外战争（关于路易十四执政时期发动的一系列对外战争，请参看布伦丹·西姆斯：《欧洲：1453 年以来的争霸之途》第二章，孟维瞻译，中信出版集团，2016，第 39~67 页），导致国库亏空，财政赤字严重。在其 1715 年去世时，法国国债高达 25 亿里弗（法国古代货币单位，相当于一古斤：380~550 克不等银的价格）。到 1788 年 3 月，即法国大革命爆发前一年，法国财政收入为 5.03 亿里弗，支出却高达 6.29 亿里弗，财政赤字高达 1.26 亿里弗。此外，应偿付的国债利息高达 3.18 亿里弗，法国财政实际上已经破产。

② 关于托克维尔对经济繁荣何以加速了革命的到来这一悖论的解释和分析，请参看《旧制度与大革命》第三编第四章：《路易十六统治时期是旧君主制最繁荣的时期，何以繁荣反而加速了大革命的到来》。

③ 雅克·巴尔赞：《从黎明到衰落：西方文化生活五百年，1500 年至今》，林华译，中信出版集团，2018，第 507 页。

纷召开了自己的三级会议。在此形势下，路易十六被迫于1789年5月5日在凡尔赛宫召开三级会议。会议开始后，代表们在投票表决权问题上发生了分歧，如果按照旧制——每个等级各有一票表决权，对第一和第二等级有利，则对第三等级不利。就在三个等级代表为这一法律问题进行激烈斗争时，6月17日，第三等级代表宣布自己的会议为"国民议会"，并声称只有国民议会才能真正代表国民意志，如解散国民议会，国民就不纳税。6月20日，国民议会召开会议时，路易十六得到这一消息后派军队封闭会场，不让第三等级代表进去开会。第三等级代表在附近的一个网球场中冒雨集会，决定"草拟宪法，给国家以新生，并且厘定君主制之正确原则"，即著名的"网球场宣誓"。7月9日，正式改称"制宪议会"，王室决定动用武力镇压，次日将主导改革的内阁免职，巴黎武装起义随之爆发。7月14日巴黎群众攻占了巴士底狱，标志着法国大革命正式爆发。

（二）制宪议会与君主立宪派

《人权宣言》的发表　巴黎起义后，制宪议会成为国家立法机关和实际领导机关，代表人物有米拉波、西哀耶斯、巴纳夫、拉法耶特、巴伊等人。这些人坚持君主立宪制，故称君主立宪派。制宪议会在君主立宪派领导下，运用立法手段，对法国进行了根本性改造。改造国家的第一步便是制定了《八月法令》，废除了包括人身义务、特权等级免税权、领主法庭、教会什一税、狩猎等特权，规定了任何公民不论出身如何，均可出任教会或国家的文武官职。该法令从根本上废除了封建制度，运用法律手段对社会进行改造，具有重大意义。

制宪议会通过《八月法令》后，开始制定《人权和公民权宣言》（简称《人权宣言》），并于8月26日通过。其主要内容为：规定了公民所享有的天赋人权、自然权利等基本人权以及主权在民；提出在不损害他人的前提下，"公民享有言论、写作、出版等自由"；明确提出"法律是公共意志的表现，法律面前人人平等"。可见，宣言将启蒙思想发扬光大，并以法律形式固定下来。其所强调的天赋人权、自由平等、主权在民等内容，实际上否定了封建等级制度和封建特权，尤其是主权在民和"公共意志"等内容，表明了制宪议会要用国家意志取代以君主个人意志为基础的封建君主专制统治，这是在政治和法律领域的根本变化。《人权宣言》作为法国资产阶级大革命的纲领性文件，起到了承前启后、继往开来的作用，对后来资产阶级革命或改革产生了广泛而深远的影响。但对于宣言内容，国外学术界有不同看法。如一些德国学者认为，该宣言以美国独立前各州颁布的权利法案及《独立宣言》为蓝本；而法国学者则认为《人权宣言》是法国原创的，相反，美国独立前各州颁布的权利法案及《独立宣言》均来源于18世纪在欧洲大陆兴起的启蒙思想。关于此点，学术界目前仍未形成共识。但可以确定的是，《人权宣言》的确采用和借鉴了18世纪启蒙思想家的学说和自然权利学说，这从宣言内容即可看出。正如法国学者乔治·勒费弗尔所言：

> 《人权宣言》（*The Declaration of the Rights of Man*）仍然是……整个革命的体现……美国和法国，如在它们之前的英国那样，以类似的方式对思想的趋势做出了贡献。它们的成功反映了资产阶级的兴起，并构成了一种共同意识形态，西方文明的进化由此获得新生。在几个世纪的过程中，我们西方由基督教所塑造，但也是古代（Antiquity）思想的后裔的意识形态，它集中了它的力量，克服了成千的障碍，以实现人类个人的解放。[1]

制宪议会颁布《1791年宪法》　制宪议会在制定的《八月法令》和《人权宣言》中，宣布要废除种种封建特权，用法律对国家进行彻底改造。因此，从1790年夏季开始，制宪议会就开始对宪法条款草案进行修改讨论。路易十六难以接受制宪议会出台的各项反封建法令和讨论中的宪法条文，故在1791年6月20日深夜带领王后和王弟普罗旺斯伯爵等人出逃，但在边境被截回。国王出逃的消息引起了法国民众的强烈不满，制宪议会采取了一系列紧急措施，并积极进行军事准备，以防外来干涉。

制宪议会在9月3日通过了1791年宪法，14日，法国国王路易十六批准了该宪法。宪法规定了国家的性质和体制——资产阶级君主立宪制；体现了三权分立的原则——立法权属于由选举产生的一院制立法议会，行政权归国王，司法权由选举产生的法官掌握，实行司法独立；规定了公民享有信仰、言论、出版、集会和结社等自由；在选举制度上，规定公民以纳税额来确定选举权。选举权和被选举权仅限于"积极公民"。该宪法是法国历史上第一部成文宪法，基本适应资本主义发展，是法国从传统贵族社会跨入近代公民社会的标志。

在1791年宪法生效后，很快就举行了立法议会的选举，同年10月1日，新选出的立法议会开幕，由于制宪议会代表们的退出，法国政权实际上转到了立法议会手中。

---

[1] 伊曼纽尔·沃勒斯坦：《现代世界体系（第三卷）——资本主义世界经济大扩张的第二时期：1730～1840年代》，郭方、夏继果、顾宁译，社会科学文献出版社，2013，第22页。

欧洲封建势力的武装干涉 法国大革命是世界近代历史上一次大规模的资产阶级革命，革命爆发后，引起了欧洲其他国家的密切关注和武装干预。外部势力的干预一直伴随着法国大革命的进程，一方面，法国不同的政治势力领导国内革命，推动改革；一方面，法国与俄国、奥地利、西班牙、英国、普鲁士等国多次组建的反法同盟进行着激烈的战争，这也是这次革命的鲜明特点。

革命爆发后，以开明和改革为标榜的俄国女皇叶卡特琳娜二世原形毕露，不仅非常仇视法国大革命，而且扬言与其不共戴天；而奥地利王室与法国王室有着千丝万缕的关系，路易十六的王后原是哈布斯堡王室的公主，奥地利国王利奥波德二世（1790—1792年在位）的妹妹，因此，不论是从亲缘关系上，还是出于维护自身统治和国家安全的考量[①]，奥地利都不可能置身事外；西班牙与法国同属波旁王朝，与法国王室有家族关系，当然不愿看到路易十六政权的垮台；英国和普鲁士在法国大革命爆发初期，采取了幸灾乐祸的观望态度，认为革命过后，法国必将一蹶不振，但在《人权宣言》发布后，两国才察觉到了法国革命对它们带来的威胁，因而采取了坚决反对态度。

早在1791年2月，奥地利就呼吁欧洲其他国家共同采取行动支持法国国王路易十六。同年8月25日，奥地利国王利奥波德二世与普鲁士国王腓特烈·威廉二世举行会晤，两天后签署了《皮尔尼茨宣言》，声称两国将为恢复路易十六的权力而采取共同行动。次年2月7日，奥、普两国正式签订了反法军事同盟条约。此后不久，西班牙和撒丁王国相继加入，叶卡特琳娜二世则力促奥普两国尽早对法国开战。

面对外国武装干涉的危险，1792年4月20日，法国向奥地利和普鲁士正式宣战，法国革命战争时期也由此开始。4月28日，战争爆发后，由于法军之中贵族军官的叛变，国王与王后同奥地利内外勾结，秘密向敌方提供作战情报，致使法军接连败退。7月6日，普鲁士正式参战，随后普奥联军攻入法国境内。法军的失败激起了民众的愤慨，8月10日，巴黎爆发了民众起义，逮捕了国王和王后。9月初，普奥联军攻占了凡尔登，逼近巴黎，形势非常危急。在此危急形势下，巴黎人民武装立即开赴前线，9月20日在巴黎以东的瓦尔密击溃了普奥联军，取得了开战以来的第一次胜利。21日，法国国民公会在巴黎开幕，并于次日宣布废除君主制，成立了法兰西第一共和国。

---

① 在法国大革命影响下，奥属尼德兰(比利时)在1789年秋爆发了反对奥地利统治的革命。

（三）吉伦特派上台执政

在君主立宪派领导下，制宪议会制定并颁布了宪法，力图以法律为基础，对法国进行改造。然而，长期困扰法国的财政问题以及由此而引起的物价问题，还有革命爆发后，外部势力的武装干涉是法国大革命期间任何政党和执政者所必须面对和要解决的两大难题。这些问题得不到有效解决，那么，无论何种政治势力上台，均无法长久执政，君主立宪派如此，吉伦特派、雅各宾派和督政府莫不如此。

吉伦特派与君主立宪派分道扬镳　1792年2月，普、奥等国组成反法军事同盟，代表大工商业资产阶级利益的吉伦特派（其成员多来自工商业较为发达的吉伦特郡，故名，主要领袖有布里索、孔多塞等人）力主对外作战。吉伦特派的主张得到了法国民众的支持。同年3月，路易十六任命其组阁，但直到8月10日巴黎人民大起义后才开始上台执政。

在君主立宪派执政时期，其推行的政策符合吉伦特派所代表的大工商业资产阶级的利益，故得到了后者的赞同。然而，在讨论和制定1791年宪法时，尤其是在选举权问题上，君主立宪派和吉伦特派之间产生了分歧，前者主张设置财产门槛，将选民划分为"积极公民"和"消极公民"，后者主张实行普选制；在随后发生的国王逃跑事件后，如何处置路易十六，双方再次发生了分歧，君主立宪派坚持保留王位，实行君主立宪制，而吉伦特派主张推翻国王，实行共和制。由于上述分歧，导致吉伦特派与君主立宪派分道扬镳。

吉伦特派上台执政后施政措施　1792年8月10日，巴黎民众起义当天，立法议会决定将国王停职，随后任命临时行政会议行使行政权。行政会议由6名部长组成，其中5名属于吉伦特派，表明吉伦特派掌握了政权。在其领导下，立法议会和行政会议采取了诸多措施：选派特派员分赴军队和全国各郡，稳定起义胜利后法国政局；相继发布监禁逃亡贵族家属的法令；采取措施，保证人民的主权、自由与平等；取消了积极公民和消极公民的划分，规定凡年满21岁，在当地居住时间不少于一年而非仆役的男子，都可获得选举权；颁布新的土地法令，将没收来的逃亡贵族的土地作为"国有财产"分成小块出售或出租；在各农村公社按户无偿分配公有土地；废除封建王权，建立法兰西第一共和国。

吉伦特派与雅各宾派之间的斗争　与雅各宾派之间的斗争贯穿于吉伦特派执政时期，两派之间的分歧主要表现在对战争的看法不同，是否结束革命？如何处置国王路易十六？

如何看待战争？从1791年开始，欧洲君主国就试图联合起来武装干涉法国大革命。对此，吉伦特派企图利用战争阻止民众提出进一步改革的要求，以维护大资产阶级利益，削弱雅各宾派力量，借机夺取政权，同时趁机对外扩张，夺取新的市场，因此，坚决主张对外进行战争。吉伦特派领袖布里索指出："要攻打他们（德意志反动诸侯）还须考虑吗？为了我们的光荣，为了我们的信用，为了巩固革命并使之深入人心，这一切都使我们非这样干不可。"但是代表中小资产阶级利益的雅各宾派坚决反对吉伦特派的战争政策，认为应首先镇压和肃清国内反革命分子，因为只有巩固了后方，才有力量反抗外来的干涉者和侵略者。雅各宾派领袖罗伯斯比尔指出："在打倒国外的那一群贵族之前，应先打击国内的贵族。"

是否应该结束革命？对此，吉伦特派认为，王权被推翻，共和国已建立，政权已到手，革命应停止。他们担心革命继续下去，会危及自身统治。因此，巩固政权、巩固统治才是重点。正如布里索所言："为了拯救法国，三次革命是必要的。第一次，推翻了专制制度；第二次，废除了国王权力；第三次，应该是消灭无政府状态。"而雅各宾派极力主张继续深入推进革命，直到人民群众获得革命的成果为止。

如何处置国王路易十六？吉伦特派和雅各宾派均主张废除君主专制，但革命爆发后，路易十六及其王后所作所为已到叛国地步，先是逃跑，企图借助外部力量恢复权力，更为严重的是，在1792年11月20日，路易十六藏在杜伊勒里宫保险柜里的通敌秘密文件被发现。至此，吉伦特派原先反对审判国王的理由已无法平息法国民众的强大舆论，在此情况下，只好被迫赞同雅各宾派的主张，同意审判国王。同年12月11日，国民公会开始审判路易十六，在审判前，后者同意国民公会对其审判并要求指派律师为其辩护，路易十六的这一做法在某种程度上已认可自己有罪。1793年1月17日上午10点钟，在持续了长达36个小时的激烈争论后，国民公会宣布了刚刚结束的会议投票结果，在出席投票的721名代表中，有361人赞成无条件判处路易十六死刑。从投票票数来看，仅有1票之差，可见当时会议争论的激烈程度。随后，参加审判会的吉伦特派代表皮埃尔·维克蒂尼安·维尼奥宣布："我以国民公会的名义宣布，判处路易·卡佩死刑。"在宣判后的四天，即1月21日，路易十六被送上断头台。

对法国革命者而言，处死国王路易十六，与其说是摆脱了一位邪恶、叛国的国王，不如说是要消灭君主政体本身。路易十六之所以有罪，与其说是因为他犯有叛国罪行，不如说他作为君主统治国家本身就有罪。对此，当时法国的一些评论者认为："革命者认为自己正在用从死亡国王的鲜血中升起的不死鸟般的共和国神话取代具有魔力的君主权威神话"，"1793 年 1 月 21 日，法律的利刃让路易·卡佩流血，这洗雪了我们 1300 年的耻辱"①。然而，法国大革命的进程并未因路易十六的死而结束，相反，此后的革命激烈程度愈演愈烈，在 1792 年建立的法兰西第一共和国也摇摇欲坠，君主立宪派试图用法律手段改造法国旧制度的梦想还需要很长的时间、付出更大的代价去实现。

吉伦特派的倒台　吉伦特派执政后，在政治上主张联邦共和制，在经济上坚持贸易自由和物价自由，在外交上企图通过战争为法国资产阶级扩大市场。上述政策导致英国和欧洲大陆国家及法国王党分子的仇视，又引起了国内民众的不满，其政策失败和随后的垮台也就成必然。到 1793 年春天，吉伦特派统治危机重重。

首先是军事危机。法国军队在国外顺利推进，特别是路易十六被处死，引起了欧洲各封建统治者的震惊和恐惧，为了尽早扑灭法国大革命燃起的烈火，1793 年 2 月 1 日，英国宣布参战，并和普、奥、荷、西、葡、撒丁、那不勒斯等国组建了第一次反法联盟。面对反法联盟的优势兵力，法军开始败退，在 1793 年 3 月相继退出已占领的德意志和比利时等地。与此同时，法国国内又爆发了王党叛乱，其中以旺代郡最为严重，叛乱者攻城略地，杀害革命者，法国又陷入严重的内忧外患之中。

其次是经济危机。由于吉伦特派坚持经济自由原则，导致货币贬值、物价上涨、粮食匮乏。加之受战争影响和投机商的大肆囤积和哄抬物价，致使包括粮食在内的民众生活必需品货源短缺、价格飞涨，群众生活困苦，激化了民众与执政者吉伦特派之间的矛盾。

最后是政治危机。军事危机和经济危机势必引发政治危机。面对严峻的国内外形势，吉伦特派的主要政治对手——雅各宾派开始转变政策，支持法国民众提出的限价问题。"国家大事行将毁灭，几乎可以肯定，只有最紧急、最有力的措施，才能挽救……如果让穷人帮助你们完成革命事业，就必须使他们活下去，这是非常急迫的事情。"雅各宾派的主张得到了民众的拥护和支持。1793 年 5 月 31 日和 6 月 2 日，在雅各宾派的支持下，巴黎民众发动了两次武装起义，推翻了吉伦特派的统治。

尽管吉伦特派由于无法应对和解决法国大革命爆发后所面临的严峻危机，

---

① 蒂莫西·布莱宁：《追逐荣耀：1648—1815》，吴畋译，中信出版集团，2018，第 251-252 页。

最终倒台，但在其统治时期，采取的诸多治理国家的措施，如废除君主制度，建立共和政体；颁布了一系列新的土地法令，进一步改革封建土地所有制；积极组织民众进行战争，抵抗反法联盟的进攻。这些重要举措对废除法国旧制度，推动革命深入发展，做出了贡献，具有进步意义。

（四）雅各宾派上台执政及施政措施

雅各宾派原为法国大革命时期参加雅各宾俱乐部的资产阶级激进派政治团体。雅各宾俱乐部正式名称为宪法之友社，前身是三级会议期间的布列塔尼俱乐部，于1789年10月迁到巴黎后在雅各宾修道院集会，故名。在雅各宾派成立之初，成员较为复杂，包括斐扬派、吉伦特派许多成员，迁移到巴黎后又吸收一批巴黎的非制宪议会成员。因政见分歧，在1791年7月和1792年10月，君主立宪派和吉伦特派先后分裂出去，雅各宾派成为以罗伯斯比尔（1758—1794年）为代表的激进的资产阶级革命民主派。在法国大革命期间出现的众多革命团体中，雅各宾派是唯一的全国性组织，地方组织多达数千，遍及各地。其上台执政后，主要领导人有罗伯斯比尔、丹东、马拉、圣茹斯特等。

雅各宾派执政后，面临的形势异常严峻。反法联盟的威胁尚未解除，国内王党叛乱愈演愈烈，被推翻的吉伦特派兴风作浪，制造事端。在此情况下，雅各宾派在上台后采取了非常措施，以应对危机。

首先，颁布法令，继续解决农民土地问题。将逃亡贵族的土地分成小块，用分期付款的办法出售给农民，把村公社土地按当地人口分给农民，继续废除封建义务，烧毁全部地契和文据，对私藏者处以徒刑等。

其次，制定新宪法，取代1791年宪法。在雅各宾派领导下制定的1793年宪法，是法国历史上第一部共和制宪法。其在内容上依然延续了《人权宣言》和1791年宪法的主要精神，且在当时激烈的斗争环境下，该宪法在颁布后也未真正实行，但依然具有一定的积极意义。

最后，实行恐怖统治。恐怖统治是法国大革命发展的必然产物，是以罗伯斯比尔为首的雅各宾派为应对和解决法国大革命爆发后所面临的严重的内忧外患危局，而在非常时期采取的一种非常措施。从路易十四统治后期遗留下来的严重的财政危机隐患一直持续到雾月政变后，一直到拿破仑上台建立执政府时期。严重的财政危机引发了一系列经济危机——物价飞涨、货币贬值，这不仅是困扰君主立宪派、吉伦特派、雅各宾派以及督政府统治法国时期的重大社会问题，也是导致上述政治势力统治短命的重要原因。此外，法国大革命的曲折、复杂，延宕不断，与以英国为首的欧洲其他国家多次组建反法同盟对其进行武装干预，加之国内王党的叛乱和兴风作浪有密切关系。

当君主立宪派和吉伦特派由于上述重大问题得不到有效解决而倒台后，紧随其后上台执政的雅各宾派为了巩固政权，避免重蹈立宪派和吉伦特派之覆辙，必须另辟蹊径，采取非常手段，以化解危机。因此，可以说，法国国内外面临的严峻形势将雅各宾派政权的命运与其推行的非常政策和非常措施（恐怖政策）联系在一起。换言之，如果雅各宾派不实行恐怖政策，不严厉打击王党势力、回击反法同盟，采取限价政策，就无法挽救其政权。因为当时法国的"公共事业处在灭亡的边缘，只有最迅速、最坚决的措施能拯救它，富人们仇视它，贫民们缺少面包……革命疲惫了"。鉴于此，陷于困境的雅各宾派被迫开始重新审视内政外交政策。1793年9月5日，国民公会通过决议：建立革命军，改组革命法庭，接受巴黎公社的口号"将恐怖提上日程"，制定全面限价法令。9月5日的决议标志着雅各宾政权开始转入恐怖统治。

恐怖统治包括政治恐怖、经济恐怖和宗教恐怖。政治上的恐怖主要采取了改组革命法庭，在巴黎和各地设立断头台，由革命委员会决定犯罪嫌疑人身份、中央特派员在各地方和军队中拥有一切大权等措施。在1794年6月10日出台的《牧月法令》将政治恐怖推向了高潮，使恐怖严重扩大化。如法令取消了预审制和辩护人，惩罚措施则一律定为死刑，即在审判中如缺乏物证，也可以按"意识上的根据"和内心观念去进行推断和判决。

为了克服严重的粮荒和经济危机，国民公会以立法形式，严厉打击投机商和囤积居奇，如在1793年7月27日通过的《严禁囤积居奇法令》中规定："凡是囤积商品或日用必需品，损坏商品质量，将其隐藏起来而不予出售者……均以刑事罪论处。凡违反该项法令者，除没收其商品外，并处以死刑。"除此，在同年9月9日成立了革命军，确保限价法令的实施和落实。随后，雅各宾派出台了一系列限价法令，如在9月11日，颁布了粮食、面粉、饲料限价法令。9月29日又颁布了全面限价法令，该法令是法国大革命期间实施的第二次限价，也是雅各宾派在实施经济恐怖政策中颁布的代表性经济立法。

宗教恐怖是雅各宾派企图人为强行改变法国绝大多数人世代信仰天主教的事实，而推行的破坏宗教信仰自由的"非基督教化"运动。为此，国民公会采取诸多措施，强制推行。如在1793年10月5日，废除基督教历，实行共和历；将巴黎圣母院改为"理性庙"，信仰"理性教"。后在巴黎公社的推动下，宗教恐怖运动很快遍及全国，封闭教堂，逮捕或处死教士。

综观上述雅各宾派推行的恐怖政策可以看出，这些措施均是非常时期采取的非常措施，带有非常严重的消极后果——漠视法律、侵犯人权、恣意妄为、草菅人命、违背经济规律、破坏宗教信仰自由等。凡此种种，均与《人权宣言》格格不入，也严重背离了革命爆发之初，制宪议会所倡导的法律、自由、平等等理念和初衷，势必难以长久。然而，随着雅各宾派内部矛盾的激化，罗伯斯比尔竟然将恐怖政策作为党同伐异、镇压异己和政敌的有力武器，尤其是他在1794年6月10日强迫国民公会通过《牧月法令》，使恐怖政策急剧扩大。从法令出台之日起，到7月27日热月政变发生，在短短40余天时间内，仅巴黎一地，就多达1300人被送上了断头台，恐怖政策使人人自危。然而在7月26日，即热月政变前一天，罗伯斯比尔在国民公会中宣称："人们说我们太严厉了，祖国却责备我们过于宽大……用国民政权的实力镇压一切党派，以便在各党的废墟上树立正义和自由的威力。"最终，罗伯斯比尔为此付出了沉重代价，他在1794年7月27日发动的热月政变中倒台，其本人也于次日被送上断头台。诚可谓玩火者必自焚。据说，在罗伯斯比尔死后，法国人在其墓碑上写下了这样一段幽默而又极具讽刺意味的墓志铭：过往的行人啊！我罗伯斯比尔长眠于此，请你们不要为我悲伤，如果我活着，那你们就活不成。

雅各宾派的垮台预示着法国大革命走过了最为血腥和激情的一段历程，也标志着资产阶级开始重新恢复和建立正常的社会秩序。然而，从雅各宾派短暂的执政历程可以看出，革命能否取得成功，取决于多种因素，旧制度的稳固性、外部环境是否有利、执政措施是否得当等因素均是影响革命最终结果的重要变量。雅各宾派的垮台与其推行的全面恐怖政策密切相关。恐怖政策可谓饮鸩止渴，一方面，在短期内，消除了动乱，缓解了吉伦特派倒台时法国所面临的严峻形势，战胜了反法军事同盟，挽救了国家，这是其历史贡献；另一方面，恐怖政策导致了严重消极影响，不计后果的残酷杀戮，不仅摧毁了雅各宾派执政的政治基础，也埋葬了其政权。雅各宾派执政的失败，可以说是罗伯斯比尔的悲剧，也是雅各宾派的悲剧，但绝不意味着法国大革命的结束。

（五）热月政变及督政府的成立

热月政变的爆发　热月政变主要是指在法国大革命中推翻雅各宾派罗伯斯比尔政权的政变。因政变发生在法国共和二年热月9日（1794年7月27日），故名。政变发生后，在如何对待恐怖体制问题上，热月党人分成三派。一派主张废除恐怖统治；一派主张继续维持恐怖统治；一派主张废除恐怖统治，但持观望态度。经过激烈争论后，国家权力转入宽容派手中，并随后采取了一些拨乱反正的措施：释放一部分不合法律手续而被逮捕的犯罪嫌疑人，对过去的

"恐怖主义者"进行了追究；封闭了雅各宾派俱乐部，废除了恐怖统治政策；处理了王党叛乱和天主教遗留问题。

随着经济管制政策的结束以及限价政策被废除，长期受压抑的物价再次暴涨起来。物价暴涨和国内经济形势恶化导致巴黎民众两次爆发起义（即1795年3月30日爆发的芽月起义和同年5月20—23日爆发的牧月起义），但最终被武力镇压下去。法国政局不稳为王党势力发动叛乱提供了机会。1795年10月3日，王党暴动开始，参加叛乱的人数多达2.4万人；10月4日，年轻的拿破仑·波拿巴指挥炮兵很快平息了叛乱。

督政府的成立　在平息了王党叛乱后，1795年8月制定的新宪法（即共和三年宪法或1795年宪法）正式生效。根据宪法规定，立法机构为两院制，即上院和下院；行政机构是由5名督政官组成的督政府，是集体行政首脑，下设各部。督政府由立法机构任命，另设立独立的司法机关。上下两院均由选举产生，但选举权有财产资格限制。代表每两年改选1/3，督政官每年改选一人。同年10月27日，新的立法两院开幕，当天任命了督政府，法国开始了督政府统治时期。

督政府的垮台　督政府成立后，也未能摆脱执政短命之命运，前后仅维持了四年多时间，换了三届督政府，其下设的7个部担任部长人数多达32人，可见人员更换之频繁。督政府的短命与其建立的政治制度软弱无力、所推行的政策摇摆不定有着密切关系，这也是导致其迅速解体的根本原因。在督政府统治时期，继承了热月党人的"秋千政策"——既坚持共和制，反对封建君主复辟，又不断摧毁民主势力，取消共和制，并对这两派势力左右开弓，进行镇压。双重的排斥政策，不仅遭到了双重的反对，而且不利于政策的推行，致使三届督政府任期内法国政局始终动荡不宁。每当遇到政治危机时，督政府只能依靠军队或违反宪法宣布立法团改选无效以化解危机，这不仅为以后拿破仑发动军事政变、建立独裁政权奠定了基础，也由于其屡屡违背宪法，使政府失去了权威和民心，最终证明督政府这种集权体制已不能适应当时法国社会发展的需要，其失败也就成为必然。

此外，督政府在解决内政方面的无能和无效，以及在对外战略方面的穷兵黩武也加速了其灭亡的步伐。在其执政时期，长期困扰法国社会的财政危机以及由此而引发的严重经济问题，因督政府自身腐败，以及战事不断、政局不稳等原因而无法得到有效解决。内部危机重重，外部战事不断，法国大革命几乎从一开始就面临着外部势力的武装干预。1798年底，英国、土耳其、俄国、奥地利等国组成了第二次反法同盟，在战场上接连击败法军，而且攻入法国境内。法军在战场的失利又加剧了国内危机，王党势力蠢蠢欲动，纷纷发动叛乱。更为严重的是，长期对外用兵，不仅使士兵远离故土，不可避免地依赖统率自己的将领去满足自己的愿望。如拿破仑在进军意大利时，对跟随自己的士兵们言道："你们现在饥肠辘辘而且几乎要一丝不挂了……我将带你们到全世界最富庶的平原上去。在那里，你们会看见大城市，物产丰富的省份，会得到名誉、光荣、财产。"由此可见，在士兵的眼中，统率自己的将领就是他们的"救世主"，怎么能不马首是瞻呢？对长官、对冒险精神、对掠夺精神的崇拜代替了对国家的忠诚，军队仅名义上属于国家而已。

从1789年革命爆发至1799年，法国已经在动荡和战乱中度过了十年，各种政治势力在法国政治舞台上犹如走马灯似的，变幻不停，唯一不变的是长期困扰法国的财政危机以及外部势力干预和王党叛乱等重大问题依然无解，革命爆发初期的理想也渐行渐远。当督政府的统治随着内忧外患纷至沓来、危如累卵时，不论是督政官，还是法国民众，都希望"出现一个独裁者，一个恢复贸易的人，一个能够保证工业发展，给法国带来胜利的和平和巩固的国内'秩序'的人"。而以军功起身的拿破仑·波拿巴就是最合适的人选，随着1799年11月9日雾月政变的发生，督政府的统治最终寿终正寝。

（六）雾月政变与执政府的建立

拿破仑·波拿巴（1769—1821年，1804—1815年为法兰西第一帝国皇帝），1769年8月15日出生于法国的科西嘉岛。他在青少年时期就开始接受系统的军事教育，10岁即进入法国布里埃纳军校学习。1784年军校毕业后，因成绩优异被选送到法国巴黎军官学校，专攻炮兵学，毕业后被授予炮兵少尉军衔。在随部队驻防各地期间，他阅读了许多启蒙运动时期的思想家著作。革命爆发后，法国政局变幻莫测，形势风起云涌。1793年路易十六被处死后，英国等国借机组建了第一次反法联盟。同年12月19日，拿破仑指挥法军从英军手中收复了土伦，受到了雅各宾派当局的赏识，三天后就被晋升为准将，年仅24岁。热月政变后，由于其与罗伯斯比尔兄弟关系密切而受到调查。随后，因拒绝到意大利军团步兵部队服役而被罢免了准将军衔。1795年10月，受巴黎督政官巴拉斯之托，拿破仑指挥炮兵成功镇压了保王党的武装叛乱。成功平叛使拿破仑在一夜之间荣升为陆军准将兼巴黎卫戍司令，开始在军政界崭露头角。1796年3月2日，年仅27岁的拿破仑被任命为法兰西共和国意大利方面军总司令，并多次击败第一次反法联盟军队，迫使其解散。

　　战场上的接连胜利使拿破仑成为法国人民心目中的英雄，但其快速崛起使督政府如芒刺在背，故改任拿破仑为东方军总司令，远赴中东。1798年，拿破仑远征埃及失利。尽管拿破仑远在埃及，但密切关注着法国政局的变化。早在意大利作战取胜之后，拿破仑就有夺取政权之心，但他认为时机尚不成熟。到1799年，督政府的腐败无能致使法国政局日益动荡，处于风雨飘摇之中。拿破仑从当地报纸登载的新闻中了解到法国面临的局势后，认为夺取政权的良机已到，于是便将军队交给其副手克莱贝尔将军指挥，他自己匆忙赶回巴黎。在10月18日回到巴黎后，拿破仑受到了法国各界人士的欢迎，随后在督政官西哀耶斯的策划和支持下，于同年11月9日（雾月18日）发动政变，推翻了督政府，建立了临时执政府。

　　执政府建立后，拿破仑立即开始大刀阔斧地对法国国家机器进行改革，以稳定动荡不安的政局。正如当时法国一份报刊所宣传的："法兰西要求伟大、持久。动荡会失去这些，因而它呼吁稳定。"对此，拿破仑认为共和三年制定的宪法（即1795年宪法）已不能适应形势发展的需要，于是便任命西哀耶斯主持制定一部新宪法（即共和八年宪法），12月24日，新宪法制成公布。该宪法虽保留了共和国之名，但实际上具有高度中央集权性质，权力中心是执政府，由三名执政组成，拿破仑为第一执政；建立了以拿破仑为首的国务会议，设立12个中央部，领导和管理全国各方面的工作；建立近卫军，加强侦察机关，设立了直接向拿破仑负责的巴黎警察总署；取消地方自治制度，将全国划分为88个省，省长由中央任命，向中央负责。通过新宪法的制定，确立了资产阶级国家大厦，正如马克思所言，法国资产阶级这座大厦是在第一帝国时期建立起来的。在以立法形式健全了政权机构、加强中央权力外，拿破仑上台后所面临的重大难题依然是如何解决财政困难及经济问题，如何对付王党及国内各种反对势力的叛乱，以及应对反法同盟对法国的威胁。

　　在解决财政困难和稳定经济方面，执政府采取了政府协助兴办企业、向工业提供补贴、鼓励采用新技术等措施。在金融方面，重新恢复期票证券制度和交易所；1800年，通过合并改组后，建立了法兰西银行，发行货币，向工商提供贴现，翌年成立促进"民族工业协会"，加强对工业的监督和领导。上述举措成效明显，1799—1802年，法国对外贸易额增长了2.4亿法郎，实现了财政收支平衡，并略有结余。

　　在对付王党及国内各种反对势力的叛乱方面，拿破仑采取灵活务实的政策，各个击破。1800年10月至12月，拿破仑遭遇三次遇袭刺杀事件，以此为契机，拿破仑用逮捕、镇压等高压手段对付雅各宾派残余势力；对王党势力则采用镇压与安抚相济并用的政策；根据法国民众宗教信仰的现实情况，采取兼容并包的宗教政策，以安定民心。

就在拿破仑出台措施、解决内政问题、稳定国内政局的同时，也在积极备战，进行对外战争，破解反法联盟对法国的威胁。长期对外征战，使拿破仑形成了比较成熟的军事思想，如善于利用炮兵和骑兵，集中优势兵力各个击破，在军队用人方面，不拘一格，打破门第观念，选拔优秀人才。

（七）拿破仑称帝与帝国的覆灭

随着一系列行之有效的治国政策的出台，法国长期动荡不安的政局逐渐恢复了稳定，拿破仑凭借卓越的军事才能，在对外战争中屡获胜利。由于短期内在内政和对外战略方面取得了巨大成就，拿破仑本人威望日隆。1802年，经过公民投票，法国立法机构——元老院正式宣布拿破仑为终身执政；两年后，即1804年5月4日，元老院"劝进"拿破仑称帝，以保护法国人民最大利益；同月18日，元老院修改宪法，宣布法国改制为帝国，拿破仑为法兰西第一帝国皇帝；同年12月2日，拿破仑在巴黎圣母院举行了盛大的加冕称帝仪式。

拿破仑称帝后，在内政方面基本保持了原有的政治权力机构，延续了原有的治国政策。但在对外战略方面，由破解反法同盟的正义之战开始转向对外侵略扩张，这也成为帝国最终覆灭的主要原因。拿破仑加冕称帝后进行的对外战争主要有：1805年击败第三次反法联盟，签署了《普莱斯堡和约》；1806年击败第四次反法联盟，签署了《提尔西特和约》；1806年对英国采取大陆封锁政策，成效不显，遂于次年进攻葡萄牙和西班牙；1809年击败了第五次反法联盟，签署了《维也纳和约》；1812年发动了对沙皇俄国的战争，以惨败告终；1813年与英国等国组建的第六次反法联盟在莱比锡进行大会战，战败后签署了《枫丹白露条约》，被迫退位并被流放到地中海上的厄尔巴岛；1815年建立百日王朝，与英俄等国组成的第七次反法联盟在滑铁卢进行决战，兵败滑铁卢，被迫二次退位并被流放到大西洋上的圣赫勒拿岛，1821年5月5日在该岛去世。

纵观拿破仑及其法兰西第一帝国的兴衰，可谓跌宕起伏。拿破仑本人自小便接受系统的军事教育和训练，成年后依靠军功起家。在革命久拖不决、战争将法国民众弄得精疲力尽之际，拿破仑抓住时机，发动政变，一举成功，后凭借卓越的才能，用短短几年时间，稳定了政局，赢得了民心。随着威望日隆，其野心也日渐膨胀，遂加冕称帝建立帝国。在世界近代史上，很多国家发生了革命或变革，但像法国进行革命时，遇到如此大规模、长时间的外部势力武装干预，甚为罕见。因此，旷日持久的对外战争便成为法国大革命的重要内容，这既为拿破仑提供了展示军事才华的舞台，也为其兵败国亡埋下了伏笔。尤其是从 1808 年进攻葡萄牙和西班牙开始，拿破仑对外战争已由之前的保家卫国的正义之战转为侵略扩张之战，非正义战争激起了欧洲其他国家的强烈抵抗，也使法国民众疲于奔命。1812 年入侵俄国是拿破仑犯下的颠覆性战略错误，短短数月间，兵败莫斯科使法国元气大伤，欧洲反法联盟岂可错此良机，在随后进行的莱比锡和滑铁卢之战中，法国均战败。从此，滑铁卢也成为失败的代名词而载入史册。拿破仑迷信武力，诚可谓成也武力，败也武力。正如中国古语所云："国虽大，好战必亡；天下虽安，忘战必危"。

随着拿破仑帝国的覆灭、波旁王朝的复辟，法国历史似乎又回到了 1789 年大革命爆发之前的旧制度原点。但如果我们将时间的镜头拉长，用较长的历史眼光去审视大革命之后的法国历史和欧洲历史就会发现，拿破仑虽然建立了帝国，但他"已经了解到近现代国家的真正本质；他已经明白，资产阶级政权的无阻碍发展和私人利益的自由运动等，都是这些国家的基本体现，他决定承认和保护这一基础"，这便是拿破仑主持制定的《民法典》。而且随着法军打出国门，进行对外战争，法军所到之处，也"将他的法典带到被他征服的国家里"。拿破仑帝国覆灭后不久，欧洲相继爆发了资产阶级革命。正如法国资产阶级史学家乔治·勒费弗尔所言：

> 在法国，革命后的新国家尚未定型时，拿破仑给了它一整套行政机构，这显然是大师的杰作。1789 年的革命已迫使资产阶级掌握政权，但是随后民主力量起而与之相争，在皇帝的庇护下，新贵名流才得以保住政权，增殖其财富并扩大其势力；一旦摆脱了贫民的威胁，他们就准备自己登台进行统治并恢复自由主义。在欧洲，法国思想的传播、英国的影响、资本主义的发展以及随之而来的资产阶级的壮大，都在导致同样的后果，拿破仑在摧毁欧洲旧制度并把现代社会秩序的各项原则传入欧洲时，大大加速了这个演进过程。文化的蓬勃发展、人民主权原则的宣布、浪漫主义的传播等等都预示了民族的觉醒，拿破仑所进行的领土调整和种种改革促进了这种觉醒。长期以来浪漫主义激荡于全欧洲，拿破仑则正好成为浪漫主义诗人的出类拔萃的英雄人物。拿破仑个人的影响诚然是可贵的，但是只有顺应当时正在推进欧洲文明的那些潮流，他的影响才能起作用。①

---

① 乔治·勒费弗尔：《拿破仑时代》（下卷），中山大学《拿破仑时代》翻译组译，商务印书馆，1978，第 362 页。

第四章
工业革命·工人运动及思想学说

在 17、18 世纪，西欧诸国相继爆发了资产阶级革命，促使社会形态发生了巨大变化，即资本主义社会取代了封建社会；在生产力和生产关系方面，由于技术的进步，即人们通常所说的"工业革命"的发生，不仅极大地促进了社会生产力水平的提高，创造了巨额财富，引起了社会结构的巨变，也引发了诸多社会问题和矛盾，如何解决工业化所带来的社会阶层对立和财富分配不公等诸多消极影响，西方学者不遗余力地试图找到一种切实可行、行之有效的社会和人文主义方法，其中，科学社会主义理论的诞生就是最具代表性的理论和方法。

第一节　第一次工业革命

一、工业革命的含义

从现有文献资料来看，在 18 世纪之前，学术界尚未出现工业革命一词，"至多只有可以称为'前工业'的东西"[1]。直到 19 世纪，该词始见于学者们的著述中，到 20 世纪，工业革命一词得到了学者们的广泛认可和运用。这从英国国家图书馆馆藏书籍的目录中就可看出："数以百计标题中含有'工业革命'的图书出版于 20 世纪，但这样的书只有几本出自 19 世纪，没有一本出自 18 世纪。"[2]如恩格斯在 1845 年出版的《英国工人阶级状况》一书中多次使用

---

① 费尔南·布罗代尔：《文明史：人类五千年文明的传承与交流》，常绍民、冯棠、张文英、王明毅译，中信出版集团，2017，第 394 页。

② 蒂莫西·布莱宁：《追逐荣耀：1648—1815》，吴畋译，中信出版集团，2018，第 158 页。

该词，直到1884年，阿诺德·汤因比①出版了《英格兰工业革命讲稿》后，"工业革命"作为世界近现代历史上一个核心概念开始广泛流行。

何为工业革命？学者们见仁见智，如法国著名历史学家保罗·芒图在其著述的《十八世纪产业革命》专题著作中认为："现代工厂制度起源18世纪后1/3时段的英格兰。世人从一开始就感受到了它的影响，它也产生了极为重要的成果，因而可以将它比作一场革命，不过可以肯定地说，很少有政治革命会产生如此深远的影响。"②英国学者艾瑞克·霍布斯鲍姆在《革命的年代：1789—1848》一书中提出："'工业革命爆发'这一用语意味着什么呢？它意味着在18世纪80年代的某个时候，人类社会的生产力摆脱了束缚它的桎梏，在人类历史上还是第一次。从此以后，生产力得以持久迅速地发展，并臻于人员、商品和服务皆可无限增长的境地，套用经济学家的行话来说，就是从'起飞进入自我成长'。在以往，还没有任何社会能够突破前工业化时期的社会结构、不发达的科学技术，以及由此而来的周期性破坏、饥馑和死亡强加于生产的最高限制。"③

通过以上论述可以看出，不论是芒图，还是霍布斯鲍姆，均从工业革命爆发后所产生的重要意义和后果方面对其进行了阐释和界定。根据学术界已有的研究成果，并结合工业革命爆发的原因及其过程，可以看出，工业革命亦称产业革命或技术革命，它不像疾风暴雨式的政治革命，而是在经过比较漫长的时期内，从分散在不同行业内的个别发现、发明和变革开始，逐渐和缓慢积累形成，到18世纪中后期，以英国人瓦特改良蒸汽机为标志，逐渐以机器取代人力，以大规模工厂化生产取代个体工场手工生产的一场生产与技术变革。工业革命不仅是生产领域中的一场大变革，也是社会关系和社会结构方面的一场革命，随着工业革命的传播，对整个资本主义的发展起了巨大的推动作用。

二、国内外学术界关于工业革命起因的研究

工业革命为何起源于18世纪中后期？为何率先起源于英国？产生了何种影响？对于这些重大学术问题，国内外学术界进行了大量的专题研究，形成了

---

① 阿诺德·汤因比(Arnold Toynbee，1852—1883年)是阿诺德·约瑟夫·汤因比(Arnold Joseph Toynbee，1889—1975年)的叔叔，叔侄二人皆为英国著名历史学家。在我国学术界，常将阿诺德·汤因比称为老汤因比。

② 蒂莫西·布莱宁：《追逐荣耀：1648—1815》，吴畋译，中信出版集团，2018，第157-158页。

③ 艾瑞克·霍布斯鲍姆：《革命的年代：1789—1848》，王章辉等译，中信出版集团，2017，第34页。

诸多的丰硕成果。从19世纪80年代，英国历史学家阿诺德·汤因比和法国历史学家保尔·芒图对其进行了专题研究，并开设讲座、出版研究专著以来，工业革命已成为历史学研究中的一个重要课题。在此后的较长时期内，对该问题研究的学者不胜枚举，研究成果也不计其数。20世纪60年代，对工业革命的研究热情再度高涨起来。随着亚非拉发展中国家工业化的进展，一些历史学家、经济学家和行政官员企图从欧美国家的工业革命中寻求借鉴，试图把研究历史和解决现实问题结合起来。

鉴于该问题在世界近现代历史发展进程中的重要性，我国史学界也对其进行了深入研究，形成了诸多观点，总括起来，大致如下：

第一种观点认为，英国之所以成为工业革命的故乡，是因为其具备了工业革命所需要的政治、经济和技术前提。具体而言，在政治方面，英国较早地进行了资产阶级革命，确立了资产阶级君主立宪制度，制度的优势为英国进行技术创新和变革提供了前提条件；在经济方面，英国通过圈地运动、金融制度的创设和改革，殖民掠夺等手段，完成了资本原始积累，形成了大工厂所需的大量雇佣劳动力；技术方面，在工业革命爆发前，英国既有分工较为明确、技术水平较高的工场手工业，也有以牛顿提出的万有引力定律为代表的近代自然科学技术的巨大进步，这些都为以后工业的爆发奠定了基础。

第二种观点从市场贸易、文化条件、政府措施以及精神因素等方面阐释了英国工业革命的起因。即，随着英国海外贸易的发展和市场对商品需求的大增，迫切要求进行技术变革，以满足市场的需求；而英国国内自然科学的进步以及政府的重视，如较早颁布了专利法等一系列保护技术和促进工业发展的法案，加之中下层手工业者的创业和奋斗精神，促进了工业革命的兴起。

第三种观点认为，从政治和经济视角入手，并不能充分解释工业革命的起源，而应该从英国独特的社会结构中去寻找答案。工业革命前，英国社会已形成了土地贵族—中产阶级—工资劳动阶层的社会结构。土地贵族在圈地运动的推动下，尤其是在圈地运动的第二个阶段，随着英国城市化和城市人口的增加，需要大量粮食，这就需要改良农业技术；而中产阶级、商人和企业家在经营采矿业过程中，为了提高效率，也需要进行技术变革；此外，英国国内外市场的扩大和贸易需求量的激增，"特别是对殖民地贸易的迅速增长不仅为经济起飞提供了资本形成的来源，而且改变了工业生产的结构"，如棉纺织行业的进步和发展，带动了技术变革，成为工业革命的先导。

第四种观点认为，工业革命之所以发生在英国，是由社会、政治、文化、地理、科学技术和经济发展等多种因素相互作用的综合结果。如英国社会结构具有开放性等特点；地理环境和自然条件优越，尽管英国国土面积狭小，但在新航路开辟后，大西洋沿岸成为世界贸易要冲，对外贸易便利，加之国内河道密布、水运交通发达，且距离海岸线较近、煤铁资源丰富等诸多有利因素，使英国成为近代世界工业文明的中心。

第五种观点认为，工业革命的动力来自人们对财富的追求，即来自人们的贪欲。换言之，在工业革命前，英国社会具备了"既不压制人们的追求，又能把这种追求引导到目标合理的渠道中去"的社会结构。从政治方面来看，自13世纪初《大宪章》问世以来，英国社会就逐渐形成了有利于资本主义产生和发展的环境，特别是在17世纪资产阶级革命后，优势越发明显。除此，"英国与欧洲大陆各国相比有着较为独特的社会结构"。这种政治与社会结构有利于新的社会因素的产生和谋利动机转化为目标合理的社会行动。在上述有利条件的推动下，英国形成了独有的工业民族精神，即马克斯·韦伯所提出的"合理谋利"精神。"合理谋利"精神不仅促进了民族工业的发展，也培育了民族工业精神的形成。

第六种观点，即吴于廑、齐世荣主编的《世界史·近代史编》（下卷）教材认为，工业革命之所以最早发生在英国，是因为其具备了大量财富（殖民掠夺和奴隶贸易所得）和流动人口、人才优势、发达的国内市场、行会制度比较薄弱、地理环境和自然条件优越等优势。

综合学术界研究成果，可以看出，工业革命发生在18世纪60、70年代的英国，绝非偶然，而是多种因素综合的结果。如资本主义制度的确立、有利于资本主义发展的社会环境、优越的地理环境和自然条件、资本原始积累的完成、国内外贸易市场的扩大、手工工场的发达和自然科学技术的进步、以亚当·斯密《国富论》为标志的新经济学理论的出现等，都是促使工业革命爆发的重要原因。

三、工业革命的过程

在英国工业革命兴起过程中，技术创新在两个关键性的行业出现了——棉纺织业和采矿业。按照学者马克斯·韦伯的看法，他认为纺织工业的兴衰决定了西方整个物质的历史。首先出现的是亚麻时代，随后是羊毛时代，再是18世纪棉花的时代。正是由于有了棉花，最早的真正的工厂出现了。

（一）棉纺织行业的技术革新

工业革命兴起于英国，但欧洲最初并不出产棉花。棉花传入及其随后棉纺

织业在英国和其他欧洲国家的兴起与欧洲和印度、非洲、美洲等地的贸易紧密
联系在一起。印度是世界上最早种植棉花的国家，后来棉花种植从印度传到了
地中海各国。棉纺织业传入英国应该是在16世纪末17世纪初，因为关于棉花
产业最早记载可追溯到1601年英国一个地方法庭对一名纺织工的审判记录中。
到1620年，英国已经开始向法国、西班牙、荷兰以及德意志地区出口棉花制
造品。棉纺织业在交通便利、没有行会制度限制的英格兰北部的兰开夏郡快速
发展起来[①]。到17世纪中叶，英国人在曼彻斯特建立了棉纺织工业。

其实，在棉纺织行业进行技术革新之前，毛纺织行业一直是英国非常重要
的传统行业。毛纺织行业是由尼德兰工人引入英国的，此后几百年间，该行业
在英国城乡广泛发展起来，成为英国的民族工业。到16世纪中叶，英国羊毛
织品的输出占全部输出商品的80%。到17世纪初，羊毛品的制造业已普及整
个英国，大约有1/5的人口从事这项事业。

在此，就出现了一个重要问题，既然毛纺织行业是英国的传统产业，那么
为什么工业革命却从棉纺织行业开始？答案是：棉纺织行业是一个新兴产业，
不受行会和政府法规的约束，也不存在生产上的清规戒律，没有传统的阻碍。
因此，具有良好的技术革新的环境。

那么，制约技术变革的行会到底为何物？直到18世纪，手工工业行会依
然是欧洲国家最普遍的制造业组织形式，承担着诸多重要的社会功能，如质量
监控、社会行为规范、社会福利、地位维系、宗教热忱和集体娱乐等。当然，
行会最核心的职能是在特定社区内垄断特定商品的生产[②]。对当时的人们而言，
如果想要学习一门制造技艺，先必须加入某个行会。然后从学徒开始，拜师学
艺，满三年后离开师傅，再继续游历不少于两年时间，主要从事行业社会实
践，即从各类雇主处收集行程证明。经过上述学习程序后，还需回到家乡以满
师学徒的身份再工作两年，然后才有资格将其学徒出师的作品提交给所在行会
进行评审，如能通过，再缴纳一笔不菲的费用，就可以成为一名真正的工匠师
傅了。

从上述可见，从一名学徒成长为一名师傅，不仅要经历漫长的学习时间，
还要经过严格的考核。除此，当时的行会还有许多陈规陋习，如行会为了控制
师傅人数和垄断技艺，对入会成员资格进行严格限制，申请加入者必须是男性

---

① 斯文·贝克特：《棉花帝国：一部资本主义全球史》，徐轶杰、杨燕译，民主与建设出版
社，2019，第42页。

② 蒂莫西·布莱宁：《追逐荣耀：1648—1815》，吴畋译，中信出版集团，2018，第148页。

合法结婚生子的公民，并且有正确的宗教信仰和派别。而从事"不光彩行当"的人，如刽子手、屠夫、制革匠、理发师兼外科医师、牧人、乐手、演员、小贩和乞丐等人均不能加入行会。凡此种种严苛的限制，严重制约了行会的创新与发展，到18世纪，许多行会呈现出僵化和消极的状态——"坚守遭到现实冲击的既有做法，墨守成规、怀疑创新、仇视竞争、敌视外国"。行会对制成品的尺寸和各个生产环节都进行了非常复杂和琐碎的规定，某些规定甚至多达265个段落。

当时，英国毛纺织业的发展就受到了行会的种种制约。行会对每一匹毛料的长度、宽度、折叠、打包、生产过程中的配料、印染、拉长、起毛、整饰等都做了明确规定。除了行会繁琐的规定外，政府在企业中还设有测量员、监察员、检查员，产品出售前还需盖检验合格印，加上制造商标识。政府或行会对产品价格也有严格规定，违规者处以重罚。当然，政府和行会的初衷是为了保证产品的质量，但带来的消极后果就是严重阻碍了本行业领域的技术创新。而作为新兴产业的棉纺织业并未受到行会的诸多限制，这就为后来的技术变革创造了条件。

然而，凡事都有两面性，尽管英国的棉纺织业作为一个新产业未受到行会太多的限制，但就技术而言，则相当落后。在国际市场上，产品质量不及印度，但价格却高出很多，这就导致英国生产的棉纺织品质次价高，没有竞争力，也使当时英国的棉纺织业处境十分艰难。为了求得生存，抵制物美价廉的印度棉布，就必须进行技术革新，提高产品质量，降低生产成本，增强市场竞争力[①]。

除此，棉纺织行业是一个高度劳动密集型产业，从原料生产、加工到最终产品的制成，需要大量劳动力。具体过程如下：

> 种出好棉花是件相对容易的事，但挑选100磅棉铃需要2个工作日，轧花在最好的情况下也得50个工作日，动手舀水、清棉、粗梳又要20个工作日。上述所有努力只能产出8磅的可纺棉花，接下来的纺纱需要25~40个工作日。因此，典型的棉纱每磅需要花费12~14个工作日的劳动。即便其中一些是较为廉价的童工或青少年劳力，这种无趣的工作成本依然

---

① 从17世纪到第一次工业革命之前，英国及欧洲棉纺织业发展缓慢，甚至停滞不前，美国学者斯文·贝克特认为"由于棉花不在欧洲本地生长，产业所需的原料不得不从遥远的地方运来"，即获得原材料困难是主要原因。请参看斯文·贝克特《棉花帝国：一部资本主义全球史》，徐轶杰、杨燕译，民主与建设出版社，2019，第43页。

高昂，代价依然不可避免。与1磅棉花相比，在同一时期将1磅羊毛从原料纺成纱线至多需要1～2个工作日，亚麻是2～5个工作日，丝绸则是大约6个工作日。[①]

由此可见，要想降低劳动力成本，提高生产效率，生产出物美价廉、具有竞争力的棉纺织产品，只有进行技术革新，进行机械化生产才可实现。

英国棉纺织业的重大发明就是织布机。在织布机技术改进前，工人用双手操作，生产数量低，质量差。1733年，机械师约翰·凯伊发明了飞梭，改变了过去用手穿梭的织布操作，工人只要用脚踏动踏板，就可以使梭子把纬线与经线编织起来，从而提高织布效率，还加宽了布的幅度。织布技术改进后，要求纺纱的效率也要相应提高，否则，织布的原料——纱锭供不应求，这就促进了机械纺纱装置的发明。1738年，刘易斯·保罗和约翰·怀亚特发明了滚筒纺纱机并取得了专利权；1764年，詹姆斯·哈格里夫斯发明了以其女儿名字命名的珍妮纺纱机。珍妮纺纱机的发明是棉纺织行业技术革新的一个重要突破，大大提高了纺纱效率，但缺点也很明显，纺出的纱线比较牢固但粗糙。关于珍妮纺纱机的发明过程，大致如下：

事情要从1764年里的一天说起。英国兰开郡有个纺织工叫詹姆斯·哈格里夫斯，那天晚上他回家，开门后不小心踢翻了他妻子正在使用的纺纱机，他第一个反应是赶快把纺纱机扶正。但当他弯下腰时，却突然愣住了，原来他看到被踢倒的纺纱机还在转，只是原先横着的纱锭变成直立的了。他猛然想到：如果把几个纱锭都竖着排列，用一个纺轮带动，不就可以一下子纺出更多的纱了吗？哈格里夫斯非常兴奋，马上试着干，第二天他就造出用一个纺轮带动八个竖直纱锭的新纺纱机，功效一下子提高了八倍。哈格里夫斯新制成的纺纱机以他女儿珍妮的名字命名，是为"珍妮纺纱机"。这是最早的多锭手工纺纱机，装有8个锭子，适用于棉、毛、麻纤维纺纱。珍妮纺纱机的出现引起当时很多其他手工纺纱者的恐慌，他们冲进哈格里夫斯的家里捣毁机器。1768年，哈格里夫斯在诺丁汉与别人合资开办一家纺纱作坊，用珍妮纺纱机生产针织用纱。由于他没有申请到专利，只能自己生产"珍妮机"来赚钱。"珍妮机"不但效率高，而且纺出的纱质量也比较好，因此哈格里夫斯生意不错，"珍妮机"也渐渐流传开来了。

继珍妮纺纱机发明后，英国工匠继续改良纺纱机。1769年，钟表匠理查

---

① 蒂莫西·布莱宁：《追逐荣耀：1648—1815》，吴畋译，中信出版集团，2018，第167页。

德·阿克莱特发明了水力纺纱机，在生产过程中，用水力代替了人力。1771年，阿克莱特建立了第一家装置水力发动机的纺纱厂。不过，水力纺纱机纺出的纱比较精细，易断，不牢固。鉴于珍妮纺纱机和水力纺纱机优缺点明显、各有千秋之特点，在1779年，工人塞缪尔·克朗普顿综合两者之优点，发明了"骡机"，能纺出既结实又精细的纱。

上述发明使得纺纱效率提高了100余倍，这从英国棉花进口数量的激增即可予以印证。1750年，英国棉花进口总量为113.5万公斤，到1787年，接近1000万公斤。棉花进口迅速而惊人的增长，让当时一些英国观察家惊叹——这是"在诸多贸易国的历史上都是绝无仅有的"大事。然而，织布速度并未跟上纺纱速度，于是改良织布机、提高织布效率就成为当时人们积极探索的一件重要事情。1785年，埃德蒙德·卡特赖特发明了"动力织机"（水力织布机），随后又经过多次改进，但该织布机依然存在纱线易断等问题。尽管如此，水力织布机的发明将织布速度提高了40倍。此后，英国出现了用机器生产的大规模织布工厂。与此同时，在棉纺织业的带动下，漂白、染色等行业也开始采用机器。

（二）瓦特改良蒸汽机

随着纺织机的发明，用水力作为动力的机械装置替代了人力，这是人类社会生产力发展水平的一大进步。然而，以水力为动力其缺点亦非常明显，第一需要有丰富的水资源；第二，工厂必须建立在水流湍急的山谷中；第三，受气候（冬季或干旱）影响较大。因此，解决动力问题就显得非常迫切，需求再一次推动了创新。蒸汽动力的发展也经历了一个比较缓慢的过程。17世纪末，由于地表矿层日益枯竭，煤矿挖得越来越深，这就需要水泵排水。1698年，托马斯·萨弗里发明了第一台机械泵，其缺点是效率低下，锡焊的接缝不坚固，无法持续承受蒸汽压力；1705年，托马斯·纽科门发明了"大气热机"，与机械泵相比，效率虽有提高，但运转缓慢，而且对煤的需求量很大。直到詹姆斯·瓦特改良的蒸汽机问世，才真正解决了对人类社会产生重大影响的动力问题。

在近代科学诞生之前的漫长过程中，人类生产活动基本遵循了进行生产活动—总结经验—提炼技术—产生科学这样一个模式，可以说，经验在科学技术发展过程中扮演了重要角色，但也走了不少弯路和错路。而来自英国一个叫格里诺克的滨海小城的詹姆斯·瓦特（1736—1819年），充分利用了欧洲近代自然科学兴起后的研究成果，在对力学、数学、化学等知识进行了认真钻研后，做过系统的实验并仔细计算过气缸的热效能，在此基础上对旧式蒸汽机进行脱胎换骨的改造，发明了能用作发动机的"万能蒸汽机"。瓦特曾在其家乡格里诺克附近的格拉斯哥大学担任教具制造员，在修理学校纽科门热机模型时发现了一种能将生成的所有蒸汽都利用起来的方法，即"既然蒸汽可以膨胀，它就能冲入真空。要是在气缸和排气管之间打通联系，它就会冲进排气管，在管里冷凝，不会导致气缸冷却"。瓦特发现的这种能够避免冷热循环的方法，解决了之前蒸汽机效率低下的问题，并在1769年取得了专利权。

就在瓦特经过艰辛探索，在改良蒸汽机方面取得重大进展的时候，他的人生也遇到了前所未有的困境。1773年，瓦特的合伙人破产了，这不仅使他失去了稳定的收入，而且不得不变卖家产来还债。年仅37岁的瓦特抱怨道："我还有妻子儿女，眼看自己变得雪染双鬓，却没有任何固定的职业来供养他们。"同年秋天，瓦特的家庭又遭遇了巨大变故，他的妻子去世了，留下六个儿女需要他独自一人抚养，真是屋漏偏逢连夜雨。在此情况下，瓦特的一位朋友推荐他到俄国去工作，他说："我眼下有这么多的事情要做，而我又这么贫困。我感觉到非常苦闷。"就在瓦特的人生跌到最低谷时，一名叫马修·博尔顿的工厂主向其伸出了橄榄枝，邀请瓦特与其合作，共同制造蒸汽机。他写信给瓦特："我将为发动机的竣工创造一切必要的条件，我们将向全世界提供各种规格的发动机。您需要一位'助产士'来减轻负担，并且把您的产儿介绍给全世界。"正是马修·博尔顿的极力邀请和鼎力支持，瓦特对蒸汽机进行了持续改进，最终一种真正实用的蒸汽机问世了，这是人类生产技术上的重大飞跃，是认识和利用自然力的重大突破。这一划时代的发明使人类有史以来第一次拥有了完全不受地点约束的动力来源。对此马克思给予高度评价：

> 直到瓦特发明第二种蒸汽机，即所谓的双向蒸汽机后，才找到了一种原动机，它消耗煤和水而自行产生动力，它的能力完全受人控制，它可以移动，同时它本身又是推动的一种手段；这种原动机是在城市使用的，不像水车那样是在农村使用的，它可以使生产集中在城市，不像水车那样使生产分散在农村，它在工艺上的应用是普遍的，在地址选择上不太受地点条件的限制。瓦特的伟大天才表现在1784年4月他所取得的专利说明书中，他没有把自己的蒸汽机说成是一种用于特殊目的的发明，而把它说成是大工业普遍应用的发动机。[1]

---

[1] 蒂莫西·布莱宁：《追逐荣耀：1648—1815》，吴畋译，中信出版集团，2018，第165-166页。

蒸汽机的发明，推动了铁路的建设，而铁路建设又带动了冶炼业和采煤业的发展。早期的铁路建设基本上由矿业公司出资、修建和运营，主要用于运输矿石。1500年左右，在德国的一些矿山中，人们铺设了木轨，运送开采的矿石。和德国相比，英国晚了将近100年。随后，人们逐渐用铁轨取代木轨以增加轨道的承重力。为了提高生铁的产量，1709年，英国人亚伯拉罕·达比在经过多次实验后，发明了焦炭，取代木炭炼铁，再配以鼓风炉，大大扩充了炼铁炉的容积，进而提高了生铁的产量。1784年，亨利·科特发明了"搅拌法"，不仅可以将生铁转化为可锻铸铁（熟铁），而且炼出的铁杂质少、纯度高。随着炼铁技术的发明和应用，英国的生铁产量成倍增加，1806年的生铁产量比1740年增加了将近15倍。冶炼业的发展促使煤的出产量快速增长，在苏格兰、兰开郡和约克郡开凿了许多新的煤井。1700年，英国煤产量为260万吨，到1790年则增加至760万吨，1795年超过了1000万吨。煤铁产量的剧增不仅促进了机器制造业的快速发展，而且推动了农业和交通运输业的技术革新。由此可见，工业革命的过程实际上就是一项发明带动另一项发明的过程，它们之间相互促进、相互推动，最终引发了各工业部门之间的连锁反应，形成了机器生产的完整体系。

四、工业革命的扩散

尽管第一次工业革命兴起于英国，而且为了保持对技术的垄断，英国颁布了禁止机器和图纸出口的法令，加之欧洲大陆政治动荡，战争频仍。但这些不利因素仍未能阻止工业革命所带来的技术革新跨过英吉利海峡，传播到欧洲大陆，乃至遥远的北美大陆。"近水楼台先得月"，法国成为欧洲大陆第一个发生工业革命的国家。1815年拿破仑帝国覆灭后，法国走上了工业革命的快速之路，到19世纪50年代，以轻工业为主的第一次工业革命逐渐完成，开始向以重工业为主的第二次工业革命转变。

欧洲大陆另一个重要国家——德国，由于长期处于四分五裂的状态，严重阻碍了工业化进程，直到19世纪30年代中期，德国工业革命才开始起步，但发展迅速，如克虏伯家族在1835年安装了第一部发动机，1837年，在巨大的鲁尔煤田开挖了第一批矿井等。1871年，德国完成国家统一后，在第二次工业革命的推动下，取得了远比英法等国更大的成就。

几乎与德国同步，在19世纪30、40年代，工业革命的浪潮越出了西欧和中欧，扩展到了东欧的俄国。当时的俄国处于沙皇专制制度和封建农奴制度统治之下，加之技术落后、资本积累不足，故工业革命的进展步履维艰。从19

世纪40年代开始，在俄国的一些棉纺企业中开始采用机器，建立工厂。在1861年，沙皇颁布了解放农奴制的法令后至19世纪80年代，俄国工业革命的进程开始大大加快，机器生产在轻工业部门中得到了快速普及，在冶铁、交通运输和铁路建设等重工业方面也取得了长足进展。但从整体来看，地区发展不平衡、技术落后、效率低下是俄国工业革命的重要特征。

对美国而言，虽与欧洲距离遥远，但工业革命起步较早，而且，由于美国拥有得天独厚的地缘优势和自然条件，也没有旧行会的束缚。独立战争后，尤其是第二次英美战争后，美国国内政局稳定，世界各地移民源源不断涌入，1790—1850年，美国人口增加了6倍多，从400万跃升到2300万之多，这些有利条件促使美国工业革命快速发展。19世纪30—50年代，在棉纺织业、毛纺织业、面粉业、食品业、服装业等行业已普遍使用机器。几乎与此同时，冶铁业也取得了快速发展。南北战争后，美国摧毁了南方落后的奴隶制度，建立了统一的国内市场，更为重要的是，从美国建国后，就不断通过购买和武力抢占等手段扩大领土。领土的不断向西扩展，既为美国进行工业革命提供了丰富的原料和商品销售市场，也奠定了工业化的深厚基础。

五、第一次工业革命的影响[①]

第一次工业革命兴起于英国，随后扩散和传播至世界其他各地，产生了重要影响。学者们对此多有论述，英国历史学家艾瑞克·霍布斯鲍姆认为，发端于英国的工业革命"无论如何都很可能是自农业和城市发明以来，世界历史上最重要的事件"[②]。美国经济史学家戴维·兰德斯认为，工业革命是自轮子发明以来最重要的技术革新。乔纳森·克拉克则评论道："工业革命不是一个事件，也不是一种现象，而是很久之后才被用于纪念前现代性与现代性之间所谓分水岭的历史学术语：在法国，大革命终结了旧制度，在英格兰，也应该有个工业革命来做同样的事情。"[③]

从后来世界历史发展进程来看，工业革命所产生的重大影响的确如上述学者们所言。仅就英国而言，作为工业革命的起源地，在"三四十年前（1815

---

① 关于英国工业革命的影响，可参看钱芳华：《改革开放40年来英国工业革命研究述评》，《淮南师范学院学报》2019年第1期。亦可参看郝时远、王建娥主编《世界民族·文明与文化》（第四卷）第九章第四节："工业革命对现代世界的深远影响"，中国社会科学出版社，2013，第202–207页。

② 艾瑞克·霍布斯鲍姆：《革命的年代：1789—1848》，王章辉等译，中信出版集团，2017，第35页。

③ 蒂莫西·布莱宁：《追逐荣耀：1648—1815》，吴畋译，中信出版集团，2018，第173页。

年之前，笔者注），在这个国家从事贸易、制造和商业的人在帝国的知识领域、财富领域、影响面或人口中都只占有微不足道的比重。在此之前，英国基本上是农业国。但从当时到现在，国内外贸易的增速不同凡响，已经把商业提升到了前所未有的重要地位，它从未在任何国家取得过这么大的政治权力和影响力，这一改变主要源于将棉花贸易引入该国的机械发明。这一制造业现象引发的直接效应是不列颠帝国的财富、工业、人口和政治影响力快速增长；而且，也正是依靠上述成果的帮助，在面对或许有史以来世界上最可畏的军事力量、最邪恶的大国（法国）时，帝国才得以与其斗争25年"[1]。

　　工业的深入发展和持续扩散，对欧美国家及世界其他国家产生了重大而深远的影响。就生产方式而言，以机器生产代替了手工劳作，不仅大大提高了劳动效率，创造了更多的财富，而且引起了生产结构的重大变化，即由手工工场向大工厂工业转变，从而开创了大机器生产的时代。

　　就社会结构而言，在工业革命的冲击下，欧美国家社会结构发生了重大变化。随着城市和中产阶级的普遍兴起，中产阶级经济地位的变化不仅使其拥有比以往更大的政治权力和社会地位，促使他们在政治、经济和社会中扮演着越来越重要的作用，而且最终取代了旧贵族成为新社会的主导阶级。此外，工业革命大大提高了劳动强度和劳动时间，并使劳动日益单一化。社会日益分裂为两大对立阶级——工业资产阶级和无产阶级，仅以与工业革命紧密相关的棉纺织行业为例，就可看出无产阶级（工人阶级）人数的快速增长。到1860年，在德意志地区有棉业工人25万余人，法国棉花产业大约雇用了20万工人，在美国有12.2万人，在俄国大约为15万人；1861年，在英国有44.6万人从事棉花产业；1867年，西班牙的棉花工人约为10.5万人[2]。可以说，第一次工业革命带动了棉纺织行业的工业化，也使棉纺织业成为促进劳动力无产阶级化或雇佣工人人数最多的行业之一。无产阶级的产生为后来的工人运动及其科学社会主义理论的产生提供了土壤。

　　就西方国家及世界经济而言，工业革命大大提高了生产效率，生产出了更多的产品，需要更为广阔的销售市场。因此，以亚当·斯密（1723—1790年）和大卫·李嘉图（1772—1823年）为代表的经济学家所提出的自由主义经济

---

　　① 转引自蒂莫西·布莱宁：《追逐荣耀：1648—1815》，吴畋译，中信出版集团，2018，第174页。

　　② 斯文·贝克特：《棉花帝国：一部资本主义全球史》，徐轶杰、杨燕译，民主与建设出版社，2019，第161页。

理论取代了资本原始积累时期所提倡的重商主义经济学理论。为了生产和销售越来越多的产品，英国等欧洲国家越来越重视开拓海外贸易和海外市场，世界市场也开始初步形成，从新航路开辟以来，人类社会由分散、孤立、闭塞的状态向全球化和一体化迈出了坚实的一步。

就社会思想和人们的思想而言，工业革命大大加快了近代欧美诸国城市发展进程，城市人口迅速增长，人们的生活方式和思想观念也随之发生变化。工业革命使人类改造自然和社会的能力大大提高，使人感觉"人定胜天"。但物质的大量富余和人民的相对贫困，使社会矛盾加剧，革命思潮汹涌。英国等国通过改革实行"民主"，使近代国家体制真正产生；工业社会时代的平民更加贫困、环境污染、犯罪等新的社会问题层出不穷。

就世界格局而言，工业革命极大地提高了社会生产力，促使资本主义国家经济快速发展，从而巩固了资本主义各国的统治基础。工业革命引起的技术进步和生产能力的提高，大大改变了西方世界与非西方国家和地区之间的力量对比，确立了欧洲在技术和经济上的绝对优势。在大机器和大工业生产面前，亚非拉诸国传统农业社会的生产技术和生产水平彻底失去了竞争力。西欧诸国大量的廉价商品涌入亚非拉国家和地区，对当地传统手工业和社会结构带来了巨大冲击，世界市场初步形成，不仅密切了世界各地之间的联系，也深刻地改变了世界面貌，确立了资产阶级对世界的统治。随着技术的革新和经济力量的增强，西方国家征服世界的能力也大大加强。以英国为首的西方列强，凭借坚船利炮，加紧对广大亚非拉国家和地区的殖民掠夺，殖民地人民更加贫困，世界格局也由此发生了巨大变化——使东方从属于西方。对此，美国学者塞缪尔·亨廷顿做了如下描述：

> 15世纪结束时，摩尔人被赶出了伊比利亚半岛，葡萄牙人开始了对亚洲的渗透，西班牙人开始了对美洲的渗透。在其后到50年间，整个西半球和亚洲的重要部分都被置于欧洲的统治和控制之下。18世纪末，欧洲首先撤回了对美国，而后又撤回了对海地的直接控制，然后大部分拉丁美洲起而反对欧洲的统治，并获得了独立。然而，19世纪后半叶重整旗鼓的西方帝国主义扩大了西方对几乎整个非洲的控制，巩固了西方在南亚次大陆和宇宙其他地区的控制，到20世纪初，除土耳其以外的整个中东实际上都直接或间接地受西方的控制。18世纪，欧洲人或前欧洲的殖民地控制了地球表面土地的35%，1914年，这一数字达到了84%。到1920年，当奥斯曼帝国被英国、法国和意大利瓜分时，这一比例进一步提高。

1800年，英帝国包括150万平方英里的土地和2000万人口。到1900年，维多利亚女王时代的日不落帝国包括了1100万平方英里的土地和3.9亿人口。在欧洲扩张的过程中，安第斯和中美洲的文明被有效地消灭了，印度文明和伊斯兰文明同美洲文明一起被征服，中国受到渗透并从属于西方的影响。只有俄国、日本和埃塞俄比亚这三个在高度中央集权的帝国权威统治下的文明得以抵制西方的冲击，并维持了有意义的独立存在。400年间的文明关系是由其他社会对西方文明的从属所构成的。[①]

第二节　第二次工业革命

18世纪60、70年代，兴起于英国的第一次工业革命扩散和传播至欧美诸国及世界各地，产生了重大影响，推动了世界历史进程的发展。大约一个世纪后，到19世纪60、70年代，第二次工业革命兴起。第二次工业革命主要"是指19世纪末领先行业从棉纺和制铁业转向钢铁、化学和电力行业。随着领先行业的转移，工业发展也从英国向德国和美国转移，这两个国家在新技术领域已大大处于领先地位"[②]。这次工业革命以重工业为主，因此，与第一次工业革命相比，产生更为直接和更加深远的影响，不仅深刻地改变了欧美诸国的社会组织形式（垄断组织的出现）和生产结构，促进了世界市场的最终形成，而且导致西方列强掀起了新一轮瓜分世界的狂潮。

一、第二次工业革命兴起的原因

第一次工业革命兴起后，由于采用大机器生产，致使社会生产力水平大大提高，这就为以重工业为主的第二次工业革命进行技术革新奠定了坚实的物质和经济基础。此外，19世纪中后期，欧美诸国通过资产阶级改革或革命，在一定程度上消除了社会不公正现象，缓和了社会矛盾，扫除了资本主义发展的障碍，确立了资本主义制度。如英国在1832年和1867年进行了民主化改革，俄国在1861年进行了解放农奴制的改革，日本在1867至1868年爆发了明治维新，美国在1861至1865年经历了南北战争，德国和意大利在19世纪60、70年

[①] 转引自郝时远、王建娥主编《世界民族·文明与文化》（第四卷），中国社会科学出版社，2013，第205页。

[②] 于尔根·奥斯特哈默：《世界的演变：19世纪史》（第三卷），强朝晖、刘风译，社会科学文献出版社，2016，第1217页。

代相继完成了国家统一。上述主要资本主义国家改革或革命，以及资本主义制度的最终确立，为第二次工业革命的顺利开展提供了良好的社会环境和制度保障。

除上述原因外，19世纪中后期，西方列强疯狂的殖民掠夺以及西方各国对国内内政的改革，为资本主义发展提供了充足的资本。随着国内统一市场的开辟和国外市场的开拓，资本主义世界市场基本形成，为工业经济的进一步发展提供了广阔市场，也为技术革新提供了强大动力。

二、第二次工业革命的主要内容

第二次工业革命以电力的广泛应用为主要标志。电力的广泛应用使人类从蒸汽时代跨入电气时代。19世纪60、70年代，一系列电气发明开始问世。随着发电机和电动机的发明，随着电灯、电话、电焊、电车、电报等大量出现，电力开始广泛应用于工业生产和社会生活之中。电力的广泛应用不仅是人类社会能源结构的一次大变革，也促使一系列新兴工业和产业问世。

内燃机的出现和应用不仅是第二次工业革命期间技术革新的一大突破，也是本次工业革命的重要内容。德国工程师对内燃机的发明做出了巨大贡献。1876年，德国人奥托制造出小型内燃机；1883年，德国工程师制造出以汽油为燃料的内燃机；1892年，德国工程师狄塞尔发明了以柴油为动力的内燃机。内燃机的发明解决了交通运输工具的发动机问题，促使汽车、飞机、轮船、石油开采等工业部门的兴起和发展。

化学工业的兴起与发展也是第二次工业革命的重要内容。在19世纪中期以后，制碱、化学肥料、有机化学药物、天然染料的人工合成以及人造纤维、塑料和炸药等新技术纷纷出现，而电力广泛应用于化学工业为化工技术的发展开辟了新的前景。

三、第二次工业革命的主要特点

和第一次工业革命相比，第二次工业革命具有显著的特点。首先，第一次工业革命实际上是资本主义工业化的早期阶段，当时技术革新的主要内容是发展以纺织业为代表的轻工业，实现资本主义生产由手工工场制向近代工厂制的过渡和转变。第一次工业革命以一系列纺织工具的发明、改进和推广为起点。而第二次工业革命则是改造、扩大和创建重工业，最终确立了大工业在国民经济中的主导地位。由此可见，第一次工业革命以轻工业为主，而第二次工业革命则以重工业为其显著特征。

其次，在第一次技术革命中，自然科学同技术革新之间的联系并不明显。

换言之，科学与技术尚未真正结合，当时许多重要的技术发明都是一些不具备科学理论知识的工匠根据自己长期的实践经验而取得的发明成果。到第二次工业革命时，情形则大不一样了，自然科学的蓬勃发展已日益显示出其推动社会经济进步的强大能力。这时，自然科学不但已经赶上了工业和技术的发展，能够在理论上满足实践的需要，而且还走到了生产的前列，成为技术革命的先导，进而促使整个工业技术体系发生了崭新变化，在社会经济发展中发挥了重要作用。其中，作为第二次工业革命标志性成果——电力技术是电磁理论的直接产物。自然科学技术的重大突破与技术革新紧密结合是第二次工业革命的重要特征。总之，第一次工业革命时，科学理论与技术结合并不紧密，而在第二次工业革命时，很多重大技术革新均是在科学理论的指导下完成的。如英国科学家法拉第在1831年成功地发现电磁感应现象，并提出了发电机的理论基础，使电力工业得以建立。

最后，第一次工业革命最先发生在英国，重要的新机器和新生产方法都是在英国发明的。在世界范围内，就地域而言，第一次工业革命以英国为中心，而第二次工业革命几乎同时发生在几个先进的资本主义国家。当第二次工业革命在19世纪60—70年代开始蓬勃兴起时，除英国、美国北部和法国已接近完成第一次工业革命外，其他国家正处于方兴未艾时期，故对一些后进的国家来讲，两次工业革命是交叉进行的。

四、第二次工业革命的影响

第二次工业革命不仅极大地促进了社会生产力的发展，而且引起了人类社会在经济、政治、思想和国际关系等各领域发生了重大变化。

第一，在经济领域。促使资本主义生产方式发生了巨大变化——垄断组织开始出现了。如果说第一次工业革命的主要后果是确立了工厂制，那么，在19世纪后半期和20世纪初，工业发展的主要后果则是确立了垄断制。垄断形成的主要原因是生产和资本的高度集中。一方面，创办和经营规模巨大并采用先进技术装备的企业，需要巨大的资本。大工业不仅是资本和生产大规模集中的产物，而且是紧随其后的下一轮更大规模资本集中过程的新起点。另一方面，随着企业单位的扩大，引起了资本和生产的进一步集中，在此基础上，又导致了更大规模企业的建立，这是一个循环出现的过程。当资本和生产集中到一定阶段，就会形成为数不多、旗鼓相当的超大型企业。由于它们之间彼此竞争、火并，无论对哪一方来说，都会遇到很大的困难和风险，而彼此联合起来，则比较有利。在此情况下，垄断便会日益普遍地建立起来，并最终在国民经济生活中占据支配地位。此外,在经济结构和能源结构方面也发生了巨大变化,即工业所创造的财富在国民经济中所占比例越来越大,其重要性也日益凸显。就能源结构而言,电力、煤炭和石油作为主要能源,对整个国民经济所起的作用日益重要。此外,第二次工业革命从根本上改变了全球范围内贸易的性质,先前彼此孤立的贸易区和商路,最终汇集成一个世界规模的商品贸易市场,进而建立了世界范围内的分工和交换关系。具体为:欧美诸国凭借其强大的经济、技术和军事优势,使"所有的东方民族从属于西方",在此基础上建立起了一种以西方为主导,其他国家和地区属于外缘或从属,且具有掠夺性质的世界经济结构。

第二,在政治领域。第二次工业革命促使欧美等主要资本主义国家经济快速发展,但主要资本主义国家之间的发展并不平衡。如在19世纪后30年,美国和德国的工业生产发展最为迅速,而英国和法国的发展则相对较为缓慢。工业发展速度的快慢以及由此而引起的各国经济增长速度亦不平衡,具体体现在国家实力上,则是国家综合实力的此消彼长。而国家实力的变化势必引起国际格局和国际体系的变动。在19世纪70年代以后,随着美国、德国和日本的崛起,大英帝国的世界霸权在全世界范围内受到了巨大挑战,进而迫使英国不得不放弃长期实行的光辉孤立战略,开始与法国和俄国结盟,以应对德国咄咄逼人的挑战。在19世纪后30年,随着三国同盟和三国协约两大军事同盟的出现,对之后欧洲,乃至整个世界均产生了重大影响。

第三,在思想领域。西方国家在近代开始构建全球殖民体系的过程中,不仅摧毁和压抑各殖民地和半殖民地民族的古代文明,而且将自己的文化(包括语言、宗教、生活方式、政治制度、法律体系等)也强加到殖民地民族身上。西方殖民者凭借强大的经济和军事实力取得了对落后国家和地区的征服,促使"白人至上""西方文化中心论"以及种族主义思想和观念的形成,尤其是在19世纪后30年,主要资本主义国家在政治、经济和科学领域里发生了巨大变化,不可避免地在社会政治思想领域产生了深刻影响。原先在资产阶级思想界盛行的功利主义和自由主义思想日渐式微,取而代之的则是反映从自由竞争向垄断阶段过渡时期资产阶级的要求和愿望。这一时期,出现的典型思想理论或学派有:赫伯特·斯宾塞(1820—1903年)的社会达尔文主义(借用达尔文的生物进化论来解释人类社会的基本构成和行为准则)、弗里德里希·威·尼采(1844—1900年)的唯意志论(主要包括"强力意志说"和"超人学说")、德国经济学家威廉·罗雪尔(1817—1894年)等人创立的德国历史学派（对以英国经济学家亚当·斯密为代表的"古典学派"和经济自由主义学说提出了批判，提出政治经济学、主张国家在国民经济发展中的重要作用等）和奥地利学派（反对德国"历史学派"用经济史、统计资料和经济政策取代理论经济学，主张建立纯粹的经济学）。

第四，在社会领域。19世纪后期，随着第二次工业革命的深入发展，主要资本主义国家工业呈现出飞速发展态势，与之相适应的则是工人阶级队伍的快速壮大和社会政治领域内出现的巨大变化。一方面，面对工人人数激增、工人运动再度兴起和工人政党的成立，为了应对这种新变化，主要资本主义国家通过社会立法形式，改善工人处境，完善社会保障体系，缓和社会矛盾；另一方面，为了适应第二次工业革命后国家出现的诸多新发展趋势，主要资本主义国家在政治领域也随之进行了大刀阔斧的改革和调整，呈现出行政权力不断膨胀、国家机器日益强化、政府结构更加完善、政治民主进一步扩大、两党政治正式形成、资产阶级代议制开始从欧美向亚洲扩散等特点。

第三节　"双元革命"及各种思想学说的兴起

从文艺复兴时代开始的思想变革，奠定了欧洲近现代政治思想的基础。18世纪中后期爆发的工业革命和法国资产阶级革命，以及由此而引发的一系列社会变革，引起了人们对国家、社会和个人权利及其相互关系的深入思考和探讨。其中，英国历史学家艾瑞克·霍布斯鲍姆在其所著的《革命的年代：1789—1848》一书中，将其称为"双元革命"。法国资产阶级革命及拿破仑战争引发了欧洲政治形势的巨变，而工业革命则引起了社会结构的巨变。在此情况下，欧美诸国原有的社会结构已无法适应产生的新形势，为了解决工业革命之后社会所出现的新问题和新矛盾（如1825年，英国爆发了由于生产过剩而导致的经济危机），以英国为首的欧美诸国要么通过改革，要么通过资产阶级革命加以解决。与此相对应的则是各种思想学说的兴起，如"工人""工人阶级""工业社会""社会主义""共产主义""资本主义""自由主义""功利主义""经济危机"等诸多新名词的出现，就是这一时期社会发生巨变的折射和反映。总而言之，"自1815年到1848年和1871年，在思想、尖锐分析和预言方面的这一伟大运动把人们的思想意识由政治转移到社会上来"[1]。

一、自由主义学说

自由主义思想源于自然法的观念，在 17 世纪英国资产阶级革命中首次被提出，在 18 世纪法国启蒙思想家那里得到进一步的发展。这一时期自由主义的理论基础是个人主义，主要采取自然权利和社会契约的理论形式，从抽象的人性论出发维护个人权利，反对君主专制和宗教迫害，主张法治、分权、宪政以及代议制民主。

（一）法国自由主义思想

19 世纪，法国主要自由主义思想家是邦雅曼·贡斯当（1767—1830 年）和阿列克西·德·托克维尔（1805—1859 年）。邦雅曼·贡斯当是法国政治思想家和政治活动家、波旁王朝复辟时期资产阶级自由派领袖，主要论著有《论宗教》和《立宪政治教程》。贡斯当反对君主专权和雅各宾主义，主张人身自由、宗教信仰自由、言论自由和财产享用自由。但他所强调的自由是有限制的自由，即是有产者在经济生活中的个人自由，贡斯当认为，财富就是力量。因此，自由是一种特权，只能由有产者享有，国家应尊重私人的财产权，国家权力也应该由拥有财富的资产阶级掌握。

继贡斯当之后，以研究法国大革命著称的托克维尔也是自由主义思潮的代表人物。在其著述的《论美国的民主》和《旧制度与大革命》中，他对民主、自由和平等提出了自己的解释。如在《论美国的民主》中，托克维尔不仅提出建立一个新世界，就必须有新的政治理论，而这个政治理论就是关于民主的基本原理之观点[2]，而且辩证分析了民主的核心内容——自由与平等之间的关系，即，由于平等带给人们的好处立竿见影，远快于自由带给人们的效果，因此，在民主制度下，平等的社会价值高于自由。但极端的平等和过分的政治自由则会危害社会肌体和损害个人自由[3]。

关于自由，托克维尔在追溯和回顾法国大革命进程时，非常痛心地问道："同样是这些法国人，由于哪些事件，哪些错误，哪些失策，终于抛弃了他们的最初目的，忘却了自由，只想成为世界霸主的平等仆役；一个比大革命所推

---

[1] 费尔南·布罗代尔：《文明史：人类五千年文明的传承与交流》，常绍民、冯棠、张文英、王明毅译，中信出版集团，2017，第 410 页。

[2] 托克维尔：《论美国的民主》（上卷），董果良译，商务印书馆，2013，序言第 3 页。

[3] 对自由与平等关系的论述，可参看托克维尔：《论美国的民主》（下卷），董果良译，商务印书馆，2013，第 677-681 页。

翻的政府更加强大、更加专制的政府，如何重新夺得并集中全部权力，取消了以如此高昂代价换来的一切自由，只留下空洞无物的自由表象……取消了思想、言论、写作自由——这些正是1789年取得的最珍贵、最崇高的成果。"如何避免出现类似的现象呢？托克维尔认为："只有自由才能在这类社会中与社会固有的种种弊端进行斗争，使社会不至于沿着斜坡滑下去。"因为，唯有自由才能使公民摆脱孤立，变得伟大，促进社会的进步。相反，"没有自由的民主社会可能会变得富裕、文雅、华丽，甚至辉煌，但在此类社会中是绝对见不到伟大的公民，尤其是伟大的人民的"①。

（二）英国自由主义思想

英国是最早开始工业革命和工业化进程最快的国家。自由主义思想在英国得到了最大的发展。功利主义和古典政治经济学是英国自由主义理论的两个最主要的组成部分。

杰里米·边沁（1748—1832年）是功利主义思想首倡者。边沁生活在英国的一个中产阶级家庭，父亲是一位律师。其自幼聪慧颖悟，接受了良好的教育，并接触到了很多优秀思想家。他一生热衷于法律研究，并坚持批判英国当时混乱不堪的法律体系，倡导以功利主义思想为指导完善英国的法律体系。

功利主义思想提出的背景与当时英国社会发生的巨变有密切关系。"君子喻于义，小人喻于利"，故"功利主义"从字面意义上看似乎是一个贬义词。而边沁从当时英国社会实际以及整个国家和社会福祉出发，提出用功利主义思想改造社会。当时的英国虽在1688年光荣革命之后确立了议会主权，但议会实际上在土地贵族的控制之下。新生的工商业资产阶级和广大劳动群众处于政治的边缘。到19世纪中叶，西方社会进入了工业社会，给整个社会带来了翻天覆地的变化，但也对当时西方国家的政治秩序和社会秩序带来了巨大的挑战。一方面，工商业资产阶级掌握着大量的经济资源和先进的科学技术，却面临着政治上无权的尴尬现状，因此，他们竭力渴望打破现有的政治格局，逐步获取政治权力，以保护自己的既得利益；另一方面，随着工业化的深入进行，给社会带来了另一个重大变化——城市化，这深刻地改变了人们的生活方式、生产方式、交往方式和思维方式。同时，城市中林立的工厂也催生了一个崭新的阶级——工人阶级。这一新的阶级人口数量非常庞大，他们辛苦工作为社会创造财富，却过着衣食无着的生活。社会财富急剧增加，贫富差距不断拉大。

---

① 托克维尔：《旧制度与大革命》，冯棠译，商务印书馆，2017，前言第32-33页，第35-36页。

因此，新生的工商业资产阶级还要处理好同工人阶级之间日益尖锐的社会矛盾。英国素来有温和的政治传统，他们看到了法国大革命对社会造成了巨大的破坏，因此，带给他们更多的是恐惧而不是激情，所以他们选择了改良主义路径。而当时人们对科学和理性的日渐崇拜也为他们的改良主义提供了思想基础。边沁就是在此社会背景下提出了自己的功利主义思想，以此作为改造英国社会的良方。

边沁提出："所谓功利，意即指一种外物给当事者求福避祸的那种特性，由于这种特性，该外物就趋于产生福泽、利益、快乐、善或幸福……或者防止对利益攸关的当事者的祸患、痛苦、恶或不幸……假如这里的当事者是泛指整个社会，那么幸福就是社会的幸福，假如是具体指某个人，那么幸福就是那个人的幸福。"①换言之，边沁认为个人是组成社会的基础，社会是一个抽象的存在，社会利益的基础是个人利益，个人利益的总和构成了社会利益。所谓功利主义，就是凡事要考虑个人利益，要把个人利益当作一切行动的出发点，并且不能因社会利益而放弃个人利益。功利主义最基本的政治观点是，一种好的政治设计应该以增进社会的整体福利为目的。功利主义以政治制度的效用作为评价标准，凡是可以用来增进社会利益的制度都是有效用的制度。

边沁还认为，人都有趋利避害的本能，而正是人自身的这种本能决定了人的一切行动。而人们趋利避害的目的是追求幸福生活和维护自身利益。在此情况下，对于政府而言，就要尽最大可能地增加每个人的幸福，至少是"最大多数人的幸福"，这也是功利主义的根本目的。政府能做的就是不要妨碍个人去追求幸福和帮助扫平一切威胁到人类幸福的祸患，维护"最大多数人的幸福"也是政府存在的主要意义。

如何才能实现"最大多数人的幸福"呢？边沁认为法律是一种促使人们按照幸福最大化原则行动并阻止他们采取相反行动的有效工具，故应通过国家立法手段来实现。只要法律的制定者严格遵循功利主义原则，制定的法律必定有效且会得到人们的认同。因为人们认识到服从法律可趋利避害，故政府要通过奖惩手段来保证法律的威严得到贯彻。社会的完善需要一个漫长的过程，所以犯罪现象不可避免，而法律存在的重要目的就是"禁人为恶"，对那些违反法律并从获利的人必须给予惩罚。这样，人们就不会明知故犯，最终实现社会稳定以及最大多数人的幸福。

除边沁外，其学生——约翰·斯图亚特·密尔（1806—1873年）是英国

① 夏文强:《论边沁的功利主义思想》,《哈尔滨学院学报》2017年第4期,第35页。

另一位自由主义理论大师。他在1848年出版的《政治经济学原理》一书中提出，如果政府不解决经济和社会问题，不向公民提出具体的解决方案，就不可能建立一种自由主义的政治制度。同时，密尔不仅对传统的自由主义价值观进行了革新，而且提出了社会财富分配的途径。1859年，密尔在出版的《论自由》一书中，进一步讨论了政府干预与公民自由之间的关系问题。他认为："文明社会的核心是政府的政治权力与被管理者的自由之间的关系问题。"在1863年出版的《论代议制政府》一书中，密尔提出应建立一种更广泛的议会代表制，让每个公民不仅可以在权利的行使方面提出自己的意见，而且还可以切实地参加到管理中来，行使地方性和全民的政治职能。只有全民参与的代议制政府，才是能够充分满足社会生活需要的政府。

古典政治经济学亦为英国自由主义思想的重要组成部分。其代表人物是亚当·斯密，他是英国古典经济学家、哲学家、经济学的主要创立者，被誉为"古典经济学之父""现代经济学之父"。在1776年出版了被公认为是现代经济学的奠基之作——《国民财富的性质和原因的研究》（简称《国富论》）。该书全面系统地阐述了经济自由、分工理论、货币理论、价值理论和分配理论，对民富与国富之间的关系进行了研讨。斯密认为："每个人，只要他不违反正义原则，就可以完全自由地以自己的方式追求自身利益，就可以完全自由地以自己的勤奋和资本与他人即任何阶层的人的勤奋和资本相竞争。"[①]《国富论》是政治经济学史上一部划时代的伟大巨作，被誉为"第一部系统的伟大的经济学著作。"该书的出版也标志着经济学作为一门独立的学科诞生了。纵览亚当·斯密的主要观点和贡献，可总结如下。

一是对政治经济学的发展做出了巨大贡献，将其上升为一门独立的学科。亚当·斯密对政治经济学进行了阐释和界定，即"政治经济学，视为政治家或立法者的一门科学，企求两个目的：第一，要让人民有充足的收入或生活物资，更确切地说，就是要让人民能够为自己提供充裕的收入或生活物资；第二，要让国家有充裕的收入支应各项公共服务。简单地说，政治经济学是一门探讨如何裕民又富国的学问"[②]。

二是批判重商主义贸易理论。亚当·斯密认为重农主义和重商主义对自由贸易都有不同程度的限制，其中重商主义过分追求贸易顺差，进而影响和限制

<hr/>

[①] 郝时远、王建娥主编《世界民族·文明与文化》（第四卷），中国社会科学出版社，2013，第224页。

[②] 亚当·斯密：《国富论》，谢宗林、李华夏译，中央编译出版社，2011，第333页。

了国家之间的自由贸易。因此，他提出除国防所必需的特种产业和本国产品亦需在本国课税的产业外，生产者应发挥市场"看不见的手"的作用，在此过程中，政治家和立法家不能用权力去指导私人投资营业。对其他产业而言，为防止外国商品输入而对其进行政策上的课税，既破坏了贸易自由，也影响了国内关税的收入，最终会阻碍本国产业发展。

三是主张自由贸易。亚当·斯密极力主张自由贸易，反对政府干预微观经济贸易活动和反对垄断。对此，他进一步解释道："对能与本国产物和制造品竞争的所有外国商品的进口加以限制，显然是为了生产者的利益而牺牲了消费者的利益。"

四是阐述了政府与市场之间的关系。发挥"看不见的手"在自由贸易中的作用是亚当·斯密的自由经济学的核心观点，但需要说明的是，他并非全部排除政府在经济活动中的作用。亚当·斯密认为，政府是市场经济的"守夜人"，其具有三项职责："一是保护本国社会的安全即国防开支；二是保护每一个社会成员不受其他社会成员的侵害与压迫及司法开支；三是建立和维持某些公共机构和公共工程。"①在讨论政府职责过程中，亚当·斯密看到市场在某些方面的失灵和市场无法有效地提供诸如教育、公路桥梁等公共工程和公共机构。因此，为了保证经济秩序的有条不紊，以及维持市场的有效运转，必然要求政府发挥"守夜人"职能，进而确保克服市场失灵所带来的消极影响。

五是论证了衡量国家财富的标准。亚当·斯密认为，货币不等于财富，生活在不同环境中的人们，对财富的衡量标准是不同的。随后，他进一步指出："财富不在于货币或黄金和白银，而在于用货币购买的东西，并且货币的功用仅在于可用来购买其他东西。"②

二、科学社会主义理论的诞生

19世纪40年代诞生的马克思主义，即科学社会主义理论一经产生，就成为指导社会变革及进行社会主义革命和实践的划时代重大理论，其对人类社会发展和历史进程的推动具有重要意义并产生深远影响。

（一）科学社会主义理论创立的历史背景

任何一种理论的产生都离不开当时的社会环境或土壤，科学社会主义理论也不例外。其实，最初的社会主义思想，既没有政治性，也不是社会组织的特

---

① 刘征汇、赖熹姬：《政府与市场的关系及其角色定位——基于亚当·斯密〈国富论〉的文本研究》，《企业改革与管理》2021年第22期，第20页。

② 亚当·斯密：《国富论》，谢宗林、李华夏译，中央编译出版社，2011，第341页。

定方式,而是一种社会思想和一种价值观念。这种价值观念集中体现在16、17世纪欧洲空想社会主义先驱者——英国的托马斯·莫尔(1478—1535年)著述的《乌托邦》、意大利托马斯·康帕内拉(1568—1639年)的《太阳城》、约翰·凡·安德里亚(1586—1654年)的《基督城》等文献中。这些著作的共同特点是通过构想一个美好的社会而批判现实社会的不平等。直到19世纪30年代,社会主义才具有批判资本主义、改善和改造社会的含义,成为社会和政治术语中的一部分。19世纪40年代,马克思和恩格斯创立了科学社会主义理论。当时,资本主义制度在西欧一些主要国家已经确立,资本主义基本矛盾也充分暴露,是科学社会主义产生的经济条件。随着第一次工业革命的进行,资本主义快速发展,但其固有的生产社会化同生产资料私人占有之间的矛盾日益激化。1825年英国爆发了资本主义发展史上的第一次经济危机,到1847年演变成世界性经济危机,其波及范围越来越广,破坏性也越来越大,这就为人们深入思考和科学认识资本主义本质提供了可能,也为科学社会主义理论的诞生创造了社会经济基础。

此外,现代无产阶级的形成,无产阶级和资产阶级斗争的尖锐化,无产阶级作为一支独立的政治力量登上历史舞台以及工人运动的空前高涨,是科学社会主义产生的阶级基础。工业革命产生的重要后果之一便是"整个社会日益分裂为两大敌对的阵营,分裂为两大相互直接对立的阶级:资产阶级和无产阶级"[1]。随着力量的增强和斗争意识的觉醒,无产阶级已逐渐认识到剥削和压迫工人阶级,并造成其困境的根源并非机器或个别资本家,而是资本主义制度。要想推翻资本主义制度,就需要无产阶级联合起来进行斗争,这就迫切需要革命理论的指导,这也为科学社会主义理论的形成提供了现实依据。因为在马克思看来,人类解放首先需要"主体觉悟","手脚的解放"需要"头脑的解放";"正是由于头脑的解放,手脚的解放对人才具有重大的意义,因为大家知道,手脚只是由于它们所服务的对象——头脑——才成为人的手脚"[2]。马克思主义理论正是无产阶级实现自身解放、人类实现自身解放的"头脑"。

科学社会主义理论的诞生既离不开当时的时代背景,也离不开人类有史以来的全部优秀文化成果。以黑格尔和费尔巴哈为主要代表的德国古典哲学、以亚当·斯密和大卫·李嘉图为代表的英国古典政治经济学,以及以圣西门、傅立叶和欧文为代表的空想社会主义学说则是科学社会主义理论产生的思想条件

[1] 马克思、恩格斯:《马克思恩格斯选集》(第1卷),人民出版社,1995,第273页。
[2] 马克思、恩格斯:《马克思恩格斯选集》(第1卷),人民出版社,1995,第88页。

或直接理论来源。

（二）科学社会主义理论的创立

科学社会主义理论的奠基人是卡尔·马克思（1818—1883年）和弗里德里希·恩格斯（1820—1895年）。马克思于1818年5月5日出生于德国莱茵省特利尔城的一个犹太人家庭，其父是一位自由主义律师，充满了启蒙学派精神。在父亲的影响下，青年时代的马克思熟读启蒙思想家约翰·洛克、狄德罗和伏尔泰的著作，爱好历史和哲学。1835年，他考入波恩大学，一年后转入柏林大学法律系。1841年，马克思大学毕业，不久就取得了博士学位。

恩格斯于1820年11月28日出生于德国莱茵省巴门市一个工厂主家庭。1837年，由于其父的坚持，恩格斯中学尚未毕业就被送到巴门市一个商业营业所当办事员，一年后又被送到不来梅的一家贸易公司任职。但恩格斯对经商毫无兴趣，他利用空闲时间阅读和学习了宗教、哲学和政治学方面的著作，开阔了视野，并写出了不少政论文章，深刻揭露了专制制度和宗教神学。1841年秋，他到柏林服兵役；1842年11月，恩格斯到英国曼彻斯特他父亲开办的工厂去当职员。在赴英途中，他与马克思进行了短暂的会面。1844年8月，恩格斯从曼彻斯特回国途中，在巴黎第二次会见了马克思，两位伟大革命导师志同道合，从此结下了深厚友谊，开始共同创立科学社会主义理论。

在19世纪40年代初期，马克思的哲学观点是唯心主义，政治立场是革命民主主义。大学毕业，走出校园进入社会后，1842年至1843年，马克思担任《莱茵报》的主编；1843年10月，他迁居法国巴黎。在马克思担任《莱茵报》主编和迁居巴黎后，他经常深入工人群众中进行调查研究，积极参加工人集会，投身到反对封建专制和争取民主的斗争中，亲身体验和仔细观察了当时的社会问题，并进行了深入思考，撰写了一系列政论文章，从理论上对黑格尔哲学进行了批判。在此过程中，马克思的哲学观和政治观都发生了转变：从唯心主义转向了唯物主义和共产主义。恩格斯在英国期间，目睹了工业革命后英国社会发生的巨变——资本主义蓬勃发展和工人阶级的贫困，以及二者之间的激烈斗争。随后，他相继撰写了《大陆上社会改革运动的进展》和《政治经济学批判大纲》等理论文章。这些著述表明恩格斯也完成了向唯物主义和共产主义思想的转变。

马克思和恩格斯在完成哲学观和政治观的转变后，二人合作，创立了唯物主义历史观。1845—1846年，二人合著的《德意志意识形态》全面反映了历史唯物主义理论体系，即"这种历史观就在于：从直接生活的物质生产出发阐述现实的生产过程，把同这种生产方式相联系的、它所产生的交往形式即各个不同阶段上的市民社会理解为整个历史的基础，从市民社会作为国家的活动描述市民社会，同时从市民社会出发阐明意识的所有各种不同理论的产物和形式，如宗教、哲学、道德等等，而且追溯它们产生的过程"①。

在创立唯物主义历史观的过程中，马克思对政治经济学进行了深入研究。在1867年，马克思发表了《资本论》第一卷，完成了剩余价值学说，揭示了资本主义制度最隐秘的剥削方式。并且通过对资本主义生产方式内在矛盾的分析，预测了资本主义必然灭亡的历史趋势，概括了未来共产主义社会的基本特征。唯物主义历史观和剩余价值学说是揭示资本主义生产的"两个伟大的发现"。正是由于这些伟大的发现，社会主义从空想变成了科学。

（三）《共产党宣言》的发表与马克思主义基本原理

1847年11月底至12月初，共产主义同盟举行了第二次代表大会。大会委托马克思和恩格斯"起草一个准备公布的详细的理论和实践的党纲"②。大会闭幕后，马克思和恩格斯立即开始起草宣言，其中恩格斯撰写了《共产主义信条草案》和《共产主义原理》。在此基础上，马克思执笔写成了《共产党宣言》，并于1848年2月在伦敦首次出版发行。

《共产党宣言》第一次较为完整系统地阐述了马克思主义的基本原理。它"以天才的透彻而鲜明的语言描述了新的世界观，即把社会生活领域也包括在内的彻底的唯物主义、作为最全面最深刻的发展学说的辩证法，以及关于阶级斗争和共产主义新社会创造者无产阶级肩负的世界历史性的革命使命的理论"③。《共产党宣言》阐释了无产阶级斗争学说；阐明了社会发展的客观规律，论证了资本主义必将被共产主义所取代的历史命运；阐述了共产党的性质、目的和策略原则；驳斥了对共产主义的种种污蔑，批判了形形色色非科学的社会主义思潮。《共产党宣言》是国际共产主义运动的第一个纲领性文件，它的问世不仅标志着科学社会主义理论的诞生，也标志着马克思主义形成过程的完成。

① 马克思、恩格斯：《马克思恩格斯选集》（第1卷），人民出版社，1995，第92页。

② 马克思、恩格斯：《马克思恩格斯选集》（第1卷），人民出版社，1995，第248页。

③ 列宁：《列宁选集》（第2卷），人民出版社，1995，第416页。

第五章
19 世纪主要资本主义国家的改革与革命

19 世纪中期，工业革命席卷了整个欧洲，并向全球扩展。工业革命产生了多方面的深远影响，一些国家为了解决内部矛盾和摆脱统治危机，以及适应工业革命发展的需要，纷纷掀起了变革——英国议会改革、德国统一、美国内战、俄国农奴制改革、日本明治维新。这些重大国际事件的发生不仅使这些国家走上了现代化道路并快速崛起，而且使资本主义制度在世界范围内迅速发展。

第一节　英国议会改革

一、英国议会改革的背景

在拿破仑战争期间，英国工业革命持续进行，因战争和封锁，英国与欧洲大陆之间的贸易受到了很大的影响。但就在法国大革命几乎将整个欧洲大陆国家卷入其中时，英国则借机扩大了与欧洲大陆以外的其他国家和地区之间的贸易，如在美洲，除美国外，英国几乎垄断了与拉丁美洲之间的贸易。1815 年，随着战争的结束，英国与欧洲大陆之间的贸易再次活跃起来，尤其是在维也纳和会上，英国以条约形式获得了大量海外殖民地，进一步巩固了其在全球的殖民霸权地位。

随着海外市场的不断扩大和对外贸易的急剧增加，以棉纺织行业为龙头，带动了英国其他行业的快速发展，如采煤业和冶金业等重工业部门也在快速扩张。英国原棉消耗量从 1800 年的 5200 万磅增加到 1840 年的 45590 万磅，生铁产量从 1720 年的 25000 吨增加到 1840 年的 139640 吨，煤产量从 1770 年的 260 万吨增加到 1836 年的 3000 万吨。1814 年，史蒂芬建造了第一个火车头；1825 年，英国建成了第一条铁路；1829 年，从曼彻斯特到利物浦的铁路全线通车。

就在英国经济飞速发展、工业革命如火如荼进行时，一些社会重大问题也随之开始出现，从1815年至1819年期间的局部经济危机最终演变成一场全面经济危机。1825年的经济危机使英国各工业部门受到了很大的冲击，生产和销售以及国民收入增长均明显降低，这表明"工业资本主义经济首次出现了大波折"。更为重要的是，这次经济危机所产生的严重后果体现在社会领域，就是经济大变革给民众带来了巨大痛苦和不满，进而产生了社会革命的因素。在英国，社会革命的具体表现形式就是宪章运动。

大工厂的建立是工业革命的鲜明标志，而工厂制度的确立不仅完全改变了工人的地位，也促使工人阶级和无产阶级的产生。工业革命给工人阶级带来了苦难——随着工厂的建立，包括妇女和儿童在内的大量工人被卷入劳动力市场，不仅承受着高强度工作，但收入微薄，甚至无法养家糊口，而且居住环境恶劣。如"1833年，格拉斯哥棉纺织厂的1.2万名工人中，每周平均工资超过11先令的工人只有2000名。在曼彻斯特的131个棉纺织厂中，每周平均工资不到12先令，只有21个工厂的工资超过12先令"[1]。对此，恩格斯在1845年撰写的《英国工人阶级状况》中淋漓尽致地描写了当时产业工人的悲惨状况。

最倒霉的是那些不得不和新采用的机器竞争的工人。他们生产的商品的价格是由机器生产的同样商品的价格来决定的，而因为机器生产比手工生产便宜，所以和机器竞争的工人得到的工资是最低的。在旧式机器上工作的工人，如果他不得不和最新式的改良了的机器竞争的话，他的遭遇也是一样。当然，另外还有谁会来负担这种损失呢？工厂主既舍不得扔掉旧机器，又不愿意受到损失；对死的机器是没有什么办法的，于是他就在活的工人身上，在整个社会的替罪羊身上打主意。在这些不得不和机器竞争的工人中间，生活得最坏的是棉纺织业中的手工织工。他们得到的工资最少，甚至在有足够的工作时，一星期所挣的钱也不超过10先令。动力织机一个跟一个地从他们那里夺取了织物业的各个部门；此外，手织业又是在其他劳动部门中失掉工作的一切工人的最后的避难所，因而在这里总是人手过多。所以，一个手工织工平时一星期能挣六七个先令就算是幸运的，甚至要挣这个数目，他每天就得在他的织机上工作十四个小时到十八个小时。此外，大多数的织品都需要一个潮湿的工作地点，为的使纬纱不致老是断掉，这样，一半由于这个原因，一半也由于工人穷，租不起好房子，手织作坊中地下几乎从来都是既不铺木板，也不铺石板的。我访问过

---

① 艾瑞克·霍布斯鲍姆：《革命的年代：1789—1884》，王章辉等译，中信出版集团，2017，第48页。

不少手工织工；他们住的房子都是在最破落最肮脏的大杂院和街道里，通常总是在地下室中。往往是五六个织工住在一座只有一两间工作室和一间大的公用卧室的小宅子里，而且他们中还有些是已经结了婚的。他们的食品几乎光是土豆，有时有点燕麦粥，牛奶很少见，肉类就几乎从来看不到。①

与此形成鲜明对比的是，资本家、银行家和工厂主这些富人们却"事事如意"，他们不仅能筹集到所需的资金、强制紧缩通货，而且将剥削工人所得的财富和税收"捞入自己的腰包"。当时一位英国历史学家写道："利润依然丰厚，足以在棉纺织制造业中积累大量资本。"于是，在英国形成了一幅极具讽刺且不和谐的社会画面，一方面，富人依靠饥寒交迫的人民大众积累财富；另一方面，民众的忍饥挨饿与富人们的财富累积如影随形。因此，赤贫的工人阶级和"那些行将沦为一无所有、心有怨气的小资产阶级"对工业革命后的社会产生了严重不满，开始进行斗争和反抗。起初，工人简单地认为，是机器导致了他们生活陷入了悲惨的境地。因此，他们开始捣毁机器，以反抗资本家的剥削和压迫，即为英国工运史上的"卢得运动"。但随着工人阶级自主意识的增强，工会组织开始出现，团结和领导工人阶级进行罢工和起义。1819年8月16日，在英国曼彻斯特的彼得广场发生了"彼得卢屠杀"②。屠杀事件发生后，"应该赋予'平民'以什么样的地位就成为愈来愈多地吸引英国公众关注的问题。很清楚，民众不满的根本原因在于'贫困'，现有的救济制度明显不足以阻止工人阶级'诉诸骚乱手段'以达成自己的目的。尽管有彼得卢大屠杀试图震慑，而且确实也在某种程度上震慑住了工人阶级的事实，但统治阶级仍然对

---

① 张笑宇：《商贸与文明：现代世界的诞生》，广西师范大学出版社，2021，第407—408页。

② 彼得卢屠杀是发生在英国曼彻斯特彼得广场上的一场流血惨案。1815年，反法战争结束后，英国国内经济凋敝，政府日趋反动，导致人民强烈不满。激进派要求民主改革，并于1819年8月16日在彼得广场举行8万人集会，要求改革选举制度，废除《谷物法》和《禁止工人结社法》等。大会邀请激进的政治改革家亨利·亨特讲话，曼彻斯特市政长官命令军警逮捕亨特，遭到群众反对。事先聚集在会场上的军警和骑兵立即出动，肆意砍杀和践踏手无寸铁的群众，致使数十人死亡、数百人受伤。事后亨特等多人以谋叛罪被监禁两年。英国政府于同年11月颁布六项法案，禁止集会、游行和限制出版自由等。当时英国人以滑铁卢战役为喻，将英国军队屠杀手无寸铁的平民事件称为"彼得卢屠杀"。

他们增加了的社会力量感到担忧"[1]。

阶级不平等和社会压迫导致的问题如此严重，甚至连当时的资产阶级也注意到了这个问题。尼·布哈林和叶·普列奥布拉任斯基在《共产主义ABC》中描述了当时法国产业工业的具体情况。

> 法国近几十年来，工人从资产阶级那里学会了人工节制生育：或者完全不生孩子，或者不多于两个。工人们极端贫困，以致很难或者根本不可能养活大的家庭。结果，法国的人口几乎没有增长。法国资产阶级感到兵源不足了。它大声疾呼："民族要灭亡了！德国人口增长比我们快！他们的士兵要比我们多！"顺便说说，即使参军的那些士兵，也是一年比一年糟糕：身材矮小，肺部虚弱，气力单薄。于是资产阶级"顿时慷慨起来"：亲自起来坚决主张为工人阶级进行某些改善，使之恢复一下元气，多生一些孩子。要知道。如果把母鸡杀了，那它就再也不会生蛋了。[2]

面对工业革命后国内出现的诸多问题，欧美诸国执政者要么通过改革，要么面临民众的革命。对此，他们选择了前者。其中，在19世纪20、30年代，英国在激进民主派的要求下通过议会改革来缓和社会矛盾。在此期间，欧洲其他国家，如西班牙、希腊、比利时在法国大革命和工业革命的双重影响下，均发生了革命，尤其是1830年法国爆发的七月革命，对整个欧洲影响巨人，也促使了英国推动国内政治改革，即英国历史上1832年的议会改革。

二、1832年英国议会改革

为了平息国内民众不满情绪，缓和社会矛盾，1832年6月，英国议会终于通过了改革不合理选举制度的法案。该法案规定，降低选举资格标准，城市居民凡年收入在10镑以上的房户主和年租在10镑以上的房客均有选举权；农村中年收入在10镑以上的土地所有者和年收入在50镑以上的租地农业家也取得了选举权。同时取消了56个人口不到2000人的"衰败选区"以及这些选区原有的111个代表名额。将32个小的选举城镇的代表名额各减少1名，并对143个代表名额重新做了调整，增加了在工业革命过程中新兴起的大城市如曼彻斯特、伯明翰等城市的代表名额。这次改革涉及英国议会选举制度的变化，使工业资产阶级获得了参加政权的机会，也适应工业革命后社会发生的变化，具有

---

① 伊曼纽尔·沃勒斯坦：《现代世界体系（第四卷）——中庸的自由主义的胜利：1789～1914》，吴英译，社会科学文献出版社，2013，第56页。

② 张笑宇：《商贸与文明：现代世界的诞生》，广西师范大学出版社，2021，第409页。

明显的积极进步意义。

三、1867年英国议会改革

到19世纪中期，英国已经完成了第一次工业革命，国力大增。依靠其强大的商品制造能力，居于"世界工厂"的地位，在对外贸易方面，英国也居于世界主导和垄断地位。此时，英国占有的殖民地面积高达1100万平方公里，人口多达1.5亿，成为名副其实的世界殖民霸权国。

尽管在19世纪中期，英国成为世界上首屈一指的强国和富国，但贫富分化问题愈加突出，工人处境依然艰难。在1832年议会改革之后，英国政府相继出台了一些法令，解决社会问题。如在1834年颁布了新的《济贫法》，以救济失业的穷人，但这些改革或法令并未从根本上触及社会问题。此后，工人阶级为了进一步改善生活条件，继续推动工人运动发展，1834年2月，英国正式成立了"全国各业统一工会"，几乎包括了英国全国各行各业的工人；1836年6月，又成立了"伦敦工人协会"。这些工人组织的成立，团结和壮大了工人力量，他们试图用合法手段为自己争取权益，以改善其生活条件和处境。但在19世纪40至60年代，由于工人阶层内部的分化和英国资产阶级的强大，工人运动逐渐消沉下去。但英国议会中的两党制（在1832年英国议会改革后的年代里，托利党和辉格党分别改名为保守党和自由党）日益成熟，在自由党和民众的推动下，1867年7月15日，英国议会通过了改革法案。这次改革与1832年议会改革内容基本一致，都是为了改革不合理的选举制度，扩大民众的选举权。法案进一步降低了低收入者选举的财产资格，取消了46个人口稀少的"衰败选区"，合理分配选举名额等。

总之，在经过1832年和1867年两次议会改革之后，英国的选举制度更加完善，通过取消"衰败选区"，使选举名额分配更加科学合理；通过降低低收入者的选举财产资格，扩大了选民选举范围；同时，也带来了英国议会中的权力结构的调整和变化，对以后英国两党政治的变化产生了深远影响。

第二节 德国的统一

在世界近现代历史舞台上，像德国这样既对世界文明做出重要贡献，又对世界造成巨大危害的国家可谓罕见。正如《大国崛起·解说词》所言：

德意志联邦共和国，欧洲中部最大的国家，这片土地饱受古典音乐的浸润滋养，散发着古典哲学的理性光芒。这里曾经是第二次工业革命的发祥地，以现代大学和科技发明闻名于世，也曾经是两次世界大战的发源地，以惊人的破坏力，伤害了世界，也伤害了自己。而这一切，都源于这个民族对长期分裂和战乱的集体记忆。统一和强大，成为德意志发展的最大动力。在近两百年来追求国家统一的曲折历程中，在这片一再让世人惊叹的土地上，曾经上演了怎样的悲喜剧。①

一、德国统一前国家概况

（一）"三十年战争"至17世纪末德国分裂情况

1648年"三十年战争"结束后，欧洲各主要参战国签署了《威斯特伐利亚和约》，以法律形式确立了德意志的分裂局面。到17世纪末，德意志境内诸侯林立，各霸一方，说不清有多少个国中之国。当时，德意志有一句谚语就恰如其分地说明了当时国家分裂的局面："一年有多少天，德意志境内就有多少个国家。"此言不假，其实际数字比一年的天数还要多。当时国家全境有360个小邦国、1000多个骑士领地，每一个邦国和领地自成一体，有自己的军队，称王称霸，展开了激烈斗争。

（二）18世纪初至18世纪60年代德国分裂情况

1815年，拿破仑帝国灭亡后、英、俄、奥地利和普鲁士等国在维也纳召开国际会议，决定建立一个"德意志邦联"。"德意志邦联"的建立虽使德意志数目众多的邦国有所减少，但仍包括34个邦国和不来梅、汉堡、卢卑克、法兰克福4个自由市。邦联只有一个由各邦代表组成的邦联会议，而无统一的中央集权政府，各个邦国在政治和外交上都具有独立性，不是一个统一的国家。因此，消除分裂，实现国家统一，是近代德意志民族亟待解决的重大历史课题。正如德意志诗人歌德所言："没有一个城市，甚至没有一块地方，使我们坚定地指出，这就是德国。如果我们在维也纳这样问，答案是，这里是奥地利；如果我们在柏林提出这个问题，答案是，这里是普鲁士。德意志在哪里？这个历史性的问题，拷问着每一个德意志人的心灵。"

二、德国统一的政治和经济背景

19世纪，发源于英国的工业革命扩展至德意志，大大推动了其经济的发展。19世纪30年代，德意志以铁路建设为先导，开始了工业革命。1835年，

---

① 任学安、陈晋等:《大国崛起·解说词》,中国民主法制出版社,2007,第112页。

德意志第一条铁路开通，从纽伦堡到福尔特，长约6公里。到1850年，德意志铁路长度超过了法国，其中普鲁士铁路长度为2967公里；到1860年，德意志铁路总里数上升到11175公里，而普鲁士为5762公里。优先发展重工业，是德意志经济发展的一个重要特点。克虏伯钢铁公司以及柏林的波西格机车厂在1860年就已经闻名世界了。铁路建设是德意志工业革命的发动机，不仅促进了德意志工业的发展，而且带动了煤炭、炼铁、炼钢和机械工业的发展与整合，成为德国第一次工业革命的标志性事件。1835—1845年，普鲁士大多数铁轨是进口的，但是到19世纪50年代，欧洲很多国家的铁轨都是德意志制造的。1839年，德意志制造了第一台机车，到19世纪中叶，德意志大多数邦国都发展了机车制造业。1851年，普鲁士生铁产量为14.8万公吨，1860年为39.5万公吨，1866年为80.4万公吨。到19世纪中叶，德意志化学工业雇佣人员达3万多人，规模仅次于英国和法国的化学工业。经过19世纪60—70年代的发展，德国日益成长为世界上最大的化学工业基地[1]。

然而，德国四分五裂、诸邦林立，严重阻碍了经济的发展，因此，德国迫切需要一个统一的国内市场。当时，德意志不同的邦有不同的国籍法，不仅大大限制了邦与邦之间的人口流动，使煤铁资源丰富的少数工业中心难以得到充足的劳动力，而且各邦拥有不同的货币、不同的度量衡制度和不同的工商业法律，这些阻碍了商品的流通。从下述史料中就可看出当时德国的分裂对经济发展所造成的严重影响。

在汉堡的关税博物馆中，陈列着当年德意志各邦国使用的一些货币。最多的时候，这片土地上使用的货币种类达到6000种。除了混乱的货币，邦国之间还设立了重重关卡，收取繁重的关税，从柏林到瑞士，现在不过几个小时的车程，但在19世纪初，却要经过10个邦国，办10次手续，换10次货币，交10次关税，沿途缴纳的关税，甚至超过所运货物的价值。[2]

国家分裂导致缺乏集中而强大的国家政权去保护海外贸易，国家分裂也阻碍了德意志开拓海外市场、建立海外殖民地。因此，国家分裂状况越来越成为经济发展的障碍，经济发展要求把统一问题提到日程，为统一创造条件，尤其

---

[1] 关于德国统一前夕普鲁士的工业发展情况,请参看马克垚主编《世界文明史》(中册),北京大学出版社,2004,第238-240页。

[2] 任学安、陈晋等:《大国崛起·解说词》,中国民主法制出版社,2007,第116页。

是德意志资产阶级对统一的要求非常强烈。

除此之外，德意志广大民众也渴望早日结束分裂局面。尤其是意大利的统一激发了欧洲各国民族主义者的热情和斗志，与其处境相似的德意志反应尤其强烈。因为就19世纪中叶德国和意大利两国的国情来看，德国统一的基础条件要远高于意大利。具体而言，在第一次工业革命的推动下，德意志各邦的经济实现了快速发展，整体国力大大增强；随着1833年3月德意志关税同盟的成立，德意志各邦初步实现了经济和贸易一体化；德意志民众受教育程度、社会文化水平均高于意大利。那么，为什么意大利已接近完成统一，而德国的统一却迟迟没有取得突破呢？于是，在德意志境内，民众的民族主义和自由主义情绪日益高涨。1832年，"德意志支持言论自由爱国主义协会"成立，包括一些政界要员在内的民主和自由派人士纷纷呼吁，要求实现国家统一。到19世纪50年代末期，德意志逐渐形成了一个由政治家、经济学家和历史学家等著名社会人士组成的民族联盟。这些社会名人著书立说，从理论方面进行论证，从舆论方面进行呼吁——德国早日实现国家统一的必要性和重要性。如在1859年8月由民族主义自由派成立的"民族联盟"就提出：废除德意志邦联，建立一个中央集权的政府，并将所有的政治和军事权力移交给普鲁士，实现国家统一等。

三、德国统一的方式

统一是人心所向、大势所趋。问题在于通过什么方式或道路以及由谁来领导实现国家的统一。对此，在德国内部，出现了两种激烈争论和两种方案——大德意志与小德意志之争；宪政道路与王朝道路之争。

所谓大德意志与小德意志之争简单地说就是普鲁士和奥地利对统一主导权的争夺。奥地利主张"大德意志方案"——建立一个从北海到地中海的大德意志国家，不仅包括德意志诸邦，还包括比利时、荷兰、匈牙利和罗马尼亚等国家；将德意志邦联改造成德意志帝国，统一行使外交、经济和军事权力，确保奥地利在未来帝国中居于主导地位。而普鲁士坚持的"小德意志方案"——未来组成的联邦应排除奥地利，以普鲁士国王为中心，再选择其他6个邦共同组成德意志帝国。

如果说大德意志与小德意志方案的分歧在于由谁来领导德国统一，那么，宪政道路与王朝道路之争则在于统一的方式。宪政道路主张通过发展议会政治，以自由主义改革创造有利于统一的国内外环境，即以民主宪政方式自下而上地完成民族统一；王朝道路则主张依靠现有的强邦——普鲁士或奥地利，利用它们积累的经济和军事实力，以自上而下的方式实现统一。

四、俾斯麦与德国的统一

最终，普鲁士依靠其强大的经济和军事实力，加之普鲁士宰相俾斯麦的卓越才能，决定了只有普鲁士王朝有力量完成统一任务，也决定了统一只能走"自上而下"的王朝战争之路。

奥托·冯·俾斯麦（1815—1898年），出身于德国勃兰登堡省的一个容克地主家庭，柏林大学毕业后，曾在政府部门担任公职。俾斯麦是19世纪德国卓越的政治家，普鲁士王国首相（1862—1871年在位），德意志帝国首任宰相（1871—1890年在位），人称"铁血宰相"。在其担任普鲁士王国首相期间，通过战争完成了德国的统一，在外交上纵横捭阖，成为19世纪下半叶欧洲政治舞台上的风云人物。1890年3月被德皇威廉二世解职，著有回忆录——《思考与回忆》。

其实，早在1859年，俾斯麦就对德国的统一提出了自己的构想："普鲁士的天然边界，至少应该达到波罗的海、北海、莱茵河、阿尔卑斯山和康斯坦茨湖。"为此，普鲁士必须主导完成德国的统一，德意志境内的"中小邦国不再是独立的国家"。为了实现上述宏伟目标，俾斯麦需要对维也纳体系所构建的欧洲国际秩序和领土进行调整，并且使其他欧洲大国予以默认。同时，排挤奥地利，争取德意志邦联中其他邦国的支持，收编德意志民族运动人士，说服或强迫议会中的自由派，确保为日后德国统一所需的军事行动提供必要的资金支持[1]。俾斯麦担任普鲁士首相后，开始一步步实现自己的构想。

（一）铁血手段，解决宪法纠纷

因普鲁士国王腓特烈·威廉四世患有严重的精神疾病，不能理事，故1858年由其弟威廉摄政，1861年继位为国王，称威廉一世（1861—1888年在位）。威廉一世是一位有作为的君主，掌权后决心用武力来实现国家的统一，因而热衷于军事改革，以增强普鲁士的军事力量。然而，威廉一世所制定的军事改革计划在议会中遭到了否决和阻力，进而引发了宪法纠纷。就在威廉一世所推行的军事改革受阻之际，他决定任命俾斯麦为宰相，来解决这一难题。1862年9月20日，俾斯麦抵达柏林，两天后同意就任普鲁士宰相。

俾斯麦上任后不久，在9月29日的议会预算委员会上宣称："德意志所瞩目的不是普鲁士的自由主义，而是它的威力。……普鲁士必须积聚自己的力量

---

① 布伦丹·西姆斯：《欧洲：1453年以来的争霸之途》，孟维瞻译，中信出版集团，2016，第208页。

并将它掌握在手里以待有利时机。……这种时机已被错过好几次。维也纳条约所规定的普鲁士国界是不利于健全的国家生活的。当代重大问题不是通过演说与多数决议所能解决的——这正是1848和1849年所犯的错误，而是要用铁和血来解决。"①

如果说9月29日俾斯麦在议会预算委员会上的讲话是对议会中的反对派一种警告的话，那么接下来俾斯麦就用铁血手段来解决宪法纠纷了，他宣称："普鲁士不是英国，这里的内阁不向议会负责；在发生宪法纠纷时，只有国王有权力决定一切。"并在1862年10月宣布解散议会，开始了无议会统治时期。没有议会的阻拦后，俾斯麦开始大刀阔斧推行军事改革计划——未经议会同意，擅自征税，强行推行军事改革；压制舆论，限制新闻出版自由。

（二）纵横捭阖，创造有利于国家统一的外部环境

普鲁士地处欧陆中心，地缘政治非常重要，每一个国家既可能成为敌人，也可能成为潜在的盟友。而列强之间的猜忌和敌意永无休止，左右逢源的普鲁士自然会成为各方求助的对象，于是就可以不断地从中挑选出出价最高者，利用每一次冲突最大限度地扩张国家利益，逐步接近统一的目标。因此，俾斯麦深刻认识到运用外交手段，以保持外交政策的灵活性，为德国统一创造最有利的外部环境关系重大。他长期担任普鲁士驻外使节，洞悉德意志诸邦和欧洲各大国的基本情况。1851—1858年，他连续担任普鲁士在法兰克福议会的全权代表，对德意志各邦的情况有充分了解；1852年，他临时代管维也纳使馆，对奥地利政局有深入了解；1859—1862年，他担任驻俄大使，与沙皇亚历山大二世（1855—1881年在位）交往密切，从而洞悉克里米亚战争后俄国的艰难处境；1862年5月他转任驻法大使，与法国皇帝拿破仑三世（1852—1870年在位）多次会谈，对拿破仑三世好大喜功、软弱无力以及法国外强中干有彻底的了解。

具有丰富外交经验和智慧的俾斯麦，在德国统一前夕，在欧洲外交舞台上长袖善舞，充分施展权术，充分利用列强之间的矛盾为己所用。"在要求力量平衡的欧洲各国中，俾斯麦进行了一场淋漓尽致的外交表演。他通过各种方式保证英国袖手旁观；他支持俄国镇压波兰起义，以换取俄国的沉默；他口头同意把卢森堡、比利时等土地并入法国，以换取法国的中立。在俾斯麦看来，历史从来没有什么不变的原则，没有任何国家可以结盟，也没有任何国家不会成

① 艾伦·帕麦尔：《俾斯麦传》，高年生、张连根译，商务印书馆，1982，第98页。

为本国的敌人。"①在外交上用足了政治智慧之后，俾斯麦终于可以实现他的铁血誓言了。

（三）发动王朝战争，实现国家统一

在德国统一过程中，先后经历了三次对外战争，分别是普丹战争、普奥战争和普法战争。

普丹战争：在德国统一过程中，普鲁士发动的第一场战争是对丹麦作战。战争因两国围绕石勒苏益格和荷尔斯泰因领土纠纷而起。石勒苏益格和荷尔斯泰因两公国地处易北河下游地区与日德兰半岛的交界处，曾经是神圣罗马帝国的组成部分。数百年来，该地为丹麦人和日耳曼人混居，其管辖权究竟归谁，历来众说纷纭。在中世纪以来的大部分时间内，两公国均在丹麦控制之下，1815 年维也纳会议以条约形式确认了这一既成事实，但德国人拒不接受这一裁定，这也为以后两国爆发战争埋下了伏笔。1863 年底，丹麦国王颁布了一部新宪法，将石勒苏益格划入丹麦版图，同时限制荷尔斯泰因的特权，这一决定激怒了德意志人。

就在普鲁士和丹麦围绕石勒苏益格和荷尔斯泰因两公国的归属权而剑拔弩张时，俾斯麦已下定决心使用武力解决问题。在说服威廉一世后，俾斯麦向奥地利提出联合对付丹麦的建议，为了不将德意志统一的领导权拱手相让，奥地利只好同意。得到奥地利的支持后，普鲁士借之前波兰危机与俄国交好，借英法关系不睦，得到了法国的默许，英国虽想干预，但奈何孤立无援。至此，丹麦只能独自面对强大的普奥联盟了。在做足了外交准备后，俾斯麦决定向丹麦开战。

1864 年 1 月，普奥联合向丹麦提出取消新宪法未果后，同年 2 月 1 日，普奥联军宣布对丹麦作战，由于欧洲其他列强作壁上观，而丹麦国小力弱，很快战败。8 月初，普奥两国与丹麦签署《维也纳和约》，根据该和约，丹麦放弃了石勒苏益格和荷尔斯泰因的一切权益，交由普奥两国处理。从此，德意志与丹麦之间关于石勒苏益格和荷尔斯泰因两公国的争端变成了德意志内部问题。

普奥战争：在对丹麦作战结束后，普奥两国就因如何瓜分战利品而发生了争执。从 1864 年 8 月开始，普鲁士国王威廉一世和奥地利皇帝弗兰茨·约瑟夫一世（1848—1916 年在位）在申不伦会晤，商讨如何处理石勒苏益格和荷尔斯泰因问题。由于双方意见分歧严重，同年 8 月 21 日，普奥两国签署了《加施泰因协定》。协定规定，两公国归普奥共同所有，但在行政管理上，石勒苏益

---

① 任学安、陈晋等：《大国崛起·解说词》，中国民主法制出版社，2007，第 122 页。

格由普鲁士管理，荷尔斯泰因由奥地利管理，但普鲁士有权在荷尔斯泰因开凿运河、修筑铁路和铺设电缆。《加施泰因协定》中关于石勒苏益格和荷尔斯泰因两公国的混乱安排，正是俾斯麦的诡计，因为协定可提供"只要欧洲的政治形势许可便随时可用来发动战争的借口"①。

将奥地利排除出德意志邦联，由普鲁士领导完成国家统一是威廉一世和俾斯麦等普鲁士决策者的既定国策。对丹麦战争结束后，俾斯麦展开了多边外交，以孤立奥地利。因为他深知，德国统一会改变中欧地缘政治，也彻底破坏了欧洲列强在维也纳会议上对欧洲秩序的安排，如果普鲁士发动对奥地利的战争，其他欧洲列强是不会坐视不理的。因此，在俾斯麦的推动下，普鲁士与英国签署了关税协议，以稳住英国；利用1865—1866年罗马尼亚政局动荡之机，向俄国示好；在1865年10月3日与法国皇帝拿破仑三世会谈中，许诺"不求自来的好处"，以讨好法国；与意大利结盟，孤立奥地利。

在完成外交准备后，俾斯麦开始制造事端，借口奥地利对荷尔斯泰因管理不善，对奥地利横加指责，最终激化了两国矛盾，双方互不相让，终于导致在1866年6月14日爆发了普奥战争。1866年7月3日，普奥两军决战于萨多瓦，普军大获全胜。8月23日，两国签署了《布拉格和约》。和约规定，奥地利放弃荷尔斯泰因，普鲁士吞并了汉诺威、黑森、拿骚和法兰克福；奥地利同意解散德意志邦联，同意莱茵河以北诸邦在普鲁士领导下成立北德意志联邦。

普奥战争是俾斯麦统一德国道路上迈出的关键性步骤。1867年，以普鲁士为首的"北德意志联邦"宣告成立，它由莱茵河以北的19个邦和3个自由市组成，包括了德意志2/3的领土和人口。

普法战争：普丹、普奥战争后，法国在幕后操纵南德意志诸邦，企图阻止德国统一。普奥战争结束后，法国皇帝拿破仑三世要求俾斯麦同意，把莱茵河西岸的巴伐利亚和黑森等地区并入法国，作为法国在普奥战争保持中立的补偿。俾斯麦断然拒绝，并把这个要求告知巴伐利亚和南德意志诸邦，从而在南德意志诸邦造成恐慌，俾斯麦借机与其签订了秘密攻守同盟条约，普法关系急剧恶化。

法国作为欧洲举足轻重的大国，对法开战前，俾斯麦故伎重演，利用大国之间的矛盾，与英、俄、意发展关系，孤立法国。当时英国认为法国对其海上殖民霸权构成威胁，故想借普鲁士力量来制衡法国，俄国又是其争夺中亚的主要对手，因此"英国希望加强中欧（德国）以反对周边两大强国"。克里米亚

---

① 外交学院编译室译《近代国际关系史参考资料》，世界知识出版社，1957，第119页。

战争后，俄国军事实力大大削弱，国内政局不稳，俾斯麦极力推行媚俄政策，俄法在东方问题和波兰问题上的矛盾促使俄国倾向于选择普鲁士。拿破仑不愿放弃对罗马教权的保护，法军在1867年11月击溃了占领罗马的志愿军，意大利与法国由此反目成仇。奥地利刚经历了普奥战争的惨败，自顾不暇，更无力帮助法国。

在做足了外交准备后，埃姆斯电报就成了普法战争的导火索。埃姆斯电报是俾斯麦利用埃姆斯密电以激起德、法人民的民族仇恨的外交事件，借以令法宣战，发动普法战争。1868年9月，西班牙发生革命，属于波旁王室的西班牙女王伊莎贝拉二世（1833—1868年在位）放弃王位，逃亡法国。西班牙临时政府决定邀请同为霍亨索伦家族的利奥波德亲王作为王位继承人。起初，威廉一世顾虑重重，对此反应冷淡，但在俾斯麦说服下，威廉一世改变了态度。1870年6月19日，利奥波德亲王接受了西班牙临时政府的邀请，但在同年7月1日前，这一消息被报界披露出来。法国认为这是俾斯麦刻意令法国腹背受敌，故表示强烈反对，甚至向普鲁士宣战。在此紧张局势下，威廉一世不希望与法国开战，遂开始退却，并公开表示不赞成利奥波德亲王继承西班牙王位，令俾斯麦非常失望。

普鲁士出乎意料的迅速妥协，让法国君臣倍感意外和兴奋，遂决定进一步向普鲁士施压，以得到后者在此问题上更加坚定的承诺。1870年7月13日，法国驻普鲁士大使贝内德狄带着法国政府的新指令，来到普鲁士国王疗养地——科布伦茨东郊的埃姆斯温泉，希望求见威廉一世，转达拿破仑三世的密函——"希望陛下能保证，将来不要求这种已放弃了的候选人资格。"这种无礼态度令威廉一世感到惊愕。之后，威廉一世将与法国大使的交谈内容，用急电从埃姆斯发给远在柏林的俾斯麦。俾斯麦接到威廉一世急电时，正举行家宴，读过电文后，他非常开心，并询问参谋总长毛奇是否对法国发动战争有必胜的把握，毛奇做了肯定的答复。于是，俾斯麦拿起笔来修改电文，他删去了电文中"还可在柏林从长计议"一语，而在结尾部分加上了极具刺激和挑衅法国之语："国王陛下以后拒绝接见法国大使，并命令值日副官转告法国大使，陛下再也没有什么好谈的了。"随后，俾斯麦将修改后的电文公之于世，并通告普鲁士驻国外所有使团。埃姆斯急电内容很快传到巴黎，法国舆论一片哗然，拿破仑三世被激怒了。1870年7月19日，法国向普鲁士宣战，普法战争爆发。开战前盲目乐观的法国很快就遭到了惨败，9月2日，拿破仑三世致电威廉一世，请求停战，"因为我未能死在军中，只得把自己的佩剑献给陛下"，被包围在色当残余的8.6万多名法国官兵随即放下武器投降。1871年1月28日，普法两国签订停战协议，协议规定，巴黎解除武装，交出炮台，预付赔款2亿法郎。2月26日，新上台的梯也尔政府和普鲁士签署了和约，规定法国割让阿尔萨斯全部和洛林的一部分给德国，并赔款50亿法郎等。俾斯麦擅改埃姆斯电报的内幕，长期不为人知，直到1898年在去世前，随着他所著的回忆录——《思考与回忆》的出版，才真相大白。

战胜法国后，德国统一的进程大大加快了。1870年11月，南德意志各邦的代表晋见威廉一世，要求加入北德意志联邦。经过谈判，普鲁士先后与它们签订了联合条约，从而完成了德国的统一。1871年1月18日，威廉一世在设于巴黎郊外凡尔赛宫中的普军大本营接受了德意志皇帝的称号，德意志第一帝国宣告成立。根据同年4月通过的帝国宪法，德意志第一帝国由22个邦和3个自由市组成，德意志皇帝由普鲁士国王兼任。

从19世纪60年代初至70年代初，在不到10年时间内，德国摆脱了四分五裂的状态，实现了国家的统一，崛起为欧洲举足轻重的大国。德国的统一对欧洲和世界均产生了深远的影响。统一后德国人口规模达到4100万，在欧洲仅次于俄国（人口为7700万），而当时法国人口只有3600万，奥匈帝国人口约为3600万，英国只有3100万，人口优势有利于德国迅速实现经济的工业化。同时，德国拥有当时世界上最好的教育体系，以及首屈一指的军队。德国的统一不仅改变了几百年来中欧分裂之局面及欧洲地缘政治的格局，而且实现了德意志民族长期以来的梦想，为德国的现代化奠定了坚实的基础。在德国统一三十年后，其在经济、军事和科学方面一跃为世界强国。从1851年到1900年，在重大科技创新和发明创造方面，德国取得的成果达到202项，超过了英法两国的总和，居世界第二位。在德国统一后的四十多年时间里，德国经济出现了跨越式发展，其中，煤炭和钢铁产量跃居欧洲第一位，化工产品总产量跃居世界首位，到1910年，德国的工业总量超越了所有欧洲国家[1]。

然而，德国统一后继续保留了专制主义和继承了普鲁士军国主义传统。在普鲁士，受教育和服兵役一样被视为公民必须履行的义务，战胜法国并俘虏了法国皇帝的元帅毛奇言道："普鲁士的胜利早就在小学教师的讲台上决定了。"军国主义传统使德国人好战成性，"别的西方国家有一支军队，德意志的军队有一个国家"。德国的好战和侵略性，对以后的德国、欧洲乃至世界都产生了极大的消极后果。

---

① 任学安、陈晋等：《大国崛起·解说词》，中国民主法制出版社，2007，第127页。

第三节　意大利的统一

19世纪上半期，意大利"仅仅是一个地理上的名词"，在其土地上分散着诸多的王国和公国，以及教皇领地，它们在政治上互不统属，外来势力的影响随处可见。其中，意大利北部和中北部地区为奥地利哈布斯堡王朝所控制；中部地区则由身居罗马的教皇统治，即为教皇国；南部为两西西里王国，由西西里岛和半岛上的那不勒斯地区所组成，统治者为波旁王室的斐迪南一世；西北部的撒丁王国以都灵为首府，控制着与法国接壤的皮埃蒙特地区和撒丁岛，由萨伏依王室统治。

意大利长期维持分裂之局面，就其内部原因而言，自中世纪至16世纪，地处地中海沿岸的意大利是欧洲航路和商运中心，在此有利条件的推动下，意大利各城市共和国经济发达、文化繁荣，市民阶层珍视和倾向独立、自治。就其外部原因而言，意大利的分裂导致法国、西班牙、奥地利等欧洲其他大国的觊觎和入侵，不仅加剧了意大利分裂割据的局面，也使其统一面临着重重困难和巨大的外部阻力。

一、国家统一的方式

在如何实现国家统一问题上，意大利资产阶级民主派和自由派分歧较大。其中，资产阶级民主派主张通过自下而上的人民革命战争，驱逐外国侵略者，推翻封建制度，建立一个统一的资产阶级共和国。而资产阶级自由派则主张用自上而下的王朝战争，驱逐外国势力，实现国家统一，并通过有限的资产阶级改革，建立一个君主立宪制国家。

以朱塞佩·马志尼（1805—1872年）为代表的资产阶级民主派在19世纪20和30年代从实践和理论两方面推动和启蒙了意大利民众的民族意识。1831年，马志尼秘密成立了革命组织——"青年意大利"，主张通过革命道路把意大利从欧洲其他国家的压迫下解放出来，使意大利重新成为一个"自由、平等、统一、独立和主权的民族"。在马志尼的鼓动和宣传下，统一和独立的思想深入人心，对之后意大利的民族解放运动产生了深远影响。1848—1849年，撒丁王国、教皇国、托斯卡纳公国和两西西里王国联合行动，共同支持伦巴底和威尼斯反抗奥地利统治，结果虽以失败而告终，但拉开了意大利声势浩大的民族独立和统一的序幕。

资产阶级自由派的领导人是卡米洛·加富尔（1810—1861年）。1852年11月，撒丁王国国王维克托·伊曼纽尔二世（分别在1849—1861年和1861—1878年担任撒丁王国国王和意大利国王）任命加富尔为王国首相（分别于1852—1859年和1860—1861年担任撒丁王国首相）。加富尔犹如意大利的俾斯麦，是意大利统一的关键人物。英国作家乔治·梅瑞狄斯曾形象地说："加富尔、马志尼、加里波第三人，等于意大利的头脑、灵魂和利剑。"具体而言，19世纪30、40年代，马志尼[①]完成了对意大利民众的教育、争取国际支持的任务；加里波第[②]则在1848—1849年革命中初露锋芒，展示了高超的战争技巧；而最后出现的加富尔凭借敏锐的观察力和冷静的头脑，在欧洲政治和外交舞台上巧妙周旋，为意大利找到了一条通向统一的途径。

二、加富尔统一国家计划

尽管在国家统一过程中，资产阶级自由派的主张符合当时意大利的实际情况，占据了上风。但作为领导国家统一的核心人物——加富尔清醒地认识到，当时意大利在统一过程中面临的重重障碍和困难：一是长期以来在意大利各地形成的分立自治的传统；二是教皇势力的存在以及由此而引起的欧洲天主教势力对意大利统一的干涉；三是外部势力，尤其是奥地利视亚平宁半岛，即意大利北部为其势力范围，成为意大利统一过程中的最大障碍。

对于上述障碍和困难，加富尔在国内通过实行改革，实施有利于资产阶级发展的经济政策，以赢得其拥护；同时，建立现代化的财政和税收制度，对外奉行自由贸易政策。上述改革举措不仅提高了撒丁王国的国力，进一步确立其在意大利诸邦中的领先地位，也为以后撒丁王国主导国家统一奠定了基础。然而，加富尔深知仅凭撒丁王国一己之力难以完成国家统一的重任，因此，必须在国内外寻找一切可能的同盟者。在国内，加富尔会见了加里波第（1807—1882年），并说服其支持由撒丁王国主导意大利的统一。1857年，在加富尔的大力支持下，成立了"意大利民族协会"，由威尼斯共和国前总统、意大利著名共和派领导人曼宁任主席，加里波第担任副主席。该协会的成立及主要人事

---

① 朱塞佩·马志尼,意大利民族解放运动领袖之一,成立并领导了"青年意大利"。1831年,他在撰写的《青年意大利成员总则》中,呼吁实现意大利统一,反对联邦主义,提出先实现意大利统一,后逐步实现整个欧洲的统一,即意大利的统一将逐步地、不可逆转地引领欧洲社会向前发展,并形成广泛而统一的整体。

② 朱塞佩·加里波第,意大利民族解放运动领袖之一。1848年,罗马爆发民众起义,推翻了教皇庇护九世的统治。教皇庇护九世遂向法国、西班牙和奥地利等国求援,上述三国组成联军向罗马进发,加里波第率军与之作战,在战争期间,展示了卓越的军事指挥才能。

安排，几乎将当时大部分共和派力量笼络和集中到撒丁王国一边，也使意大利民众空前团结。对外，寻找盟友，借助其力量，发动战争，驱逐奥地利，实现国家统一。

对加富尔而言，内部问题相对容易解决，但寻找可靠盟友则要困难得多，而这又关乎意大利能否顺利实现统一。因为要实现国家统一，驱逐奥地利在意大利的势力，势必要挑战和改变1815年维也纳体系对欧洲领土的安排，这必将引起英、俄等欧洲大国的关注，甚至导致它们的武力干涉，这对弱小的撒丁王国而言，将是不可承受之重。因此，加富尔认为，要想实现国家统一，就必须寻找盟友，拉拢英、俄，孤立奥地利。由此可见，与他国结盟是实现意大利统一的关键一步。

至于与谁为盟？在加富尔看来，只有法国。因为在维也纳体系中，战败国法国也是该体系的"受害者"，尤其是在拿破仑的侄儿——路易·拿破仑建立法兰西第二帝国后，雄心勃勃，试图打破维也纳体系的束缚，再现先祖之荣光。故加富尔接近法国，并与其结盟，共同挑战维也纳体系，最终双方各有所取。对此，正如加富尔所言："不管我们喜欢不喜欢，我们的命运依赖法国。在欧洲迟早要举行的竞技大会上，我们一定要同法国在一起。"[1]

三、签署《普隆比埃尔协定》

就在加富尔处心积虑接近法国，借助其力量挑战维也纳体系，以实现国家统一时，1853—1856年爆发的克里米亚战争为撒丁王国和法国并肩作战提供了契机。克里米亚战争爆发后，1854年4月，英国建议撒丁王国出兵，与法军共同对俄国作战。英国的建议正合加富尔之意，因为此时法国也正在游说奥地利参加对俄作战，如此一来，将使奥、俄反目，既削弱了维也纳体系，又为下一步孤立奥地利埋下了伏笔。然而，加富尔的决定遭到了以撒丁王国外相为首的其他人的反对，他们认为应借此机会，以削弱奥地利在意大利的势力为出兵条件，与英法讨价还价。对于反对派的要求，加富尔深知，弱小的撒丁王国没有与英、法讨价还价的资本和力量，故决定亲自兼任外相，并在伊曼纽尔国王的支持下宣布无条件加入英法联盟。1855年1月，撒丁王国与英法签订了军事协定，派兵1.5万人参加对俄作战。

1856年克里米亚战争后，作为战胜国撒丁王国的代表——加富尔参加了巴黎和会。借此机会，他不仅提出了一系列改变意大利政治现状的建议——缩

---

[1] 方连庆、王炳元、刘金质主编《国际关系史（近代卷）》（上册），北京大学出版社，2006，第297页。

小奥地利在亚平宁半岛的势力范围，同时扩大撒丁王国的影响，而且将意大利问题作为和会讨论的主要问题之一，引起了与会国家的关注和同情。但不出所料，加富尔的建议遭到了奥地利的强烈反对和否决。

巴黎和会后，撒丁王国与奥地利之间的关系日益恶化。1857年1月，伦巴底首府米兰市民向都灵赠送纪念碑，表示对撒丁阵亡将士的怀念。奥地利随即指责撒丁王国煽动伦巴底民众的分离情绪，奥撒两国外交关系也由此中断。在此情况下，撒丁王国就更加迫切需要法国的友谊和支持。1858年1月发生的奥尔西尼事件为法撒结盟提供了契机。当时，菲利切·奥尔西尼等四名意大利共和派成员以法国派兵保护意大利教皇国，阻挠意大利统一为由，在巴黎行刺法国皇帝拿破仑三世。行刺失败后，法国举国震动，奥尔西尼在狱中写信给拿破仑三世，宣称"意大利一日不统一，则欧洲的安宁以及陛下的性命也一日得不到保障"[1]。受此事件影响，拿破仑三世对加富尔提出法撒结盟的提议有所松动。加富尔敏锐地观察到拿破仑三世的态度转变后，决定采取措施，加快法撒结盟的步伐。即撒丁王国放弃萨伏依，支持法国恢复自然疆界，以及与法国联姻（加富尔提议让伊曼纽尔国王的女儿克罗蒂尔德公主嫁给法国皇帝拿破仑三世的堂弟拿破仑亲王），进而在萨伏依王室与波旁王室之间建立牢固的关系。拿破仑三世对加富尔提出的报偿感到满意，终于决定与撒丁王国结盟，共同对付奥地利。

1858年7月20—21日，拿破仑三世与加富尔在法国的避暑胜地普隆比埃尔秘密会晤，双方最终达成《普隆比埃尔协定》。协定规定，法国出兵20万，撒丁王国出兵10万，共同对付奥地利；法国向撒丁王国提供军需物资和战争所需财政支持；作为回报，撒丁王国将萨伏依和尼斯划归法国，并与法国波旁王室联姻等。

四、法意联合对奥地利作战

根据协定安排，1859年1月，拿破仑亲王与撒丁王国公主克罗蒂尔德举行了婚礼，法、撒两国也正式确认了《普隆比埃尔协定》。随后，撒丁王国开始积极备战——加强军队、筹集军费、修筑要塞，组织"意大利民族协会"成员筹划起义准备战争。面对法撒同盟以及撒丁王国的扩军备战，同年4月19日，奥地利宣布进行战争动员，并于23日向撒丁王国发出最后通牒，要求其在三天之内解除武装，停止反奥活动，否则奥地利将发动战争。奥地利发布的战争

---

[1] 王绳祖主编《国际关系史》（第二卷），世界知识出版社，1995，第301页。

通牒对处心积虑、一心求战的加富尔可谓天赐良机，岂可放弃，故于4月26日予以拒绝。两天后，奥地利宣布对撒丁王国宣战，29日，奥军攻入撒丁境内，撒丁王国同时对奥地利宣战。5月3日，法国宣布与撒丁联手对奥地利作战。法国和撒丁王国蓄谋已久的对奥地利的战争终于爆发了。

法撒奥战争爆发后，由于奥地利军事统帅弗朗茨·吉乌莱进军迟缓，贻误最佳作战时机，当拿破仑三世率领法国军队到达意大利战场时，法撒联军在人数上占据优势，奥地利军队连战连败。先是撒丁军队以弱胜强，击败奥军；后在6月4日法、奥两军遭遇战中，法军又击败了人数占优的奥军，取得了战场的主动权；在6月下旬发生的索尔费里诺战役中，法撒13.7万联军再次战胜了12.8万奥地利军队。

然而，就在法撒联军连战连胜之际，拿破仑三世突然做出了一个惊人的决定，即7月6日，其未与撒丁王国君臣商议，就派遣随从武官卡多松公爵造访奥军大本营，提出停战建议。对此，拿破仑三世解释道：因不愿再看到战争伤亡的惨烈景象。但真正原因是，奥地利在意大利战场接连败北，作为德意志邦联举足轻重的大国——普鲁士，面对舆论压力，在6月24日已开始下令军队动员，准备武力干涉意大利战事，援助奥地利。对于普鲁士的军事举动，拿破仑三世甚为忌惮，不愿冒战败的风险。此外，在统一战争兴起后，意大利民族主义浪潮风起云涌，席卷整个亚平宁半岛。在此情况下，拿破仑三世妄图与撒丁王国联手对奥地利作战之机，扩大其在意大利的势力，甚至主宰亚平宁半岛的希望破灭了。因此，继续对奥地利作战，就是为撒丁王国火中取栗，这是拿破仑绝对不愿意看到的事情。

对于拿破仑主动求和，连战连败的奥地利求之不得，欣然接受，并于7月8日与法国签署了停火协议，11日，两国皇帝在维拉弗朗卡会晤，并达成了预备和约。在谈判停战和预备和约的过程中，法国一直将撒丁抛在一边。当加富尔得知法国的"背叛"后，他"发狂地咆哮"。但事已至此，没有法国的支持，撒丁王国不可能单独与奥地利继续作战，他只好辞去撒丁王国首相职务。至此，法撒奥战争结束。

五、意大利实现局部统一

尽管遭到法国的"背叛"，加富尔制订的统一计划无法实现，但法撒奥战争并非毫无意义。相反，经过这场战争，激起了意大利人的民族意识，他们的统一思想再度高涨。战争结束不久，意大利中北部的托斯卡纳、摩德纳、帕尔马、罗曼纳四邦组成军事攻守同盟，拒绝原统治者复国。1859年9月，上述四邦自发组织公民投票，要求与撒丁王国合并，结果获得一致赞成。然而，法国为了继续控制和干涉意大利事务，要求并威胁撒丁王国不得接受托斯卡纳等四邦提出的合并要求。对于法国的蛮横要求，实力不济的撒丁王国国王伊曼纽尔只能妥协。

然而，为了解决中北部各邦的归属问题，法国和撒丁王国再次展开新一轮外交活动。尤其是在1860年3月，加富尔再次出任撒丁王国首相后，加大了外交协调的力度。加富尔深知，法国是阻挠撒丁王国与意大利中北部四邦实现合并的最大障碍。因此，加富尔一方面以割让尼斯和萨伏依作为报酬，以换取法国在此问题上的妥协；另一方面，积极利用拿破仑三世在欧洲咄咄逼人之势，先是参加对俄国的克里米亚战争，后与撒丁联手对奥地利大打出手，法国的四处扩张引起了英国的戒备和不满。因此，英国帕默斯顿政府开始转变在意大利统一问题上的态度，希望意大利实现统一后，成为平衡法国力量的一个砝码。在洞悉了英国的意图后，加富尔希望借英国之手向法国施压。

加富尔的想法很快就变成了现实。1860年1月，英国驻法国大使提出了解决意大利问题的四点建议：一是法奥承诺不使用武力干涉意大利事务；二是法军从罗马及意大利北部撤出；三是威尼斯地区内部行政问题不再列入国际谈判；四是除非意大利中北部地区居民投票表决赞成与撒丁合并，否则撒丁军队不得进入中北部各邦[①]。英国的建议实际上默许了撒丁王国与意大利中北部四邦的合并。鉴于此，1860年3月18—22日，撒丁国王伊曼纽尔二世先后颁布谕令，根据此前公布的投票结果，正式接纳了托斯卡纳、摩德纳、帕尔马、罗曼纳四邦为撒丁王国的组成部分，尼斯和萨伏依两地划归法国。至此，意大利实现了局部统一，为以后实现国家全部统一奠定了基础，但也付出了沉重的代价。

六、意大利王国的建立

法国干涉意大利的统一及其巧取豪夺，激起了意大利民众的强烈愤慨。加里波第反应尤为激烈，坚决反对撒丁王国以割让其家乡——尼斯给法国，来换取后者的支持。在激进派的压力下，1860年春天，意大利的统一运动再次出现了新的高潮，这次统一运动的中心是两西西里地区。1860年4月，由西班牙波旁王朝进行残酷统治的两西西里人民爆发了大规模起义，两西西里王国那不勒斯政府派出军队进行镇压。消息传出后，意大利民众纷纷呼吁具有军事才能

---

① 王绳祖主编《国际关系史》（第二卷），世界知识出版社，1995，第318页。

的加里波第率军前去支援。

1860年5月11日，加里波第率领1000多名志愿军在西西里岛的马尔萨拉登陆，受到了当地民众的热烈欢迎和支持，当地民众纷纷拿起武器加入加里波第率领的志愿军，撒丁王国也给志愿军提供武器和资金支持。在撒丁王国和意大利民众的支援下，加里波第率领的志愿军击败了那不勒斯政府军，到7月初占领了整个西西里岛。

在短短不到两个月的时间内，加里波第以少胜多，攻占了整个西西里岛，并准备渡过墨西拿海峡，进攻那不勒斯。加里波第势如破竹的胜利使欧洲列强深感震惊，纷纷向撒丁王国施加压力，要求其约束加里波第的行动，制止革命在意大利南部蔓延。面对欧洲其他国家的施压，加富尔也担心撒丁王国失去意大利统一的主导权，故向伊曼纽尔进言，要求加里波第停止向那不勒斯进军，但遭到了后者的拒绝。对于意大利风起云涌的统一运动，拿破仑三世不愿看到法国失去在意大利的影响，但也不想承担独自干涉意大利统一的风险，遂向英国提议，组建英法联合舰队以干预加里波第军事行动。然而，英国欲扶持意大利以制衡法国势力在亚平宁半岛的扩张，故不仅拒绝了法国的提议，而且反对法国进一步干预意大利事务。

没有英法等国的干涉，1860年8月18日深夜，加里波第率军16000人渡过墨西拿海峡，在两西西里王国的卡拉布里亚地区登陆。经过两天激战，红衫军（加里波第率领的远征军士兵身穿红色军服，故被称为"红衫军"）击败卡拉布里亚地区的守军，控制该地后，以此为据点向那不勒斯进军。加里波第远征军的迅速推进，加上两西西里民众发动起义配合，波旁王朝军队士气低落，纷纷败退，甚至不战而降。两西西里国王主动放弃那不勒斯城，率领5万军队向北退却。9月7日，加里波第率军进入两西西里王国首都——那不勒斯。

面对加里波第取得的辉煌战绩以及两西西里王国的失败，以伊曼纽尔和加富尔为核心的撒丁王国君臣决定亲自出面，收拾局面，并主导完成国家的统一。为此，加富尔一方面劝说加里波第不要进军教皇领地，以免引起法国等欧洲其他国家的干预，葬送意大利统一的大好局面；一方面积极与法国进行外交接洽，以求拿破仑三世对撒丁王国"借道"进入教皇领地，并接管两西西里王国之行动的谅解。在外交上做足了充分准备后，9月11日，撒丁王国军队以帮助恢复社会秩序为名进入教皇领地，随后向那不勒斯推进。而此时加里波第率领的远征军继续作战，以彻底制服波旁王朝军队的负隅顽抗。10月26日，远征军与撒丁王国军队顺利会师。加里波第签署命令，将西西里岛和那不勒斯地区的控制权无条件交给伊曼纽尔国王，并提议在两西西里举行公民投票。根据投票结果，两西西里加入撒丁王国。

1861年3月17日，第一届意大利议会在都灵召开，宣布在撒丁王国的基础上成立意大利王国，伊曼纽尔二世出任国王，加富尔任首相。至此，亚平宁半岛有史以来首次出现了一个统一的民族国家。然而，1861年6月，随着加富尔的去世，新成立的意大利王国政局不稳，国家也未实现完全统一：包括罗马在内的教皇领地依然处于法国保护之下，威尼斯处于奥地利控制之下。

七、意大利实现完全统一

加富尔去世后，意大利最终实现国家统一的大业由于失去灵魂人物而受阻。然而，随着意大利的统一，不甘落后的德意志人也在19世纪60年代拉开了国家统一的大幕。而德国要实现统一，也必须清除奥地利和法国的阻碍。这就为意大利最终完成国家统一提供了良机。

为了将奥地利排除出德意志邦联，由普鲁士主导完成国家统一，在普丹战争后，俾斯麦就展开了孤立奥地利的外交活动。1865年，普鲁士主动提议与意大利结盟，共同对付奥地利。然而，由于意大利缺乏对奥地利作战的信心，遂向奥地利提议用购买的方式或支持奥地利夺取罗马尼亚，以换取威尼斯，但均遭拒绝。在此情况下，意大利别无选择，只好与普鲁士签署同盟条约，用武力夺取威尼斯。1866年6月17日，普奥战争爆发，意大利加入普鲁士一方作战。但在战场上，意军表现糟糕，屡遭败绩。最后，由于普鲁士击败了奥地利，根据同年10月3日意奥两国签署的《维也纳和约》，威尼斯归入意大利版图。

威尼斯回归意大利后，收回罗马附近的教皇领地就成为意大利统一运动的最后目标。对此，意大利政府原想借用加里波第之手收回罗马，即默许加里波第进攻罗马教皇军队，进而意大利政府军以维持秩序为名乘机接管教皇领地。然而当加里波第率军进攻教皇国时，法国迅速做出反应，拿破仑三世派遣军队攻入意大利，保护教皇国。在此情况下，意大利政府收回罗马的愿望只好作罢。1870年普发战争爆发，9月1日，法军在色当要塞大败，驻守罗马的法军被调回国内。法国惨败引起了欧洲其他国家的震动。乘此良机，意大利军队和加里波第率领的志愿军趁机进入教皇领地，9月20日占领罗马。根据公民投票，包括罗马在内的教皇领地正式合并于意大利。教皇庇护九世退居梵蒂冈，拒不承认意大利对罗马的主权。为了安抚欧洲各国的天主教教徒，意大利政府通过法律，承诺保障教皇和教会的特殊权利。1871年7月，意大利王国首都由佛罗伦萨正式迁到罗马,至此,意大利实现了完全统一。

第四节　美国内战

　　美国内战,又称南北战争,是美国历史上一场大规模的内战,参战双方为美利坚合众国(简称联邦)和"美利坚诸州同盟"(简称南部同盟)。这场战争的起因是美国南部11个州,以亚伯拉罕·林肯于1861年就任美国总统为由陆续退出联邦,成立了以杰斐逊·戴维斯为"总统"的政府,并驱逐驻扎南方的联邦军,而林肯下令攻打"叛乱"州。1865年4月3日,联邦军攻克里士满。4月9日,南部同盟军总司令罗伯特·李将军率部2.8万人向联邦军投降,美国南北战争以北方的胜利而告结束,美国恢复了统一。

一、内战爆发前美国领土急剧扩张

　　1776年北美13个殖民地宣布脱离英国独立时,领土面积约为80万平方公里。1783年英国承认美国独立,并将13个州以外大西洋沿岸的大部分土地划归美国,使其领土面积达到230万平方公里。美国独立后,很快就走上了领土扩张之路,用战争辅以金钱购买的方式使其领土面积急剧扩大。1802年,时任美国总统詹姆斯·杰斐逊与法国拿破仑政府谈判,次年两国达成协议,以8000万法郎(约合当时1500万美元)的低价,从法国手中购买了面积达260余万平方公里的路易斯安那地区(包括美国现在的阿肯色州、密苏里州、南达科他州、北达科他州、明尼苏达州、内布拉斯加州、蒙大拿州、艾奥瓦州、堪萨斯州、怀俄明州和俄克拉何马州);从1810年开始,先派兵抢占,后于1819年从西班牙手中购买了佛罗里达州。在以最小的成本相继获得了路易斯安那地区和佛罗里达州后,刺激了美国进一步领土扩张的欲望,美国随后将目光瞄准了墨西哥。起初,美国欲通过购买方式获取墨西哥的加利福尼亚地区,在遭到拒绝后,美国开始寻找借口,不断制造事端,并在1846年5月,悍然发动战争,用武力夺取了加利福尼亚。1848年2月2日,美国与墨西哥签订和约,在象征性地支付了1500万美元后,得到了包括现在加利福尼亚、新墨西哥、内华达、亚利桑那、得克萨斯、犹他和科罗拉多西部地区在内的大片土地。1846年,美国政府以战争相威胁,迫使英国签订了《俄勒冈条约》,将英国势力驱逐出俄勒冈地区。1867年,美国又以720万美元的价格从俄国手中购买了阿拉斯加州。到19世纪中后期,美国领土急剧扩大,已延伸至太平洋沿岸,成为濒临大西洋和太平洋的国家。

二、泾渭分明的两种经济制度

随着领土扩张和海外掠夺，加之第一次工业革命的推动，美国资本主义加速发展。1810—1860年，美国的工业总产值增长了近9倍，仅次于英法和普鲁士，居于世界第四位。到19世纪50年代末期，资本主义工厂制在美国主要工业部门中已占据主导地位，工业革命大体完成。在工业资本主义迅速发展的同时，农业资本主义也有了很大的发展。不过，美国各地区之间的发展并不平衡，美国工农业资本主义的发展只限于北部和东北部，而南部却沿着另一条道路——奴隶制经济发展。

南部奴隶制经济因生产效率低下，在美国建国初期一度濒临消失。但随着工业革命的兴起，推动了棉纺织业的发展，英国等欧洲国家对棉花的需求大增，种植棉花有利可图。因此，可以说，欧洲工业革命深刻地影响了美国南方奴隶制的发展。1781年，"英国制造商纺纱消耗了510万磅原棉，这是他们84年前纺纱量的两倍半。但仅仅9年之后的1790年，纺纱产量已经增长为1781年产量的6倍。到1800年，纺纱量再次近乎翻倍，达到5600万磅。在法国，尽管纺织业的增长较慢，但也相当可观：1789年法国的棉花消费量是1750年的5.3倍，达到1100万磅"[1]。欧洲市场对棉花的供不应求导致其价格飞涨，这也为美国南部奴隶制绝处逢生提供了良机。种植园奴隶主为了扩大棉花种植面积，人量贩入奴隶，"18世纪90年代，佐治亚州的奴隶数量几近翻倍，达到6万人。在南卡罗来纳，内陆棉花种植区的奴隶数量在1790年时是2.1万人，20年后增长到7万人，其中有15000名新近从非洲引进的奴隶。随着棉花种植面积的扩展，在四个典型的南卡罗来纳内陆县，黑人所占人口比例从1790年的18.4%上升到1820年的39.5%，而到1860年更上升到了61.1%。一直到美国内战发生，棉花产业和奴隶制携手并进、同步发展，英国和美国成了新兴的棉花帝国的两大轴心"[2]。在内战爆发前夕，美国南部奴隶已增加到400万人，共有15个蓄奴州。

三、美国内战爆发的原因

美国内战的爆发有其深刻的原因，南北方长期存在的两种不同的社会经济

① 斯文·贝克特：《棉花帝国：一部资本主义全球史》，徐轶杰、杨燕译，民主与建设出版社，2019，第82页。

② 斯文·贝克特：《棉花帝国：一部资本主义全球史》，徐轶杰、杨燕译，民主与建设出版社，2019，第96-97页。

制度随着美国领土的不断扩大和经济发展，双方之间的矛盾不可调和，是美国内战爆发的根本原因。具体而言，在内战爆发前夕，美国北方资本主义制度和南方种植园奴隶制度随着工业革命的推进和经济的快速发展致使南北双方经济发展矛盾日益突显，亦随之反映在政治领域。经济领域和政治领域的矛盾相互叠加，最终导致内战的爆发。

就经济领域而言，美国独立后，资本主义工商业在北方获得快速发展，短短几十年间便形成了资本主义工业基地，在工业快速发展的同时，资本主义农业也在迅速发展，出现了一批拥有数万英亩土地的大农场。大农场采用先进技术和机器生产，为工业提供大量粮食的同时又促进了机器制造业的发展。与此同时，南方种植园奴隶制经济也在发展，其以奴隶为主要劳动力，采用原始落后的剥削方式从事棉花种植，产品主要销往国际市场。工业革命后，对棉花的需求量暴增，促使美国南方种植园经济畸形发展，奴隶制进一步加强。在一定时期内，美国资本原始积累和国内棉纺业的发展对棉花需求量不断增长，北方工业资产阶级尚能与南方种植园奴隶主阶级相互包容。然而，当工业革命完成后，进入经济大发展时期的美国，客观上要求南北经济统一到自由资本主义经济轨道上来，以保证迅猛发展的资本主义经济对劳动力、市场和原料的大量需求。但排斥先进技术和机器生产的南方奴隶主阶级仍以严重浪费人力、物力、财力和地力资源为代价，发展棉花种植业，并把南方变成原料出口地和国外工业品进口地，严重损害了美国北方工商业资产阶级的利益，引起了他们的强烈反对。

美国内战前夕，南北双方在经济领域的矛盾主要集中在奴隶制的存废、是否建立国内统一市场、是否提高关税和限制自由贸易、是否废止原始粗放式的耕作方式等四个问题上，双方各持己见，互不相让，最终达到不可调和的地步。具体为：随着美国经济的快速发展，北方工业资产阶级需要大量劳动力，而南方奴隶主却将数百万奴隶聚集在种植园中，从事原始的耕作，是对人力资源的极大浪费。因此，北方工业资产阶级强烈要求废除奴隶制，解放奴隶，但数量众多的奴隶不仅是南方种植园赖以生存的基础，而且是种植园主财富的主要来源。因此，他们不仅反对解放奴隶，反而想方设法增加奴隶和蓄奴州的数量，并运用种种手段防范奴隶制的崩溃，故奴隶制的存废斗争就成为美国经济领域矛盾的焦点。

在是否建立国内统一市场方面，北方工商业资产阶级为了更快地发展民族经济，迫切希望建立国内统一的商品市场、原料市场和资金市场。但南方种植园主对此态度默然，因为他们为赚取高额利润，将生产的棉花主要销往英国等欧洲市场[①]，再从国外购买回大量的工业品。如此一来，美国南部市场几乎与北方市场割裂，北方工业资产阶级急需的工业原料市场和商品销售市场均被南方种植园主破坏，而且造成南方工业极端落后。南方奴隶主阶级的倒行逆施不仅破坏了美国民族经济的正常发展，而且阻碍了国内统一市场的形成，在此问题上，双方矛盾激化，势同水火，不可调和。

在对外贸易方面，北方工业资产阶级为了提高与英国商品的竞争力，保护民族工业的发展，主张提高关税，限制自由贸易。但南方种植园主为了出口更多的原料，以购买国外商品，故竭力反对取消或降低关税，并主张实行不受限制的自由贸易。在耕作方式和保护地力上，南方种植园主采用原始粗放的耕作方式，种植棉花本身就耗费地力，结果导致大片耕地往往在数年间便耗尽地力，成为荒田。一位佐治亚州帕特南县的种植园主曾言道："我们只有一条道路可走，那就是尽可能多地出产棉花，耗尽大片土地的地力……原来一英亩出产1000磅的土地现在出产不超过400磅。"[②]土地荒芜后，南方种植园主往往一弃了之，花钱重新购地，如此反复，不仅造成土地资源的极大浪费，也引起了北方工业资产阶级的强烈不满和反对。

从上述可见，南方种植园奴隶制度由于其自身存在的巨大缺陷，与工业革命后采用大机器生产的时代潮流背道而驰，已走向穷途末路，但种植园主为了维护自身利益，仍不遗余力、千方百计地在延续奴隶制度的生命。这导致南北双方在经济领域展开了激烈斗争，致使双方矛盾最终不可调和。

美国南北双方在经济领域的矛盾必然会反映到政治领域中来。政治手段一旦无法调和这些矛盾时，双方就会诉诸武力。其实，美国内战的爆发有其深刻的历史根源和社会根源。不论是在1776年颁布的美国《独立宣言》中，还是在1787年制定的美国联邦宪法中，均提到了保护人权，但在奴隶制度存废和保护奴隶权益方面，前者并无明文规定，后者则态度暧昧——既肯定又保留，

① 在1810年至1815年间、1832年至1837年间以及19世纪40年代中期之后，欧洲市场棉花价格均出现了快速上涨，致使棉花种植面积也出现了爆炸性扩张。1790年，美国出产了150万磅棉花，到1800年增长到3650万磅，到1820年则达到16750万磅。1791年至1800年间，美国向英国出口的棉花增长了93倍，到1820年，这一出口数字又增长了6倍。早在1802年，美国就已经是英国棉花市场的重要供应者。请参看斯文·贝克特：《棉花帝国：一部资本主义全球史》，徐轶杰、杨燕译，民主与建设出版社，2019，第97—98页。

② 斯文·贝克特：《棉花帝国：一部资本主义全球史》，徐轶杰、杨燕译，民主与建设出版社，2019，第97页。

并打上了深深的种族歧视的烙印。对此，并不难理解，因为1787年联邦宪法其本身就是多方利益博弈和妥协的产物，当时参加制宪会议的许多代表已认识到蓄奴制的不合理性，但考虑到奴隶作为奴隶主的私有财产，如果废除，则是对奴隶主私有财产的侵犯。因此，最好的解决办法就是随着时间的推移让其自然消失，故在1787年宪法条文中规定：在1808年之前，不干涉奴隶贸易，逃亡的奴隶必须抓回交还原主。然而，事实证明，这一想法过于天真，也为后来美国南北双方爆发内战埋下了伏笔。

随着美国独立后领土的不断扩大以及随后西进运动的发展，南北双方在自由州和蓄奴州的数量对等问题上展开了激烈争斗，因为自由州和蓄奴州的数量关系到南北双方在国会中的权力平衡。北方自由州经济发展迅速，人口数量也远超南方蓄奴州，体现在国会众议院中，自由州已占据优势（美国国会众议员人数根据各州人口比例确定）。因此，南方蓄奴州要维持和平衡在国会参议院中的权力，就必须保持自由州与蓄奴州数量的对等。对此，正如马克思所言："由于自由制诸州人口增长较奴隶诸州远为迅速，北部众议员的数目自然很快地超过南部众议员的数目。南部政治权力的真正据点于是愈益转移到美国参议院，在参议院中，各州不论其人口多寡，均有两名参议员作为代表。为了维持它在参议院中的势力，并且通过参议院以维持它对联邦政府的领导权，南部就需要不断建立新的蓄奴州。"由此可见，蓄奴州的数量关系到南方种植园奴隶制度的生存。故在1817年密苏里地区申请获得州地位时，双方就爆发了公开的冲突。接到申请后，美国国会在1819年初准备通过立法程序授予密苏里地区制定州宪法，以获得州地位。但纽约州的一位众议员提出一项修正案，主张禁止密苏里地区运进新的奴隶，同时规定当地原有的奴隶在年满25岁后，应予以释放，该修正案在自由州和蓄奴州之间引发了一场激烈的争论。同年，国会又接到缅因地区要求获得州地位的申请，12月，美国国会决定将密苏里和缅因问题共同进行审议。考虑到自由州和蓄奴州之间的势力均衡，国会遂于1820年批准缅因地区作为自由州加入联邦，同时批准密苏里地区作为蓄奴州加入联邦，如此一来，自由州和蓄奴州的数量相等，各为12个。此外还规定，以北纬36°30′线作为北方自由州和南方蓄奴州之间的分界线，此线以北不准蓄奴，这就是美国历史著名的《密苏里妥协案》。然而，这一妥协案只是暂时缓和了南北双方之间的矛盾，并没有解决实质问题，相反，随着美国经济的快速发展，南北双方矛盾日益激化。1831年，威廉·劳埃德·加里森创办了《解放者报》，呼吁立即废除奴隶制，"彻底而明确地放弃逐步废除奴隶制这种流行但是有害的教条"①。美国北方各州民意变得越来越激进，民众强烈反对将奴隶制扩展至西部刚获得的领土。

1845年，美国从墨西哥手中得到了得克萨斯地区。对于这片新土地，南部奴隶主企图将其分为5个蓄奴州加入联邦未遂。1849年，加利福尼亚要求以自由州身份加入联邦，再次激起了南北双方的斗争。由于北方代表的妥协，美国国会通过了"1850年妥协案"，规定加利福尼亚以自由州加入联邦，但联邦政府制定法律，确保南部奴隶主可以在北部自由搜捕逃亡奴隶。这样，"1850年所制定的关于引渡逃亡奴隶的更为严厉的法律，在北部诸州被残酷无情地施行起来。为南部奴隶主捕捉奴隶，看来成了北部的合乎宪法的职业"。联邦政府对南方种植园主的不断妥协使南北双方的斗争更加激烈。

1853年，民主党参议员斯蒂芬·道格拉斯提出修建一条经过堪萨斯和内布拉斯加的铁路方案。由于堪萨斯和内布拉斯加均处于北纬36°30′线以北，故这两地不允许蓄奴，但南方种植园主见这两地土地肥沃，便打算将奴隶制度引入该地，而北方自由州民众则以《密苏里妥协案》为据，坚决反对。为解决南北双方矛盾，道格拉斯于1854年1月23日向参议院提交了一项新法案，即《堪萨斯—内布拉斯加法案》。该法案主张，今后此二地如加入联邦，不再按《密苏里妥协案》处理，在其获得州地位后，是否实行奴隶制，由当地民众自行决定。该法案于同年5月30日以微弱多数票在国会通过，这成为美国以后在各地区是否实行奴隶制度的一次重要的转折点。

《堪萨斯—内布拉斯加法案》在国会通过后，引起了北方民众的强烈不满和抗议，认为该法案是向蓄奴州投降。此后，围绕奴隶制的存废，在蓄奴者和主张废奴者之间展开了激烈的斗争。从1855年12月，堪萨斯一位主张废奴者被杀害，拉开了该地区内战的序幕，直到1861年1月堪萨斯成为自由州，斗争才告结束。

四、亚伯拉罕·林肯当选总统及内战的爆发

《堪萨斯—内布拉斯加法案》的通过以及随后堪萨斯内战的发生，对美国国内政党政治力量的变动产生了较大影响。为了反对奴隶制，特别是反对《堪萨斯—内布拉斯加法案》，一批美国前辉格党人、民主党人和主张废除奴隶的人士于1854年7月在密歇根州的杰克逊城成立了共和党。在以后的四年里，共和党在美国北方各州取代了辉格党，成为民主党的主要对手。

---

① 伊布拉姆·X.肯迪:《天生的标签:美国种族主义思想的历史》,朱叶娜、高鑫译,社会科学文献出版社,2020,第205页。

1860年是美国大选年。最终选举的结果是主张维护联邦统一和逐渐废除奴隶制的亚伯拉罕·林肯（1861—1865年在位）当选为美国第十六任总统。林肯早年曾为辉格党人，在1856年加入共和党，他反对奴隶制，但不赞成使用暴力手段去摧毁奴隶制，而以立法形式，通过限制奴隶制的扩张，使其逐渐自行灭亡。在一次演说中，林肯提出："一个家庭被分裂为对立的两半是无法自立的。一个处于半奴隶制、半自由制状况的政府也是不能持久的。他不希望家庭崩溃，更不希望联邦解体。"林肯关于维护联邦统一、禁止奴隶制扩张的主张使他名声大振，成为共和党总统竞选的候选人。

1861年，林肯宣誓就职并发表演说，阐述了他对当时美国重大政治争端所持的观点和政策："从一般法律和宪法来看，各州组成的联盟是永久性的"，因此，"任何一个州都不能单凭自己的动议合法退出联邦；任何为此而通过的决议和法令都是无效的"。他还重申共和党无意干涉蓄奴州的奴隶制度。最后，他要求南部分裂分子不要发动内战，"政府将不会攻击你们，只要你们不做分离者，冲突就不会发生"。他强调："就自然条件来说，我们是不能分离的，我们既不能把各个区域各自搬开，也不能在它们之间筑起不可逾越的城墙。"林肯这次演说的核心思想是维护联邦统一，但也体现出他对南部奴隶主的妥协以及其政策的两重性。但南部奴隶主对林肯的妥协姿态置若罔闻，加紧备战，妄图诉诸武力，夺回已失去的中央权力，打破共和党"不再给奴隶制度一寸新土地"的政策。尽管林肯再三表示不想凭借权力直接或间接干预现存的奴隶制，只要求联邦统一，但对于奴隶主来说，"联邦只有在它把联邦权力授予南部作为实现奴隶政策的工具时，才对南部具有价值"。这就是为什么南部要脱离联邦，以林肯当选"作为发动叛乱借口"的原因。总之，美国内战的爆发原因众多，导致南北双方矛盾不断激化，最终只能通过战争去解决。

由于林肯主张废除奴隶制，故在其当选为总统后，南方各蓄奴州认为对他们的利益构成严重威胁，于是在林肯就职前开始发动叛乱，制造分裂。1860年12月，南卡罗来纳州率先宣布脱离联邦，随后，密西西比、亚拉巴马、佐治亚、佛罗里达、路易斯安那和得克萨斯6个蓄奴州也相继脱离联邦。上述7个州宣布退出联邦后，于1861年2月4日在亚拉巴马州的蒙哥马利城成立了"美利坚诸州同盟"，推举大种植园主杰弗逊·戴维斯为总统，制定了"宪法"，成立了"独立政府"，定都于弗吉尼亚州的里士满，并宣布黑人奴隶制是南部同盟的立国基础。

1861年3月4日，林肯宣誓就职。南方同盟随即要求联邦军队撤出位于南卡罗来纳州的萨姆特要塞，在遭到拒绝后，遂于4月12日炮轰该要塞，由此拉开了美国长达四年之久的内战。同月15日，林肯宣布南部同盟叛乱，并号召美国人民为维护联邦统一而战，同时下令招募7.5万名志愿兵。随即，南方又有弗吉尼亚、北卡罗来纳、阿肯色和田纳西4个州宣布脱离联邦，至此，参加叛乱的州增加到11个。

在南部同盟发动叛乱后，林肯政府宣布对南方叛乱诸州作战。但作为美国总统的林肯，以维护联邦统一为首要任务，故继续坚持用比较温和的方式逐步废除奴隶制，而非激进的战争方式。1862年8月22日，林肯在给《纽约论坛报》编辑格瑞莱的信中写道："我的最高目标是拯救联邦，既不是保存奴隶制度，亦非摧毁奴隶制度。如果不解放一个奴隶就能保存联邦，我就一个不解放；如果解放全部奴隶就能保存联邦，我就全部解放；如果解放一部分奴隶，不解放其他奴隶就能保存联邦，我也照办。"此外，美国联邦宪法严禁政府在没有正当法律程序的条件下剥夺公民财产，这也是导致林肯政府在解放奴隶问题上犹豫不决的重要原因。因此，尽管从南北双方力量对比来看，北方占据优势，共有23个州，人口达2300多万，但联邦政府准备不足，仓促应战；而参加叛乱的南方11个州人口只有900多万，且工业实力薄弱、经济单一、粮食不足，但蓄谋已久，准备充分，装备较好，军队训练有素。故在战争开始后，联邦军队被南部同盟军队打得节节败退，连首都华盛顿也险些被南部同盟军攻占。

美国联邦政府在战场上的失利引起了广大人民的强烈不满，许多城市爆发了示威游行，要求政府采取措施，扭转战局。林肯也逐渐认识到，要想真正废除奴隶制，就必须要流血牺牲，和平方式已无法解决南北双方非常尖锐的矛盾。而要想打赢这场战争，就必须调动农民的积极性，废除奴隶制、解放奴隶。因此，在内战的危急关头，林肯政府顺应了广大人民群众的要求，以革命方式摧毁了奴隶制，并解决了人民群众对土地的要求，进而推动了美国资本主义的发展，为维护国家统一和解放奴隶做出了重要贡献。

为了扭转战场不利形势，1862年5月，林肯签署了《宅地法》，法案规定：凡是美国公民只要交纳10美元登记费，便可在西部得到160英亩的土地，连续耕种5年以上者就可成为这块土地的合法主人。该法案从根本上消除了南方奴隶主夺取西部土地的可能性，同时满足了广大农民的迫切要求，大大激发了农民奋勇参战的积极性。同年9月24日，林肯政府颁布了《解放黑人奴隶宣言》，规定自1863年1月1日起，废除叛乱各州的奴隶制，奴隶成为自由人，可应召参加联邦军队。该宣言从根本上瓦解了南部同盟军队的战斗力，也使联邦军得到了雄厚的兵源。在美国内战期间，大约有18万黑人参加了联邦军队，为联邦军队战胜南部同盟军做出了巨大牺牲和贡献。1863年11月19日，林肯在葛底斯堡阵亡将士公墓落成典礼上发表的演说①中提出"民有、民治、民享"纲领性口号，从而使战争成为群众性革命斗争。

《宅地法》和《解放黑人奴隶宣言》相继出台成为南北战争的转折点，战场形势日益有利于北方。1863年7月，联邦军队同时在宾夕法尼亚州的葛底斯堡和密西西比州的维克斯堡发动了两场战役，联邦军队均大获全胜，成为美国内战的转折点。

1864年春，林肯总统命令尤利西斯·格兰特（1822—1885年，其中在1869至1877年期间，担任美国第18任和19任总统）赴东线指挥作战。格兰特于6月中旬开始围攻里士满，经过长达9个月的围攻后，终于在1865年4月2日攻占之，4月9日，南部同盟军总司令罗伯特·李率残部2.8万人在阿波马托克斯小村向格兰特投降。在西线，威廉·谢尔曼（1820—1891年）将军于1864年8月攻占了美国南部重镇亚特兰大，12月23日夺取了南方著名港口城市萨凡纳，作为圣诞礼物献给林肯政府。1865年5月下旬至6月初，路易斯安那州和得克萨斯州的叛军先后投降，至此，美国内战宣告结束。

持续四年之久的内战，给美国带来了巨大的损失。据统计，南北双方消耗的战争费用高达150亿美元，联邦军队伤亡63万人，南部同盟军伤亡48万人。战争刚结束，南部同盟的奴隶主不甘心失败，1865年4月14日，将正在剧院观看演出的林肯总统刺死。林肯是一位杰出的政治家，为推动美国社会向前发

---

① 葛底斯堡演说词全文：八十七年前，我们的先辈在这个大陆上建立起一个崭新的国家。这个国家以自由为理想，奉行所有人生来平等的原则。我们正在进行一场伟大的国内战争。我们的国家或任何一个有着同样理想与目标的国家能否长久存在，这次战争是一场考验。现在我们——在这场战争的一个伟大战场上——聚会在一起，将这战场上的一小块土地奉献那些为国家生存而英勇捐躯的人们，作为他们最后的安息之地。我们这样做是完全适当的、应该的。然而，从深一层的意义上说来，我们没有能力奉献这块土地，没有能力使这块土地变得更为神圣。因为在这里进行过斗争的、活着的和已经死去的勇士们，已经使这块土地变得这样圣洁，我们的微力已不足以对它有所扬抑。我今天在这里说的话，也许世人不会注意也不会记住，但是这些英雄的业绩，人们会永世不忘。我们后来者应该做的，是献身于英雄们曾在此为之奋斗、努力推进但尚未完成的工作。我们应该献身于他们遗留给我们的伟大任务。我们的先烈已将自己的全部精诚赋予我们的事业，我们应从他们的榜样中汲取更多的精神力量，决心使他们的鲜血不至白流。在上帝的护佑下，我们的国家将获得自由的新生。我们这个民有、民治、民享的政府将永存于世上。

展做出了巨大贡献，受到美国人民的崇敬，在美国人的心目中，他的威望甚至超过了华盛顿。林肯虽然遇刺身亡，但他开创的解放奴隶的事业却不会停止，1865年12月，美国国会通过了第十三条修正案[①]，正式废除了奴隶制度。

五、内战结束及南部重建

美国内战虽然结束了，但战争遗留下来的诸多问题急需解决。在内战结束后的一段时期内，继任总统安德鲁·约翰逊（1865—1869年在位）和国会之间围绕南方分离各州如何重返联邦，南方邦联领导人的公民地位，以及黑人自由民的法律地位等重大问题展开了激烈的争论。

（一）林肯重建计划

关于南部重建问题，早在内战爆发初期，林肯政府就提出："他们希望这股脱离联邦热任其自流，而不会有一两个以上的州退出联邦。而后，南部会再度恢复理智和忠诚，'犯错误的姊妹'会回到联邦来的。"1863年12月8日，林肯发表了《重建与大赦宣言》，提出了南部重建纲领。主要内容有：对叛乱分子实行大赦，不予赦免的仅包括如下人员：南部同盟政府的行政、外交官员及其国内外代理人，南部同盟军队陆军上校以上、海军上尉以上军官，逃离联邦司法职位、国会席位、陆海军军事职位而后又参与叛乱的人，虐待联邦战俘的人；宣誓效忠的人数不少于1860年的10%，即可举行选举，产生新的州政府和参加国会两院的议员；新的州政府只要撤销了分离决议，承认联邦统一并废除奴隶制，即可恢复在联邦的平等地位和正常关系。关于自由民，林肯要求各州重建政府承认和宣布自由民永远自由，并为其提供教育机会。从林肯政府的重建计划可以看出，林肯以宽大和和解的精神对待叛乱者，把承认联邦的统一和废除奴隶制度作为承认南方叛乱诸州重建州政府的先决条件，但拒绝给予所有黑人选举权。林肯关于南部叛乱诸州的重建思想对继任总统约翰逊产生了重要影响。

（二）约翰逊重建计划

约翰逊政府的重建计划从约翰逊就任美国总统开始一直到其卸任，主要是指约翰逊在重新恢复联邦与南部叛乱诸州关系过程中进行的一系列努力，包括恢复南部叛乱诸州的权利，被解放的黑人享有哪些权利以及由谁（以总统为首

①美国联邦宪法第十三条修正案于1865年1月31日提出,1865年12月6日被国会批准。该修正案包括两项条款,其中第一款规定:在合众国境内受合众国管辖的任何地方,不准有奴隶制或强制劳役存在,但作为对于定罪的罪犯作为惩罚者不在此限;第二款规定:国会有权以适当立法实施本条规定。

的联邦政府还是美国国会）来主导完成南部重建。约翰逊南部重建思想体现在他于1865年发布的"大赦宣言"和"北卡罗来纳声明"中。宣言与声明集中反映了约翰逊关于南部重建的三大指导性原则：维护联邦统一，宽容叛乱分子，歧视黑人。

维护联邦统一是总统约翰逊关于南部重建思想中最重要的部分，其重建计划的根本方针和目的是维护联邦统一，即反对分裂、坚持一个国家的原则。自其继任总统以来，约翰逊一直在小心翼翼地维护着这来之不易的胜利果实——联邦的统一。他清醒地认识到激进派的一些激进主张将会重新挑起战火，导致国家再度分裂。故在重建计划上，他沿袭林肯政府的政策——让分裂的南部诸州在战争失利的压力下自愿回到联邦中。故在战后重建中，约翰逊出台的一切政策都是为了恢复南北方的统一和稳定，以及尽最大努力来修补南北方之间的裂痕。

恢复南部叛乱诸州在联邦中的合法地位、宽容叛乱分子是约翰逊政府在战后南部重建中的另一个重要内容。对此，约翰逊坚持以宽容原则进行南部重建。他始终认为南部叛乱诸州从来就没有脱离过联邦，因为美国联邦宪法规定联邦是不可分离的，故南部叛乱是少数奴隶主蛊惑部分民众发动的叛乱，而非南部诸州的叛乱。对此，1865年4月21日，他在接见来自印第安纳州的一个代表团时言道：当一个州参加叛乱时，它是一个州；当奴隶制度被废除时，它仍是一个州。约翰逊希望以最大限度的宽容来换取南北双方的和解，以最快的速度和最小的代价实现联邦的统一。南部重建的目的就是使脱离联邦的南方叛乱各州平稳地重新返回联邦，最终实现联邦和整个国家的稳定和统一。

歧视黑人作为约翰逊政府南部重建方案中的重要内容，与约翰逊对待黑人的态度有密切关系。在处理南部叛乱诸州最敏感的黑人选举问题上，约翰逊建议仅给部分有文化的黑人以选举权。在1866年发表的《国情咨文》中，他虽然谴责南部叛乱诸州退出联邦是非法的，但重申无意将黑人普选权强加于各州，此问题应由各州政府自行决定。

在上述三大重建原则的指导下，约翰逊政府制定了美国南部重建计划，具体内容如下：

第一，赦免参加叛乱的奴隶主。为了迅速弥合战争创伤，避免激起南方叛乱诸州人民的强烈仇恨和抵抗，约翰逊主张对叛乱分子实行宽容政策，但他认为南部诸州的叛乱是由少部分富有的大奴隶主策划和发动起来的，其他大多数人是被欺骗和蛊惑而参加叛乱的。因此，南部诸州参加叛乱的农民和自耕农，可以有理由期待获得赦免，但那些"聪明的、有影响的领导人"则必须受到惩处。在此原则指导下，除奴隶和少数几类人之外，对所有宣誓效忠的人实行大赦并归还其财产，而不在赦免之列的人可以向总统提出申请，在经过审查和甄别后，视情况由总统决定是否予以赦免。结果，在赦免文告发布后，提出赦免申请的约为15000人，被赦免者竟高达13500人，占申请赦免总人数的90%。整体来看，约翰逊政府在南部重建中对于叛乱州和叛乱者实行的政策以宽容为主、惩罚为辅，即宽容绝大多数叛乱者，惩罚制造分裂的少数大奴隶主。

第二，有限度地给予黑人选举权。这与约翰逊总统根深蒂固地信奉白人优越论和种族歧视有密切的关系。曾经，约翰逊的一位田纳西同乡评论说，美国内战正在被政府转变为解放奴隶的运动。对此，约翰逊大声反驳道：这些"该死的黑鬼！我是在和这些叛国的贵族们和他们的主人打仗"。1866年3月，美国国会通过了《民权法案》，法案赋予"所有出生在美国的人以公民权利，并且禁止根据一个人的肤色或种族来剥夺任何本法案确认或保护的权利"。然而，该法案却遭到了约翰逊的否决，他认为给予黑人投票权将导致"黑人成为统治者而白人就会遭殃"。1867年12月3日，约翰逊在美国国会年度致辞中宣称："任何形式的独立政府都没有在黑人手里获得成功"，"有了投票权，黑人将导致这片大陆上从未见过的暴政"[1]。从上述言论可见，约翰逊主张有限度地给予黑人选举权就不难理解了。

第三，遣散南部叛乱诸州的军队。在约翰逊重建计划中，对南部叛乱诸州的军队实行遣散。其具体政策是：只要参与叛乱的军事人员承认所犯错误，承认美国联邦政府国旗，保证服从宪法和法律最高权威，联邦政府就可对这些"误入歧途"的人予以宽恕。遣散南部诸州叛乱军队，对美国社会的稳定和经济的恢复产生了重要影响：消除了南方叛乱诸州大奴隶主再次发动叛乱的军事根基，有利于社会稳定；大量军队被遣散，释放了更多的劳动力投入南部重建中，对美国南部经济的恢复和发展产生了重大影响。

第四，努力调和南北双方之间的矛盾。由于南方种植园主和北方激进的共和党人对南部重建所持截然不同的立场，使得约翰逊政府的重建计划得不到其中任何一方的支持。首先，在对待黑人权利问题上，南部叛乱诸州出台了一系列限制和歧视黑人的法律和法规，如剥夺黑人选举权，禁止黑人与白人通婚

---

① 伊布拉姆·X.肯迪：《天生的标签：美国种族主义思想的历史》，朱叶娜、高鑫译，社会科学文献出版社，2020，第292页、第298页。关于约翰逊对黑人的歧视以及在美国南部重建过程中的政治主张，请参看该书第21章的相关内容。

等，而北方共和党则针锋相对，通过议会制定了《民权法》《解决黑奴事务管理局法》《哥伦比亚特区选举法》等法案，以保护黑人权利；其次，在对待南部叛乱诸州问题上，共和党相继制定了带有复仇主义色彩的诸多法案，要求对南部叛乱诸州实行军管，严格审查叛乱者的公民资格等。对于南北双方在上述问题上的尖锐矛盾，约翰逊充分利用其总统否决权，竭尽全力予以调和。但是，以宽容为主导思想的约翰逊与主张严惩叛乱诸州的美国国会激进派在南部重建问题上发生了严重分歧。具体体现为以下四个方面：

一是如何处置叛乱分子，确定赦免叛乱人员名单？国会激进派和约翰逊总统的观点大相径庭，约翰逊主张以宽容处理为主，而国会激进派主张严惩。

二是如何处置南部叛乱诸州，是否恢复其联邦成员合法地位？对此，国会激进派认为，根据美国联邦宪法，在内战前，南部各州是美利坚合众国的合法联邦成员，但在发动叛乱后，已宣布脱离联邦，故已不再是联邦成员，要想恢复在联邦中的合法地位，就必须重新加入联邦，并满足联邦政府制定的条件。激进派甚至主张对参与叛乱诸州实行军事殖民统治。国会激进派的主张，遭到了约翰逊的极力反对，他认为南部各州的分裂与叛乱是非法的，但它们从来没有脱离并处于联邦之外，故仍然是联邦不可分割的成员。

三是在废除奴隶制度、保障黑人自由民基本权利方面。约翰逊和国会激进派在废除奴隶制度的立场上是一致的。但在废除奴隶制度后，二者在自由民应享有哪些权利以及由谁来保障这些权利方面的观点大相径庭。约翰逊认为自由民权利属于各州管辖，具体政策应由各州制定，而国会激进派则认为应由国会制定法律予以保障，最终 1866 年 6 月 13 日提出，1868 年 7 月 9 日美国国会通过的宪法第十四条修正案①；1869年2月26日提出，1870年2月3日美国国会批准生效的第十五条修正案②，均以立法形式来保护美国黑人的基本权利。

四是由谁来主导南部重建，实际上关系到联邦政府内部权力分配问题，即国会与总统权力之争。约翰逊认为，根据联邦宪法，南部重建的权力属于总统，而激进派则认为应归属国会，总统必须尊重国会的意旨，并在国会的指导下进行南部重建。

美国内战后，在南部重建问题上，约翰逊总统与美国国会激进派之间分歧严重、矛盾重重。倔强的"田纳西老头"——约翰逊不断行使总统否决权，激起了国会的强烈不满。1867年初，双方矛盾公开化。1868年2月25日，美国国会众议院通过决议，以约翰逊违反《官员任职法案》与阴谋策划武装叛乱为由，要求对其进行弹劾，最终以一票之差涉险未过。其实，从1867年开始，国会激进派就掌握了南部重建的主导权。在1867年3月2日至1868年3月11日期间，美国国会激进派连续通过了4项南部重建法案。这些法案的主要内容为：宣布按约翰逊重建纲领建立起来的各州政府无效；宣布对南部除田纳西州之外的其余十个州实行军管，划分为五个军区，由总统任命的军区司令统辖；给予包括黑人在内的全民以选举权，剥夺"参加叛乱或者法律上的重罪的人"的选举权，凡参加叛乱的人，均无资格成为州立宪会议的代表，也无资格担任州政府官员；在各州批准了宪法第十四条修正案并经国会批准州宪法后，各州

---

① 美国宪法第十四条修正案的主要内容,第一款:所有在合众国出生或归化合众国并受其管辖的人均为合众国公民;各州不得制定或实施限制合众国公民的特权或豁免权之法律,非经正当法律程序,不得剥夺任何公民的生命、自由和财产;在州管辖范围内,也不得拒绝给予任何人以平等法律保护。第二款:在总统和副总统、联邦国会议员、各州行政、司法、立法人员的选举中,除因参加叛乱或其他犯罪外,对拒不授予某一部分成年男性公民选举权的州,将按比例削减其在国会众议院的代表权。第三款:剥夺曾担任联邦国会议员、联邦公职人员、前南部各州议员、行政和司法人员这些曾宣誓效忠宪法,而又参与造反和叛乱,或为敌人提供援助和支持的叛乱分子,担任联邦国会议员、总统和副总统选举人、联邦和各州所有军事或行政官员的资格。第四款:对于法律批准的合众国公共债务,包括因支付平定作乱或反叛有功人员的年薪和奖金而产生的债务,其效力不容置疑。但无论合众国或任何一州,都不得承担或偿付因援助对合众国的作乱或反叛而产生的任何债务或义务,或因丧失或解放任何奴隶而提出的任何赔偿要求;所有这类债务、义务和要求,都应被认为是非法和无效的。第五款:国会有权以适当立法实施本条规定。

② 美国宪法第十五条修正案规定,第一款:合众国公民的选举权,不得因种族、肤色或以前是奴隶而被合众国或任何一州加以拒绝或限制。第二款:国会有权以适当立法实施本条规定。

代表才有权参加国会，进而取消军管。

六、美国内战的影响

持续四年之久的内战，给美国带来巨大的人员伤亡和财产损失，但从长远来看，这场战争为美国以后经济的发展产生了积极而深远的影响。

第一，南方落后的种植园奴隶制度随着美国内战的结束而被废除，这为美国经济高速发展扫清了障碍。战后形成了统一的国内市场，随着南方数百万奴隶被解放，为南北双方工业和资本主义农场提供了一支庞大的雇佣劳动力大军；随着奴隶制的瓦解以及北方资本的渗入，南方工商业迅速发展起来。同时，南方农业的快速发展也为北方工业的发展提供了源源不断的工业原料。内战结束后，美国经济发展进入了高速增长时期。

第二，随着奴隶制的废除和《宅地法》的实施，为美国农业资本主义的发展开辟了广阔的前景。内战后，美国中西部以及南部叛乱诸州的广大农民不仅获得了土地，而且随着奴隶制庄园被消灭，南方小农经济也迅速发展起来了。在此基础上，农村中出现了两极分化，少数人兼并了农民土地，创办了一大批建立在使用雇佣劳动力和农业机械化基础上的资本主义大农场，农业劳动生产率迅速提高。

第三，美国内战后，工业资产阶级独揽国家政权，实施了一系列有利于资本主义发展的措施，如采取优惠措施，扶持工商业；兴建铁路，开发西部土地；保护关税，鼓励外国人移民入境；引进外资和吸收先进外国技术；重视科技、发展教育等诸多政策，推动了美国经济的发展和国力的快速增长。在1860年，美国铁路长度仅3万英里，到1900年高达25万多英里，超过了欧洲诸国铁路的总长度，占世界铁路总里程的一半。铁路建设需要大量钢铁，带动了美国钢铁工业的繁荣。在1880年，美国钢、铁产量均为120万吨，到1900年和1903年分别激增至1000万吨和2000万吨；煤的采掘量在1860年为1400万吨，到1884年接近1亿吨。铁路建设推动了西部土地的开发和移民西迁的浪潮。随着铁路的快速发展，大批移民迁往美国中西部，推动铁路沿线及纵深地区大量荒地被开垦，从而使美国耕地面积迅速扩大，由1850年的2.9亿英亩增加到1900年的8.3亿英亩。耕地面积的扩大使农牧产品的产量剧增，内战结束后二十年，美国粮食及主要农产品不仅实现了自给，而且大量出口。随着美国经济的快速发展，到1894年，其工业生产总值已跃居世界第一位，美国也崛起成为世界主要大国。

第五节　日本明治维新

从16世纪起，随着新航路的开辟和欧亚之间的贸易往来日益增多，欧洲的商业和殖民势力开始大规模地进入亚洲，在此背景下，偏处东亚一隅的日本也与西方世界有了较多的接触。1543年，几名葡萄牙人乘坐中国船只到达日本九州海外的种子岛，成为到达日本的首批欧洲人。葡萄牙人占据中国澳门后，开始与日本进行贸易。随后，西班牙人、英国人和荷兰人也相继来到亚洲，与日本开始通商。此外，外国天主教势力以贸易为手段开始在日本传教，在短短几十年时间内，日本天主教信徒发展到数十万人。

然而，日本与西方世界的交往随着德川幕府的建立被打断。德川幕府的建立者德川家康（1543—1616年）原是一名地方诸侯，后跟随织田信长（1534—1582年）和丰臣秀吉（1537—1598年）参加日本内战。1598年，丰臣秀吉死后，德川家康与日本国内其他政治势力发生战争，在1600年的关原之战中大获全胜，掌握了日本最高政权。1603年，德川家康从日本天皇处获得了"征夷大将军"的称号，在江户（今东京）建立了军事封建政权，即为统治日本长达260多年的德川幕府。

德川幕府的将军实为日本最高统治者，由德川家族世袭，天皇仅为日本名义上的最高主宰。但德川幕府并未直接统治日本全国，在地方上存在着两百多个被称为"藩"的诸侯领地。各藩领主称为"大名"，他们必须宣誓效忠将军，听其调遣，向其纳贡，每隔一年到江户参勤一次，还须将妻儿留在江户作为人质。各大名与幕府有着不同的亲疏远近关系，幕府倚重出自德川家族的大名和"谱代"大名，对"外样大名"则予以防范。将军和大名拥有称为"武士"的家臣，他们是拥有特权的职业军人，杀死平民可不受惩罚，普通百姓则分属农工商阶层。

德川幕府建立后，对外部世界，尤其是西方国家与日本的交往感到忧虑，不仅担心大名通过贸易获得先进武器和经济利益而增强实力，也担心天主教势力与国内反幕府实力相勾结，威胁到自己的封建统治。从1612年起，幕府开始禁止天主教在日本的传播，并整肃天主教教徒，加强对海外贸易的限制，开始推行闭关锁国的政策。

从19世纪30年代起，美国政府开始尝试与闭关锁国的日本幕府接触，但成效不显。1853年7月，美国海军将领马休·佩里（1794—1858年）率领四艘军舰抵达日本蒲贺。同月14日在日本江户湾登陆，并向幕府递交了美国总统米勒德·菲尔莫尔（1850—1853年在位）致日本的国书。1854年2月，佩里再次率领七艘军舰出现在江户湾，并以武力相威胁，表示他已经"做好了一切准备，通过一切必要的军力展示，来彰显他的第二度登陆日本的与众不同。因为，他的所作所为表明他知道，对于日本人这样一个如此重视仪式和场面的民族而言，炫耀武力的重要性及其对日本人士气的影响"[1]。面对佩里明目张胆的武力威胁，长期闭关锁国的德川幕府和日本民众只能屈服。"日本的武士阶层在长期和平时期疏忽了军事技能；他们贪图享受和奢华生活，而且这么多年已经很少有人在重拾盔甲。所以，他们对于即将爆发的战争的前景感到恐慌，开始四处搜寻武装。江户城及其周边村落已经陷入极大的混乱之中；预期战争一触即发，人们带着自己贵重的东西和家当四处逃避，把这些东西藏在住在偏远地方的朋友家中。"[2]

经过短暂的谈判，幕府接受了美方提出的条约，1854年3月31日，双方在日本的神奈川签订了《日美友好条约》，又称《神奈川条约》。该条约的签署标志着日本锁国体制开始崩溃，"日本已经向西方国家开放了"[3]。随后，俄国和英国相继以武力相威胁，逼迫德川幕府与其分别签署了《日俄友好条约》和《日英友好条约》，日本的国门进一步被打开。1858年，美国与日本又签署了《日美友好通商条约》，在随后几年内，日本与荷兰、俄国、英国和法国相继签署了友好通商条约。这些条约都是日本被迫与欧美列强签订的不平等条约，因为这些条约定立于日本安政年间，故被统称为《安政条约》，日本锁国状态亦因此而结束。

一、明治维新改革的背景

《安政条约》签署后，"开国"给日本社会带来了巨变。随着对外贸易的发展，促进了日本经济的繁荣，但也带来了很多经济和社会问题。德川幕府统治末期，随着城市发展、社会经济转型和资本主义经济因素的萌芽，导致日本社会利益格局失衡和社会关系发生急剧变化，打破了原有相对平衡的社会结构，加之欧美列强的外在威胁，引发了社会潜在矛盾和动荡不安，急需一场制度大变革来缓和或解决矛盾。明治维新发生的原因如下：

[1] 威廉·G.比斯利：《明治维新》，张光、汤金旭译，江苏人民出版社，2017，第102页。
[2] 威廉·G.比斯利：《明治维新》，张光、汤金旭译，江苏人民出版社，2017，第94-95页。
[3] 威廉·G.比斯利：《明治维新》，张光、汤金旭译，江苏人民出版社，2017，第102页。

第一，由于社会生产力的发展，从18世纪中叶起，日本农村自然经济开始向商品经济转化，并逐渐产生了资本主义萌芽。在农业生产力发展的基础上，商业性农业生产有了很大发展。在德川时代，农村手工业迅速发展起来，并逐渐同农业分离，随着手工业同农业的分离，开始出现了地域性分工，形成了许多手工业中心。总之，德川幕府统治末期，在日本，资本主义手工工场的发展已经十分广泛，并在一些先进地区占据统治地位。伴随着资本主义因素的成长，在日本出现了一个新的阶级——资产阶级。

第二，封建统治阶层与人民大众之间的矛盾是封建社会的基本矛盾。这一矛盾并不因商品货币经济的发展而有所缓和，反而因利益格局的失衡而以新的形式呈现出更加激化的趋势。当时，日本社会分为士、农、工、商四个阶层。农民虽在四民中处于二等地位，但受到的封建剥削却最重。这从当时的一些文献中即可看出。如《东照宫上意》中记载了幕府统治时期农民征税情况："让乡村百姓皆不死不生为收纳上缴的契合点。"即征税标准以百姓能维持基本生存即可。本田正信在《本佐录》中也记载道："百姓为天下之根本也。治其有法。先使每人能立于田地之境，然后使其获得一年的入用作食，其余可收为年贡。百姓无剩余也无不足，乃治世之道也。"除赋税沉重外，在幕府统治时期，赋税名目繁杂也是当时社会的鲜明特征。"至贡赋之类，则更不胜枚举。场圃有赋，家屋有赋，户及牖亦有赋。女子则按年龄计赋。又榷布榷酒，举凡榛柞菽麻之类，莫不有赋……以至欲增建屋宇，亦往往畏赋重而作罢。"[1]在此重赋下，当时的日本农民只能眼睁睁地看着"他们一整年血泪和劳作的结晶被直接交到了作为大名债主的商人手里"[2]。

除了经济上遭受沉重剥削外，农民在其他方面的权利也难以得到保障。幕府法令规定，农民以村为单位，每五家结成一组，不能随意迁徙和选择职业。每组内各家相互监视，若发现哪家有反抗幕藩的企图，须立即上报。若一人有罪而同组人隐匿不报，则五家连坐受惩。此外，农民的生存权利也难以保障，幕府法律规定："下贱之民若对武士无礼，对陪臣或直属臣子不敬，斩杀勿妨。"[3]总之，在幕府统治末期，由于封建统治者的严酷压榨，致使农民阶层与

---

① 许晓光：《论日本幕末利益格局失衡下的社会矛盾——兼及明治维新发生的内在原因》，《四川大学学报》2012年第4期，第34页。

② 威廉·G.比斯利：《明治维新》，张光、汤金旭译，江苏人民出版社，2017，第62页。

③ 许晓光：《论日本幕末利益格局失衡下的社会矛盾——兼及明治维新发生的内在原因》，《四川大学学报》2012年第4期，第34-35页。

幕藩统治者之间的矛盾愈益尖锐。

第三，统治阶层内部矛盾尖锐。在德川幕府统治时期，严格实行社会等级制度。在名义上，日本的最高统治者为天皇，而实际权力却掌握在将军手中，在地方上，则由各类大名实行统治，武士则隶属于将军和大名。以武士为例，即可看出当时日本统治阶层内部由于利益分配不均而导致矛盾重重。武士，作为统治阶层，居住在城市中，不再从事生产和经济活动，只能依靠俸禄米维持相对体面的生活，而领取俸禄米的数量极不平衡。直属将军的武士称为"旗本"和"御家人"，其中少数"旗本"和"御家人"的俸禄米来自其"知行地"（即俸禄地），其余大多数人则领取禄米。根据"1722年一份调查记录，当时的旗本和御家人共有22513人，有俸禄地者为2670人，拥有俸禄地的产米量为2637500多石，人均约988石。领取禄米者共有19839人，共领禄米554780石，人均约28石，大大低于拥有领地者"[1]。巨大的收入差别，无疑成为武士之间相互对立、下级武士仇视上级武士甚至对自己的领主嫉恨的诱因。此外，引起武士集团内部矛盾的另一个重要因素则是大名领主常常因经济困难不能正常向下级武士发放俸禄，甚至强行向臣下借一半俸禄，实际发到武士手中的俸禄多为约定之俸禄的一半或三分之二，结果导致武士恨主如仇敌，严重不满而脱藩，成为盗贼而横行诸藩国（当时日本有200多个藩国）。商品货币关系渗透到农村，导致小农破产现象严重，许多田地荒芜，严重影响到武士禄米的收成，使依靠禄米为生的武士难以得到正常的生活保障。总之，在德川幕府统治末期，日本实际最高统治者——德川将军面临的局面是："现在大名全部赤贫且没有能力为他们的陪臣支付俸禄。农民被沉重的赋税搞得精疲力竭，并要杀婴以不增加吃饭的压力。于是，可以肯定的是，领主和农民都仇恨统治者……除非商人被置于统治者的控制之下，否则武士和农民的愤怒以及被压抑的怨恨将会喷发出来，任何事情都会发生。"[2]

第四，外国资本主义的入侵使日本内外矛盾激化。就国际环境而言，明治维新是在日本面临沦为半殖民地严重威胁下爆发的，这一外部条件催化了这场革命的提早爆发。随着日本的国门被打开，对其经济带来了很大的冲击。一方面，大量外国商品充斥着日本市场，导致日本大量工场手工业破产，沦落为西方资本主义国家的商品销售市场和原料供应地；另一方面，西方商人利用日本

---

[1] 许晓光：《论日本幕末利益格局失衡下的社会矛盾——兼及明治维新发生的内在原因》，《四川大学学报》2012年第4期，第36页。

[2] 威廉·G.比斯利：《明治维新》，张光、汤金旭译，江苏人民出版社，2017，第62页。

黄金价格低于世界市场的价格，用白银套取黄金，获取暴利，导致日本黄金外流，引发市场混乱，物价暴涨，广大农民和城市贫民生活日益贫困，下级武士处境也大为恶化。

二、"尊王攘夷"与倒幕运动

在上述背景下，随着西方列强的殖民和日本开国后带来的各种社会问题，削弱了幕府在国内的统治地位。早在佩里率领"黑船"（船体颜色为黑色）到达日本时，"幕府不再是控制着压倒性军事力量的军事专制政体，它已变成被成员之间的政策分歧所分裂的松垮的官僚政权。它缺乏一位不容挑战的领导人，所依靠的是家臣们的'公议'……在向西方开放日本这样的极具争议的问题上，不可能期望这一集团在该国余众面前呈现一致立场"[①]。在如何回应佩里的要求的问题上，幕府曾向天皇的朝廷、大名甚至平民咨询，这在幕府历史上是破天荒的。幕府的虚弱和无能被展现在大众面前，要求改变政治现状的力量则看到了机会。尤其是后来幕府慑于欧美列强武力而签署的一系列不平等条约，严重损害了日本的主权和国家利益，遭到了诸多指责。

既然幕府腐朽无能，无法解救迫在眉睫的民族危机，那么"尊王攘夷"、还政于天皇的呼声开始日益活跃。"尊王攘夷"派认为，西方势力的入侵破坏了日本传统的社会秩序和伦理规范，侵犯了日本"神国"国体尊严，与列强缔约的幕府罪不容赦。天皇当初设立"征夷大将军"就是为了抵御外侮，既然幕府背叛了它的职责，就应使大政还朝，将天皇奉为真正的最高权威，恢复皇权统治，以免日本受到外族的侵扰。

攘夷派是反对幕府的。在明治维新之前，日本最著名的"尊王攘夷"思想家是吉田松阴。他主张复兴天皇权威，建立一君万民体制，学习欧美技术，实现富国强兵，然后向朝鲜和中国扩张，再折美挫欧。其门生高杉晋作、木户孝允、伊藤博文、井上馨和山县有朋等人在后来均成为倒幕和维新的主要领导。经过数年发展，攘夷派已渐成势，其成员来自社会各个阶层，但其主干是下级武士。后虽经幕府的镇压，但攘夷势力和影响力仍在不断扩大。

与攘夷派相对的是"公武合体"派。该派主张实行"公""武"合作，"公"指天皇朝廷，"武"指幕府和强藩。"公武合体"派得到了幕府、一些地方的强藩和孝明天皇及不少公卿贵族的支持，但各种势力政治动机不同，其主张和立场亦有差异。1862年和1863年，日本地方两大强藩——萨摩藩和长州

---

① 转引自方连庆、王炳元、刘金质主编《国际关系史（近代卷）》上册，北京大学出版社，2006，第254页。

藩试图以武力驱逐外国势力，但很快就遭到了失败。这也使萨摩和长州二藩认识到西方列强坚船利炮的强大，以西乡隆盛（1828—1877年）、大久保利通（1830—1878年）、高杉晋作（1839—1867年）和木户孝允（1833—1877年）为代表的日本有识之士遂改变态度，主张通过开国实现富国强兵。

1866年初，萨、长二藩代表木户孝允和西乡隆盛等人在京都缔结秘密协议，结成反幕联盟。同年，年仅20岁的幕府将军德川家茂病死，德川庆喜（1866—1868年在位，日本末代幕府将军）继承了将军之位。随后不久，反对倒幕派的孝明天皇（1846—1867年在位）突然死亡，睦仁天皇（1867—1912年在位）即位。德川庆喜为了镇压反幕力量，筹集军费，大肆搜刮，导致物价和赋税大幅增长，加剧了倒幕势力和民众的仇恨，贫民暴动频繁，幕府统治处于风雨飘摇之中。

三、戊辰战争与明治新政府的建立

1867年6月，出身于西南强藩土佐的著名活动家——坂本龙马从长崎乘船去京都的途中，提出了改造日本的八条建议：大政奉还，政令归于朝廷；设置上下议政局，万机决于公议；录用人才，裁减冗官；和外国的交往，要基于公议订立最合理的规约；折中自古以来的律令，撰定永远的大典；扩充海军；设置亲兵守卫京都；使金银货和物价与外国平衡等[①]。同船的土佐藩藩士后藤象二郎在此基础上提出了"大政奉还"，建议幕府将所持权力还于天皇，建立以将军、其他诸侯参与的公议政体，朝廷、幕府和诸侯合力捍卫"皇国"。

倒幕立场坚定的萨摩藩一边接受土佐藩提出的"大政奉还"建议，一边积极联络长州、艺州等藩，达成举兵协定，并向京都增调军队，准备武力起事。正当倒幕派准备起兵时，德川庆喜却以进为退，采纳了"大政奉还"建议，并于11月9日上表朝廷，表示要"改历来之旧习，政权奉还朝廷，广尽天下之公议，仰承圣裁，同心协力，共保天皇"[②]。不久，他又上表朝廷请辞将军一职。

朝廷接受了"大政奉还"，但倒幕派不愿就此让步，并支持睦仁天皇于1868年1月3日发布了"王政复古大号令"，宣布允准德川庆喜两份上表，实行王政复古，并废除幕府等设置，设立"总裁""议定"和"参与"三种官职处理国事。在当天晚上由天皇召集的会议上，岩仓具视和大久保利通等倒幕派进一步提出，应命令德川庆喜辞去内大臣职务和交还领地。德川庆喜接到该命令后犹豫不决，其身边的强硬派十分愤怒，要求清君侧。与此同时，倒幕派也

---

① 安冈昭男：《日本近代史》，林和生、李心纯译，中国社会科学出版社，1996，第95-96页。
② 万峰、沈才彬编《日本近代史讲座》，甘肃人民出版社，1987，第40页。

在不断制造事端，为武力倒幕寻找时机。面对萨摩等倒幕势力的挑衅，1868年1月25日，德川庆喜决定起兵攻打京都。26日，幕府军队兵分两路，向京都进发，傍晚，幕府两路军队分别在鸟羽、伏见与倒幕派军队遭遇，经过三天激战，倒幕派军队取得全胜。德川庆喜逃归江户，4月，政府军兵临江户城下，德川庆喜被迫投降。次年5月，政府军扫除了幕府残余势力，历时一年半的国内战争以政府军的全面胜利而告终，统治日本长达265年的德川幕府被彻底推翻，幕府时代也完全终结。这一战争主要发生在1868年即农历戊辰年，史称"戊辰战争"。

1868年10月12日，年满17岁的天皇睦仁举行继位大典。10月23日，根据中国典籍文献——《易经》中"圣人南面而听天下，向明而治"之语，天皇睦仁将庆应四年改为明治元年，并规定一代天皇只用一个年号。11月26日，睦仁驾临江户城，并将其改名为东京。

在倒幕战争还在进行的同时，日本近代历史上著名的"明治维新"也拉开了序幕。1868年4月6日，日本天皇发布了《五条誓文》，主要内容为：广兴会议，万机决于公论；上下一心，盛行经纶；官武一途以至庶民，各遂其志，勿使人心不倦；破历来之陋习，基于天地之公道；求知识于世界，大力振兴皇基。从誓文来看，明治新政府既兼顾日本实际之国情，又要学习外国先进经验和革新国家的志向。

随后，日本新政府逐步建立起了一套新的中央官僚体制。1868年6月，颁布了"维新政体书"，建立了三权分立的太政官制，设立议政、行政、神祇、会计、军务、外国和刑法七官。议政官分为上下两局，上局是政府的权力中枢，掌管"创立政体、造作法制、决定机务、诠衡三等官以上人选，以及明确赏罚，签署条约等事"，其成员"议定"和"参与"由皇族、公卿、诸侯和藩士组成。下局由地方上选拔的贡士组成，供上局咨询。行政、神祇、会计、军务、外国各官掌握行政，刑法官执掌司法。

在革新中央体制和加强中央官僚机构的同时，在地方上推行的重大举措是废藩置县。戊辰战争结束时，各藩划地而治的局面依然存在，中央政府的威望和权力多有限制。于是，很多革新派重臣要求实现天皇政府领导下的真正统一，主张各藩向中央"奉还版籍"，"版"指土地，"籍"指户口（人口），"奉还版籍"就是把对藩属领地和人民的控制权交还天皇。在大久保利通、木户孝允等人的劝说下，萨摩、长州、土佐等强藩于1869年3月2日联名上书，表示愿意听从"奉还版籍"之命令。同年7月，新政府宣布"听从"236个藩主

"奉还版籍"的请求，并命令尚未奉还的 14 个藩也要一律照办。此举将藩主变为藩知事，剥夺了他们对土地和人民的领有权。1871 年 8 月 29 日，明治政府正式宣布"废藩置县"，免除全国各藩知事的职务，一律迁往东京居住。将全国划分为 3 府（东京、京都和大阪）72 县，由中央政府任免府知事和县令。这一重大改革举措消灭了封建割据，形成了中央集权的统一国家，成为维新运动中的一次深刻的变革。

除采取上述措施外，明治政府逐渐废除封建身份制度和取消武士特权，即废除公卿之称，改为华族，一般武士改为士族，确定了皇族、华族、士族和平民的身份制，准许华族、士族与平民通婚，实现了形式上的"四民平等"。同时，明治政府实行土地改革，即在 1872 年 3 月，颁布命令解除幕府所颁布的永世禁止土地买卖的禁令；丈量全国土地，颁布土地执照，确认其土地所有权；1873 年 7 月发布《地税改革法令》，具体规定了地税税率，统一了全国货币，废除了各藩之间设立的关卡。

四、明治政府的三大建国政策

1871 年底，出于修改不平等条约和考察欧美先进国家社会治理之目的，日本政府派出一个庞大的使节团出访欧美。使团以右大臣兼特命全权大使岩仓具视（1825—1883 年）为正使，故称"岩仓使节团"，以参议木户孝允、大藏卿大久保利通、工部大辅伊藤博文（1841—1909 年）、外务少辅山口尚芳为副使，成员有 50 余人。该团于 1871 年 12 月 23 日从日本横滨启程，访问了欧美12 个国家，其成员至 1873 年 9 月前才陆续回国。这次访问虽未实现修改不平等条约之目的，但使团成员目睹了欧美诸国之发达和先进。对此，大久保利通言道："大凡国之强弱，系于人民之贫富；人民之贫富，则系于物产之多寡，而物产之多寡，又起因于是否鼓励人民之工业。因此，归根到底是依靠政府官吏诱导奖励之力。"①

根据考察报告，明治出访使团提出了"殖产兴业""文明开化"和"富国强兵"三大政策。"殖产兴业"就是运用国家政权力量，以各种政策为杠杆，用国库资金加速资本原始积累过程，并且以军工企业为主导，按照西方样板，大力扶助日本资本主义的成长。为此，在 1870 年 12 月成立了工部省，全面负责殖产兴业各项政策的制定和落实。"文明开化"是明治政府在 19 世纪 70—80年代推行的学习西方资本主义国家的教育、文化科学、生活方式等一系列措

---

① 米庆余:《明治维新:日本资本主义的起步与形成》,求实出版社,1988,第 34 页。

施，借以改造日本的封建文化。为此，日本政府主要进行了教育改革，取消了以儒学为中心的封建教育，效法西方国家教育模式。此外，倡导西方人的生活方式。"殖产兴业"和"文明开化"要服务于"富国强兵"最终之目的。"富国强兵"主要改革的内容是仿照西方国家，改革军制，实行征兵制，建立新式的常备军。

经过明治维新，日本实现了社会形态的更替，由落后的封建社会过渡到资本主义发展阶段；摆脱了沦为半殖民地的危机，使日本成为亚洲唯一一个能够继续保持民族独立的国家。在日本走向现代化的过程中，吸收和借鉴了西方先进的科学文化和法律制度，但排除了西方文化中的民主自由思想和议会制度，却充分吸收了德国的军国主义文化。在1889年颁布的《大日本帝国宪法》中，不仅确定了天皇权威体制，而且确立了国家"神道"对其他宗教的统治地位。1882年和1890年，日本先后公布了《军人敕谕》和《教育敕谕》，将儒家传统的忠君思想与国家主义相结合，把传统的日本武士道精神和神道教相结合，向国民灌输天皇制国家主义思想，日本逐渐形成了一种军国主义文化。崛起后的日本推行侵略扩张政策，给亚洲人民带来了深重的灾难。

第六章
近代欧洲国际体系的建立

近代国际关系史始于 17 世纪英国资产革命和三十年战争结束后签署的《威斯特伐利亚和约》，终于 1917 年爆发的十月社会主义革命的胜利和第一次世界大战的结束。近代以来，随着欧洲民族国家的兴起及其他诸多复杂的原因，欧洲各国之间战争频仍，在三十年战争和拿破仑战争结束后，欧洲诸大国召开会议，先后签署了《威斯特伐利亚和约》和《维也纳会议最后议定书》，建立了威斯特伐利亚体系和维也纳体系。1871 年德国完成国家统一及之后的崛起，深刻地改变了欧洲的地缘政治格局，也给 19 世纪后半叶至 20 世纪初期的欧洲国际关系带来了深远影响。

在时间跨度上，近代国际关系史约为 280 年，从资本主义发展阶段和国际关系发展的历史进程来看，可大致分为两大时期[①]。第一个时期从 1640 年英国资产阶级革命到 1871 年的普法战争。这一时期是新兴资本主义经济和政治力量在欧洲和世界扩展的时期，也是全球性国际关系逐渐形成时期。在此 230 余年的时间内，又可分为三个阶段。

第一阶段：从 17 世纪中叶到 17 世纪末。该时期是欧洲国际政治力量大分化和大调整阶段。三十年战争后，神圣罗马帝国进一步衰落了，西班牙在与法国争夺欧洲霸权的过程中以失败而告终，法国开始崛起，成为欧洲首屈一指的强国，尤其是在路易十四执政时，法国势力盛极一时。在法国短暂称霸于欧洲的同时，欧洲其他国家——英国和荷兰，相继爆发了资产阶级革命，随后也开始崛起。英荷两国为争夺海上霸权，分别在 1652—1654 年、1665—1667 年、1672—1674 年爆发了战争。三次英荷战争沉重地打击了荷兰的航海贸易和殖民扩张，也终结了其海上霸权。而战胜国英国则获益良多，开始登上了国际政治舞台。

第二阶段：从 17 世纪末到拿破仑战争结束。这一阶段欧洲国际关系的重

---

① 关于近代国际关系史时间划分,可参看方连庆、王炳元、刘金质主编《国际关系史(近代卷)》,北京大学出版社,2006,序言第 1-9 页。

要特征是英法两强争霸。英法两国先后经历了西班牙王位继承战争（1701—1714年）、七年战争（1756—1763年）和拿破仑战争。在这三次较量中，英国均占据上风，获取了巨大的政治和经济利益，成为名副其实的世界霸权国。

第三阶段：从1814年到1871年。欧洲反法联盟击败拿破仑法国后，建立了维也纳国际体系。俄国成为欧洲新霸主后推行对外扩张政策，引发了1853—1856年的克里米亚战争。到19世纪60年代末，欧美各大国以及亚洲的日本，基本上都已确定了资本主义制度，全球性国际关系体系开始形成。

第二个时期从1871年普法战争后到1918年第一次世界大战结束。这一时期是自由资本主义发展到帝国主义阶段的时期，也是以资本主义世界经济为纽带的全球性国际体系最终形成的时期。在19世纪最后30年，随着第二次工业革命的开展，垄断组织的形成，西方列强掀起了新一轮瓜分世界的狂潮，到19世纪末20世纪初，世界已基本瓜分完毕，形成了帝国主义殖民体系。与此同时，先后爆发了美西战争、英布战争和日俄战争，以及20世纪初期爆发的第一次世界大战。1917年十月革命的胜利和第一次世界大战的结束，标志着近代国际关系的终结，世界历史也进入了一个新的时期。

第一节　威斯特伐利亚体系的建立

1618—1648年爆发的三十年战争是近代欧洲历史上第一次大规模，并对近代国际关系有较大影响的国际战争。

一、三十年战争的起因

三十年战争起源于德国。17世纪的德国四分五裂，各种政治势力关系错综复杂，矛盾重重。马丁·路德宗教改革后，在德国北部及东北部形成的"新教同盟"同南部及西南部成立的"天主教联盟"长期对立，各诸侯与神圣罗马皇帝之间的矛盾和冲突不断。更为严重的是欧洲列强插手德意志内部事情，以法、英、荷诸国为一方，支持"新教同盟"；以西班牙为一方，支持"天主教联盟"，使原本四分五裂的德国局势变得更加复杂和凶险。对此，正如英国学者布伦丹·西姆斯所言："没有哪个地方比德意志更能深切体会这种分裂和对抗，因为宗教改革使其整个帝国一分为二。天主教会、路德教派、加尔文教派三足鼎立。"①对神圣罗马帝国皇帝而言，欲通过战争征服德意志各诸侯，借以扩大和维护皇权；对各诸侯而言，欲通过战争削弱皇权，扩大自己的领地；而对虎视眈眈的欧洲列强而言，则想利用战争夺取德意志领土。

1617年，神圣罗马帝国皇帝马提亚（1612—1619年在位），指定奥地利大公斐迪南为波希米亚②王位继承人。同年，波希米亚贵族会议推举其为国王，称斐迪南二世。因斐迪南坚决反对宗教改革，故波希米亚人民拒绝承认其为该领地国王。次年5月23日，波希米亚邦议会中信奉新教的各等级代表，将皇帝派来执行其旨意的两名官员及一名秘书从王宫的窗口抛入护城壕中（史称"掷出窗外事件"）。这一事件成为三十年战争的导火索，当天，布拉格发动了反对皇帝的起义，战争随之开始。

二、三十年战争的经过

这次战争大致经历了四个阶段——波希米亚时期、丹麦时期、瑞典时期和瑞典—法国时期。

波希米亚时期（1618—1625年）。布拉格起义后，在1619年，波希米亚推选出自己的新国王（腓特烈五世），同年8月，斐迪南二世（1619—1637年在位）继位为神圣罗马帝国皇帝。波希米亚与巴拉丁联军对斐迪南二世作战。在得到"天主教联盟"和西班牙的支持后，1620年11月8日，在布拉格附近的白山之战中，斐迪南二世彻底击败了波希米亚与巴拉丁联军，腓特烈五世逃往荷兰，波希米亚和巴拉丁分别被奥地利和西班牙占领。皇帝斐迪南二世虽然取胜，但引起了"新教同盟"的不满以及英国、法国和荷兰等国的不安。因为，它们不希望德国实现统一，遂开始插手德意志内战，三十年战争亦演变成一场国际战争。

丹麦时期（1625—1629年）。为了打击斐迪南二世，英国、荷兰和丹麦三

---

① 布伦丹·西姆斯：《欧洲：1453年以来的争霸之途》，孟维瞻译，中信出版集团，2016，第13页。关于宗教改革对17世纪上半叶德国国内政治势力的影响，可参看《欧洲：1453年以来的争霸之途》第一章：《帝国：1453—1648年》的相关内容。

② 波希米亚是古中欧地名，占据了古捷克地区西部三分之二的区域。现今位于包括布拉格在内的捷克共和国中西部地区。广义上，尤其是有关波希米亚王国的历史文献中，也常指代包括摩拉维亚和捷克西里西亚在内的整个捷克地区。波希米亚曾为神圣罗马帝国附属国，后为奥地利哈布斯堡王朝的一个省。波希米亚曾经南临奥地利，西抵巴伐利亚，北接萨克森和卢萨蒂亚，东北与西里西亚为邻，并与东部的摩拉维亚接壤。1918年至1939年以及1945年至1992年，波希米亚属于捷克斯洛伐克的一部分，1993年之后成为捷克共和国领土的组成部分。

国在 1625 年结盟。同年，丹麦国王克里斯蒂安四世（1588—1648 年在位）在英、荷支持下派兵入侵德意志北部。但在次年 8 月被"天主教联盟"击败，迫使丹麦于 1629 年 5 月签署了《吕贝克和约》，宣布退出德意志。战场的胜利巩固了斐迪南二世的皇位，其开始打击新教诸侯，要求新教诸侯必须将 1552 年以后所夺取的土地全部归还给天主教诸侯，即《归还教产敕令》。该敕令激起了"新教同盟"的强烈不满。此外，斐迪南二世向波罗的海的扩张，引起了瑞典的不满，于是瑞典决定参战。

瑞典时期（1630—1635 年）。其实，早在三十年战争爆发后不久，瑞典国王古斯塔夫·阿道夫（1611—1632 年在位）和瑞典议会就密切关注战场形势，随着神圣罗马帝国皇帝在战场上取胜，古斯塔夫向议会建议："为了把握战场的主动权，同时把战争的责任置于敌人一方，先发制人是上策。"[①]故在 1630 年 7 月，瑞典国王率军在波美拉尼亚登陆，占领了德意志北部及中部一些地区。1631 年 1 月，瑞典与法国结盟。在得到法国和德意志新教诸侯支持后，瑞典军队于 1631 年 9 月在莱比锡附近歼灭了"天主教联盟"军，次年 5 月又占领了慕尼黑，但在 1632 年 11 月进行的吕岑会战中，瑞典军队虽然获胜，但国王古斯塔夫·阿道夫阵亡。由于瑞典军队失去统帅，随后被"天主教联盟"和西班牙军队击败。斐迪南二世再次获胜，促使法国直接参战。

瑞典—法国时期（1635—1648 年）。1635 年，法国先后与荷兰和瑞典结盟后，于同年 5 月向斐迪南二世宣战，并出兵德意志、西属尼德兰和西班牙。1637 年斐迪南二世去世，其长子即位，称斐迪南三世。在三十年战争中，西班牙一直坚定支持神圣罗马帝国皇帝，但在 1640 年，加泰罗尼亚和葡萄牙相继爆发了反对西班牙的革命，致使西班牙再无法全力支持斐迪南三世，战场形势也呈现出一边倒的形势。在 1642 年至 1848 年期间，先后进行的几次大会战中，皇帝斐迪南三世的军队均战败，被迫停战求和。

三、《威斯特伐利亚和约》的签署

1648 年，持续三十年的战争结束了。在接到斐迪南三世停战要求后，由于法国和瑞典在如何结束战争问题上分歧严重，后在法国提议下，两国分别与斐迪南三世在威斯特伐利亚的两个相邻城市明斯特和奥斯纳布吕克同时进行和平谈判。尽管参战各方精疲力尽，但在谈判桌上都极力争取，以实现各自国家的战略意图。当时，西班牙为了维持在德意志的势力和影响，极力拉拢奥地

---

① 关于瑞典参加三十年战争的原因，请参看布伦丹·西姆斯：《欧洲：1453 年以来的争霸之途》，孟维瞻译，中信出版集团，2016，第 8-9 页。

利，同时反对和排斥法国；神圣罗马帝国皇帝希望法国和瑞典和解，不再干预帝国事务，以维持皇帝的权威；法国则希望战后达成的和约既能削弱西班牙在德意志的影响力，打破长久以来西班牙哈布斯堡王朝对法国的包围，同时又能削弱神圣罗马帝国皇帝的势力。经过讨价还价，有关各方在1648年8月和9月，分别就《奥斯纳布吕克和约》和《明斯特和约》中的各项条款达成一致意见。同年10月24日，参战各方代表在明斯特市政厅签署了上述两个和约，统称《威斯特伐利亚和约》。和约规定：哈布斯堡皇室承认新教在神圣罗马帝国内的合法地位，同时新教诸侯和天主教诸侯在帝国内地位平等；神圣罗马帝国内各诸侯邦国可自行确定官方宗教，其中加尔文教派得到帝国承认为合法宗教；神圣罗马帝国内各诸侯国有外交自主权，但不得对皇帝及皇室宣战；正式承认荷兰和瑞士为独立国家；哈布斯堡皇室部分奥地利领地被迫割让给法国、瑞典和部分帝国内新教诸侯；法国得到麦茨、图尔和凡尔登三个主教区和阿尔萨斯地区；瑞典获取西波美拉尼亚地区和维斯马城、不来梅—维尔登两个主教区，从而得到了波罗的海和北海南岸的重要港口；普鲁士获得东波美拉尼亚地区和马格德堡主教区；神圣罗马皇帝选举不得在现任皇帝在世时进行，以免皇帝干预选举结果；法国和瑞典在神圣罗马帝国议会中有代表权，巴伐利亚公爵被封为选帝侯[①]。

四、三十年战争的后果

《威斯特伐利亚和约》的签署，宣告了三十年战争的结束。这场战争的主战场是神圣罗马帝国，旷日持久的战争给帝国带来了巨大的破坏，"到处都遭到历史上最没有纪律的暴兵的蹂躏"，"到处是一片人去地荒的景象"。生产力遭到巨大破坏，人口大量减少，工商业急剧衰退。作为主战场的"神圣罗马帝国的人口骤降，从原来的2100万下降到1300万多一点儿，人口损失是空前的。从人们的讲述和复述中可见，神圣罗马帝国在欧洲的中心位置不复存在，这几乎成了集体性的死亡判决。到17世纪40年代末，诸侯、市民和农民都不得不面对噩梦般的景象：到处都是被毁坏的风景、被毁坏的庄稼、人口凋敝的村庄以及被投毒的水井"[②]。

然而，就欧洲国际关系而言，三十年战争结束了自中世纪以来"一个教皇

---

① 请参看布伦丹·西姆斯：《欧洲：1453年以来的争霸之途》，孟维瞻译，中信出版集团，2016，第29—32页。

② 布伦丹·西姆斯：《欧洲：1453年以来的争霸之途》，孟维瞻译，中信出版集团，2016，第31页。

（罗马教皇）、一个皇帝（神圣罗马帝国皇帝）"统治欧洲的局面。原本就分崩离析的神圣罗马帝国在三十年战争后，分裂更加严重。正如巴伐利亚天主教选帝侯所言："这么多国王和君主赞成帝国的分裂，那么分裂也就成为必然结果。"结果便是德意志境内分裂为近300个独立的大小不同的诸侯领地和100多个独立的骑士领土，神圣罗马帝国皇帝企图在欧洲恢复天主教地位的愿望完全破灭了，神圣罗马帝国在事实上已不复存在；由于战争失利，西班牙失去了一等强国的地位，而战胜国法国在这一次战争中得到了德国大片领土，成了欧洲霸主；战胜国瑞典也得到了波罗的海沿岸的大片土地，成为北欧强国。

三十年战争推动了欧洲近代民族国家的形成，是欧洲近代史的开始。《威斯特伐利亚和约》的缔结，确立了国际关系中的国家领土、主权与独立等原则，被认为是近代国际关系的开端。《威斯特伐利亚和约》的签署也标志着近代意义上的国际社会得以形成，由它决定的国际法也真正产生。《威斯特伐利亚和约》所构建的国际秩序影响深远，一直延续到1815年维也纳会议所确立的维也纳国际体系。

尽管《威斯特伐利亚和约》的签署为欧洲主要大国间带来了短暂的和平，但神圣罗马帝国皇位继承权问题，加之宗教信仰的分歧，尤其是西班牙衰落后，在德意志境内留下的权力真空由谁去填补？瑞典衰落后，欧洲其他大国如何瓜分瑞典在德国境内的遗产等诸多问题，依然困扰着欧洲主要大国，不仅引发了连绵不断的战争，也成为阻挠德国实现统一的最大障碍。

第二节　维也纳会议与维也纳体系的建立

1812年，拿破仑远征俄国失败，英国等国借机在1813年2月组建了第六次反法同盟，并向法国展开了进攻，在同年10月进行的莱比锡大会战中，击败法军，被迫拿破仑于1814年4月退位。同年5月30日，反法同盟国家与法国在巴黎签订了《第一次巴黎和约》。该和约第32条规定："本次战争参加各方应在两个月内派遣全权代表到维也纳，以便在全体大会中决定本条约条款所必须补充的各项安排。"[1]根据这一规定，反法同盟国家的全权代表在1814年9月陆续抵达奥地利首都维也纳。

---

① 世界知识出版社编辑《国际条约集(1648—1871)》,世界知识出版社,1984,第268页。

参加维也纳会议的欧洲国家较多，但主要由战胜拿破仑帝国的奥地利、普鲁士、俄国和英国四大国把持。四大国代表分别为：奥地利皇帝弗朗西斯一世和外交大臣梅特涅（1808—1848年在位）、普鲁士国王腓特烈·威廉三世（1797—1840年在位）和首相哈登堡、俄国沙皇亚历山大一世（1801—1825年在位）及外交国务秘书涅谢尔罗迭、英国外交大臣卡斯尔雷（1812—1822年在位），代表法国出席会议的是外交大臣塔列朗（路易十八复辟波旁王朝后，在1814—1815年期间短暂出任法国外交大臣）。

除上述几大国之外，维也纳会议还邀请了除土耳其以外的其他欧洲国家，其中多数国家的代表是由本国君主亲自率团参加，而且，出席会议的代表几乎全都携带家眷。故维也纳会议也成为近代国际关系史上的一次规模空前的盛会。一时间，维也纳名流云集，也将本次会议变成了一个盛大的节日，欧洲各国"贵族和王族试图恢复他们记忆中的十八世纪那种豪华场面而举行的庆祝会。因此，形形色色的亲王、贵族、旅游者、乞丐、间谍和小偷都被吸引到维也纳来"①。

虽然经过多年战争的消耗，奥地利国库空虚，但为了提高本国声望，办好这次会议，奥地利政府倾其所有，款待来宾。"宫廷的庆祝委员会为众多的宾客安排了丰富多彩的舞会、滑雪、溜冰、打猎、狂欢会、赛马、音乐会，以及多次盛大的宴会。"②在会议期间，维也纳处处歌舞，呈现一种歌舞升平的景象。然而在会议桌上，参会的各大国为了维护本国利益，锱铢必较，彼此间的争吵和斗争非常激烈。

首先，奥地利、普鲁士、俄国和英国以及战败的法国，经过讨价还价，确定维也纳会议召开的目的和基本原则，即举行本次会议的目的是"商讨能把革命前的形势恢复到什么程度"③，因此，梅特涅提出的"恢复旧秩序"就成为这次会议召开的目的和要实现的任务。由于法国是战败国，故当法国外交大臣塔列朗在1814年9月23日到会时发现，四大国已开始了非正式会谈，而法国却被排除在外，他一边在强烈表达不满的同时，一边审时度势，提出了"正统（合法性）"原则，以捍卫法国利益。何谓"正统"原则？塔列朗认为："恢复

---

① C.W.克劳利编《新编剑桥世界近代史》（第九卷），中国社会科学出版社，1992，第846页。

② C.W.克劳利编《新编剑桥世界近代史》（第九卷），中国社会科学出版社，1992，第846页。

③ 恩格斯：《德国状况》，《马克思恩格斯全集》（第二卷），人民出版社，1957，第641页。

旧秩序"必须遵循"正统"原则，换言之，那些被法国大革命所推翻的封建王权和制度都是"正统"王朝，"恢复旧秩序"就是恢复这些"合法"王权及其原有的旧疆域。对于塔列朗的这一主张，英、俄、普、奥四大国无法反对，参会的一些中小国家的代表也表示赞同。因此，"正统"原则就成为维也纳会议的指导原则。此外，"补偿"原则也被英、俄、普、奥、法（经过塔列朗的努力和争取，英、俄、普、奥同意接纳法国参加四大国协调会议，于是，四大国委员会扩大为五国）五大国组成的委员会一致同意作为大会的另一项指导原则。该原则即为大国在瓜分小国领土时，如某一国要求未能得到满足时，则可从其他地方获得补偿。

其次，与会的英、俄、普、奥以及法国参会的目的。尽管确定了本次会议的主要任务和指导原则，但对参会的英、俄、普、奥、法五大国而言，它们所处地位不同，利益诉求也各有差异。对英国而言，其核心目标是谋求海外霸权，为实现其外交战略中的"欧洲均势"，在会上反对进一步削弱法国，但为了防止法国东山再起，英国主张设立屏障，即反对俄国独吞波兰，支持波兰独立，要求将比利时并入荷兰；对俄国而言，战胜拿破仑后，企图树立自己在欧洲的霸权，同时为了阻止反俄同盟的形成，也反对过分削弱法国，并谋求进一步对外扩张，试图独吞波兰；对普鲁士而言，主要目标是扩大在德国的领土和势力，同时，为了削弱其对手法国，主张瓜分法国，但遭到与会列强的反对，故同俄国达成妥协，互相支持；对奥地利而言，反对俄国吞并波兰，同时，为了进一步扩大奥地利在德国的势力，故反对普鲁士过分扩张；对法国而言，作为战败国，塔列朗参加本次会议的主要目标就是恢复法国在欧洲的大国地位，并竭尽全力维护法国利益，减少因战败而导致国家利益损失过大。

由于操纵会议的五大国，主要是英俄普奥四国在维也纳会议上因领土划分而争吵不休，甚至以武力威胁，如俄国沙皇亚历山大一世甚至扬言："我在华沙大公国驻有20万俄军，让他们试试将我从那里赶走吧！至于萨克森，我已经将它许给普鲁士。"[1]就在列强因分赃而争吵不休时，1815年2月28日，被囚禁在地中海厄尔巴岛上的拿破仑摆脱了英国舰队的监视，成功逃离了该岛，并于3月20日返回巴黎，建立了"百日王朝"。3月25日，英俄普奥组建了第七次反法同盟。为了集中力量对付拿破仑，英、俄、普、奥、西、葡、瑞典与法国于6月9日共同签署了《维也纳会议最后议定书》，维也纳会议宣告结束。

---

① 方连庆、王炳元、刘金质主编《国际关系史（近代卷）》（上册），北京大学出版社，2006，第103页。

《维也纳会议最后议定书》共121条，其主要内容有：根据正统主义原则，恢复法国、普鲁士、西班牙、葡萄牙、瑞士和罗马教皇国等欧洲国家的封建君主统治。对法国的处罚——赔款7亿法郎，其领土被限制在1792年之前的疆域之内，东北边境的17个城堡由反法联军占领3～5年，并监督法国偿付赔款；在军事上，法国交出其所有海军，为了防止法国东山再起，在其周围建立屏障，即扩大瑞士领土，并承认其永久中立，将比利时并入荷兰，由荷兰国王统治，合称尼德兰王国，扩大撒丁王国的领土。在中欧，恢复德、意境内的封建君主统治，并维持其分裂状态，成立德意志联邦，由包括普鲁士、奥地利在内的34个君主国和4个自由市（汉堡、不来梅、卢卑克和法兰克福）组成；奥地利放弃波兰，获得伊斯特里亚、达尔马提亚、提罗尔、伦巴底、威尼斯等地区；普鲁士放弃华沙公国部分领土，获得撒克森王国五分之二的领地及德意志的其他地区（包括经济最发达的莱茵区和威斯特伐利亚）；俄国获得了华沙公国百分之九十的领土，同时获得了芬兰和比萨拉比亚。英国获得了大量具有战略意义的海外殖民地：好望角、马耳他、巴哥、圣卢西亚、毛里求斯、开普敦、锡兰（斯里兰卡），并控制了通往东方的战略要地，巩固了海上霸权。对北欧国家领土的划分和处置：瑞典放弃芬兰，获得了挪威；丹麦放弃挪威，获得荷尔斯泰因和石勒苏益格。

此外，《维也纳会议最后议定书》还包括17项条约、专约、宣言、规章和其他文件，这些附件不仅是该议定书的重要组成部分，而且其内容对以后国际关系的发展产生了深远影响——确认了大国对欧洲领土及海外领地的划分；呼吁各国停止贩卖奴隶；确定了外交代表等级章程，规定外交代表等级分为三级：一级为大使、宗教特使或教廷大使，二级为公使或向君主派遣的其他代表；三级为外交部长派遣的代办。该章程首次统一了各国外交代表的等级，从而使各国避免了在外交活动中因代表等级不统一而引起的争执，并一直为此后各国所承认和遵守。

《维也纳会议最后议定书》的签署，标志着维也纳体系由此建立。它构成了凡尔赛体系和雅尔塔体系之前的一个全欧性战略关系格局，由于此时欧洲列强主导建立了世界殖民体系，从而使该体系本身又具有一种世界性质。这一体系对以后国际关系的发展和外交原则的确立都产生了巨大影响，充分体现出了时代特征，具有重要意义。

以《维也纳会议最后议定书》为核心，包括《特别条款》《外交代表等级条例》等一系列附件，构成了维系欧洲近百年的国际体系。维也纳体系的建立，导致欧洲封建主义的复辟，如法国的波旁王朝、撒丁王国的萨伏依王朝、尼德兰的奥仑治王朝、西班牙和那不勒斯王国以及德意志诸多王公纷纷登场，体现出历史的倒退；强权政治和大国意志辅以"补偿原则"来维持列强之间利益平衡，是维也纳体系的一大特征；该体系对国际法的制定，国际惯例和外交规范的统一，国际河流和边界划分的总原则和具体规定，以及对以后国际组织的创建均产生了重大影响；维也纳会议后，国际关系交往中出现了"大国外交"模式，亦称"精英外交"或"梅特涅外交风范"。

　　总之，维也纳体系不仅规定了欧洲各国之间的新边界，而且对各国的国内结构也做了规定，即维持"君主制原则"，"废除奴隶制、保障宗教信仰自由、反对政治压迫、打击激进的颠覆破坏活动"等，这些规定对以后欧洲国际体系产生了深远的影响。不过，该体系的核心是建立德意志邦联，以取代已经名存实亡的神圣罗马帝国。建立德意志邦联的目的在于维护欧洲的平衡——既要遏制法国和俄国的野心，又要保证德意志不会过分强大，防止其自身具有霸权野心。

第三节　19世纪后期欧洲国际关系

　　普法战争和德国统一是近代国际关系的转折点，改变了欧洲大陆的国际格局——德强法弱。普法战争使法国元气大伤，战争期间，法国经济受到严重破坏，损失约130亿法郎。法国战败后，又赔款50亿法郎，并割让了拥有丰富煤铁资源的阿尔萨斯和洛林，致使法国丧失了145000平方千米的土地和约占全国1/4的纱锭及其他多种工矿企业。鉴于此，战争结束后，法国的主要对外战略目标是伺机对德国复仇，收回失地，恢复其在欧洲大陆的优势地位。战后法国国力快速恢复，并重整军备。1872年，法国梯也尔政府实行义务兵役制，扩充兵力，使现役军人达到67.5万人，几乎与德国相等。在此情况下，以俾斯麦为首的德国决策者原想借普法战争以及《法兰克福和约》，使法国耗尽国力、流尽鲜血，不再成为它的强邻。可令俾斯麦没有想到的是，法国不仅提前偿清了战争赔款，摆脱了德国的军事占领[①]，而且准备对其复仇。因此，俾斯麦认

---

　　① 根据《法兰克福和约》，法国对德国50亿法郎的赔款分三次付清——1871年支付15亿，1872年支付5亿，1874年支付30亿。但梯也尔政府通过发行国债的办法筹措资金，提前于1873年还清了赔款，德国不得不于同年9月6日从法国撤出全部军队。

为，在外交上要孤立法国，防止欧洲其他大国与其结盟，并在法国国力全部恢复前，彻底将其击败，防止"结盟的噩梦出现"。德国地处欧洲中心的地理位置及其统一后对欧洲地缘政治格局的深刻改变，防止欧洲其他国家联合起来对付德国，俾斯麦对此有清醒的认识和高度的警惕。对此，正如美国学者罗伯特·帕斯特所言：

> 没有哪一个欧洲大国的政治和领土版图如此多变。像德国这样支离破碎的历史实属罕见。然而，从18世纪腓特烈大帝的普鲁士，到21世纪前夕的德意志共和国，一条主线把当代德国的战略构想连在了一起：倒霉的地理位置。不管德国版图怎么变，它地处欧洲腹地的位置始终不变。德国处境十分险恶，边界易守难攻。它的西边是法国，东边是俄国，东南是奥匈帝国隔北海与英国相望。[1]

一、三皇同盟的建立

德国统一后，俾斯麦宣称德国是一个"知足"的国家，并没有进一步扩张领土的野心。当时，俾斯麦对获取海外殖民地采取了克制的态度，"拒绝以任何方式讨论殖民扩张"。如在1871年12月，俾斯麦告诉德国驻华盛顿大使："我们没有任何兴趣在美洲的任何地方建立据点，并且我们明确承认……美国在美洲地区拥有绝对的影响力。"[2]相反，俾斯麦认为，德国应该是欧洲战略平衡的砝码，应该与其他欧洲强国联合，防止敌对国家"结盟的噩梦出现"。因此，在普法战争后，德法的外交政策都放在结盟上，而且双方争取的主要对象是俄国、奥匈帝国和英国。对法国来说，要想复仇德国，夺回失去的土地，仅靠自身力量无法实现，故只有与他国结盟，而俄国和奥匈帝国是其争取的对象。因为在德国统一后，俄国对德国怀有极大的戒心。对此，梯也尔政府的外交部长法尔夫曾明确指出，俄德之间"未来冲突的种子无疑是存在的。普鲁士势力的异常迅猛的发展迟早会使冲突骤然爆发，因为新兴的德意志帝国若不威胁俄国的安全就再也不能扩张"[3]。奥匈帝国在1866年被普鲁士打败后，两国

---

① 罗伯特·帕斯特主编《世纪之旅：世界七大国百年外交风云》，胡利平、杨韵琴译，上海人民出版社，2001，第98页。

② 布伦丹·西姆斯：《欧洲：1453年以来的争霸之途》，孟维瞻译，中信出版集团，2016，第228页。

③ B.M.赫沃斯托夫编《外交史》（第二卷·上），高长荣等译，生活·读书·新知三联书店，1979，第37页。

关系非常冷淡。

　　然而，德国统一后，欧洲形势巨变，为德国与俄国和奥匈帝国之间关系的改善和接近提供了有利的机遇。德国和俄国之间关系一直较好，在德国完成统一过程中，俄国保持善意中立，为德国胜利实现统一提供了有利的国际条件。作为回报，在1871年召开的伦敦会议上，德国支持俄国废除了1856年《巴黎和约》中黑海条款对其主权的限制，帮助俄国摆脱了在克里米亚战争后在欧洲孤立的局面。此外，俄国在近东和中亚扩张过程中同英国发生了利益冲突，也需要德国的支持和友谊。由此可见，在19世纪70年代，对德俄两国而言，德国需要俄国的帮助以实现孤立法国的战略目标，而俄国需要德国的支持来实现其在近东、巴尔干地区和中亚的利益。

　　而对德奥两国而言，双方不仅在1866年为争夺德意志邦联的主导权而大打出手，而且奥匈帝国也对德国的统一怀有很强的戒心，担心遭到后者的侵略。但面对俄国在近东，尤其是在巴尔干地区咄咄逼人的扩张态势，日益削弱的奥匈帝国无力应对，需要德国强有力的支持。与此同时，面对德俄两国的接近，奥匈帝国忧心忡忡，担心两国联手在近东和巴尔干地区向其施压。因此，奥匈帝国在外交上不得不转向德国，与其主动和解。在1871年8月和9月，奥匈帝国皇帝弗朗茨·约瑟夫与德国皇帝威廉一世举行会谈，谋求改善两国关系。由此可见，在普法战争后，对德、俄、奥三国而言，尽管关系复杂，也存在一定程度的国家利益冲突和矛盾，但三国彼此之间均需借助对方力量来实现本国的战略目标和维护各自的国家利益，这就为三国结盟奠定了基础。1872年9月，奥匈帝国皇帝弗朗茨·约瑟夫一世访问德国，俄国沙皇亚历山大二世（1855—1881年在位）获悉后深感不安，担心德、奥两国接近，会损害俄国在巴尔干地区的利益，故要求参加会见。同年9月6日至12日，三皇会于柏林。俄奥两国亦借此机会在巴尔干地区达成谅解。

　　1873年初，俄国向德国建议订立军事协定，原因有二：巩固两国友谊；集中力量对付英国在近东和中亚的威胁。而德国为了实现孤立和对付法国，同意了俄国的提议。同年5月，威廉一世在俾斯麦和毛奇的陪同下，访问圣彼得堡。经协商，德国参谋总长毛奇（1800—1891年）和俄国陆军元帅贝尔格签订了《德俄军事协约》。该协约共有三条，其中第一条规定："如果两国之一遭到任何一个欧洲国家的攻击，另一帝国应立即以精锐军队20万人予以援助。"[1]该协定针对性不言而喻，即德国借助俄国力量对付法国，俄国借助德国

_____

① 王绳祖主编《国际关系史资料选编》（上册），武汉大学出版社，1983，第139页。

力量对付英国。

同年6月，亚历山大二世到访维也纳。经协商，俄奥两国皇帝在维也纳郊区兴勃隆宫签署了协议，即《兴勃隆协定》。双方同意如遭到"第三国的侵略有损害欧洲和平的危险时，两国皇帝陛下互相约定不寻求或缔结新的同盟，他们之间应立即进行商谈，以便议定他们所应遵循的共同行动的方针"；"如果由于本项协议而有采取军事行动的必要，两国皇帝陛下应缔结特殊协定予以规定"[①]。该协定暂时弥合了俄奥两国在巴尔干地区的分歧。1873年10月22日，德皇威廉一世访问维也纳，次日正式加入《兴勃隆协定》，结成"三皇同盟"。

三皇同盟的建立暂时弥合了俄、德、奥三国之间的分歧，也基本实现了各自国家的战略目标，即德国实现了孤立法国之目标；俄国借助德奥力量，加强了在中亚地区对抗英国的力量，同时缓和了与奥匈帝国在巴尔干地区的争端；奥匈帝国则依靠德国的支持来压制奥匈境内斯拉夫人争取解放的斗争。然而，三皇同盟并非正式的政治和军事同盟，也未真正解决三国之间存在的深刻矛盾。

二、德法危机

法国虽在普法战争中战败，并在随后签订的《巴黎和约》中割地赔款，但并未伤及国本。法国国力的快速恢复引起了德国的不安，俾斯麦决定进一步限制法国的发展，甚至不惜发动一场先发制人的战争，以彻底削弱法国，这是德法危机爆发的主要原因。此外，1873年5月，梯也尔政府下台，主张对德强硬的保皇派麦克马洪（1873—1879年在位）上台；同年8月，地处德法边境的南锡市主教发表了一封《致牧师的信》，号召信徒们为阿尔萨斯和洛林回到法国的怀抱而祈祷；1875年初，法国拟从德国购进1万匹马，同年3月，议会通过一项扩军议案，决定将每个团由3个营增加到4个营。法国政府的变动以及随后出台的种种举措，为俾斯麦制造德法危机提供了口实。对此，俾斯麦危言耸听地宣称："危机已经达到高潮，战争马上就要到来"，"我们不随便攻击别人，但我们已经做好准备，剑拔出鞘"[②]，并扬言要对法国发动一场先发制人的预防性战争，一时间德法两国关系骤然紧张。

面对德国咄咄逼人的进攻态势，法国积极开展多方外交行动，宣传德国的侵略，以争取其他欧洲大国的支持。1875年4月12日和15日，法国驻俄国大

---

① 王绳祖主编《国际关系史资料选编》(上册)，武汉大学出版社，1983，第141页。

② 布伦丹·西姆斯：《欧洲：1453年以来的争霸之途》，孟维瞻译，中信出版集团，2016，第228页。

使勒夫洛分别求见俄国外交大臣哥尔查科夫和沙皇亚历山大二世，以争取俄国的支持。对于德法危机，俄国立场鲜明，不论是亚历山大二世，还是哥尔查科夫，均明确表示反对德国再次发动对法国的战争。与此同时，法国也在积极争取英国的支持，而英国为了维持其在欧洲大陆的均势政策，故在这场危机中，也站在了法国一边。正如英国首相迪斯累里所言："俾斯麦是个地地道道的新波拿巴，对他应当加以遏制"，并表示要和俄国结盟，以应对德法危机。而作为三皇同盟成员之一的奥匈帝国则态度暧昧，不敢公开表态，担心激怒德国，但在私下向俄国表示，希望德法维持和平。面对欧洲两大强国——英国和俄国的反对，俾斯麦在德法危机中不得不后退。然而，随着德法危机的逐渐平息，德俄两国关系开始出现裂痕，三皇同盟也摇摇欲坠。

三、近东危机的爆发

　　1875年德法危机刚刚平息，波及欧洲各国的近东危机又爆发了。近东危机发生的主要原因是：奥斯曼帝国逐渐衰落及其内部矛盾的日益尖锐化；巴尔干各被压迫民族在意大利和德国统一的影响下民族独立意识增强，反对奥斯曼帝国统治的民族解放运动高涨；欧洲列强为争夺和瓜分奥斯曼帝国的遗产而展开争霸斗争，以及由此引发的大国之间错综复杂的矛盾和冲突。

　　由于法国战败，暂时退出了近东，获胜后的德国立刻填补了法国退出后的地缘空位。其实，德国当时在巴尔干地区并没有直接利益，但俾斯麦却敏锐地认识到该地区是欧洲大国博弈的战略要地，德国可利用欧洲其他大国在该地区的矛盾坐收渔翁之利。俄国谋求打击和削弱土耳其，进一步扩大在黑海海峡和巴尔干地区的扩张。英国为了维护它在近东的利益和地中海霸权，极力介入奥斯曼土耳其帝国事务。自1869年苏伊士运河开通以来，连通了地中海到红海的航线，开辟了从英国到印度的最短航路。地中海的战略地位更加突出，同时，英国在地中海具有重大的经济利益，它几乎垄断了地中海市场并占有土耳其商品贸易的一半份额。为了防止苏伊士运河和埃及免受俄国的威胁，以及保护英国在近东的既得利益，故英国坚决反对俄国势力扩展至巴尔干和土耳其本土，更不允许俄国占领君士坦丁堡和控制两海峡。而奥匈帝国则担心巴尔干斯拉夫人的反土起义导致奥匈境内数百万斯拉夫人的解放运动，直接威胁其统治地位，因此主张暂时保持奥匈帝国的现状，支持土耳其镇压斯拉夫人的民族解放运动，并反对俄国以支持斯拉夫运动为名向巴尔干地区扩张势力。由此可见，在近东危机问题上，大国利益交织，矛盾错综复杂，围绕巴尔干民族解放运动和奥斯曼帝国命运问题，欧洲列强之间展开了一场激烈的斗争。

1875年夏，波斯尼亚和黑塞哥维那因发生旱灾而导致庄稼歉收，但封建什一税却大为提高，激起了人民的强烈不满，并导致两地发生反抗土耳其的争取民族独立的起义。奥斯曼土耳其政府对起义者进行残酷镇压。巴尔干地区局势紧张引起了欧洲各大国的关注。1876年4月，起义蔓延至保加利亚，5月，土耳其政府用残酷的大屠杀手段镇压保加利亚起义，激起了斯拉夫人的强烈反抗。1876年6月30日，塞尔维亚向土耳其宣战，次日，门的内哥罗也向土耳其宣战。俄国不仅支持塞、门对土作战，而且派遣志愿军支持塞尔维亚参战。尽管俄国以实际行动支援塞尔维亚，但又担心此举会引起与其他欧洲大国之间的冲突。为了避免重蹈1853—1856年克里米亚战争的覆辙，俄国也积极与德国和奥匈帝国进行外交磋商。在俄国的推动下，并经英国提议，欧洲各大国在1876年12月23日至1877年1月20日在君士坦丁堡召开了大使级会议，即君士坦丁堡会议。由于欧洲列强之间在近东问题上分歧严重，致使该会议无果而终。俄国遂决定对土耳其采取军事行动。

1877年4月24日，俄国对土耳其宣战。由于军事力量占优，到12月，俄国已取得了战场的胜利。12月24日，败局已定的土耳其请求列强出面调停，以阻止俄军继续推进。对于土耳其的呼吁，英国和奥匈帝国迅速做出回应，尤其是英国甚至发出战争威胁。面对一触即发的战争危机，俄国无力同时与英奥两大国开战，故不得不妥协退让，并随后向土耳其提出了议和条件。1878年3月3日，俄土双方签署了《圣斯特法诺和约》。但该和约并未彻底解决欧洲各大国在近东问题上的矛盾。

四、柏林会议召开与《柏林条约》的签署

德国为了提高自己在欧洲的地位，以及通过外交调停获得政治上的好处（除法国外，使其他欧洲国家对德国产生信任甚至依赖，防止出现一个针对德国的联盟），遂邀请欧洲列强到柏林开会[1]，以尽快结束近东危机和商讨《圣斯特法诺和约》引起的有关争议问题。1878年6月13日，柏林会议开幕。参加会议的有俄、奥、英、德、法、意、土七国。这次会议是继维也纳会议之后在欧洲召开的又一次大型国际会议。会议实质是俄、奥、英三国瓜分土耳其的遗产。作为东道主，俾斯麦被推举为会议主席，大会完全由列强操纵。参加会议的各国代表主要讨论了关于《圣斯特法诺和约》中的大保加利亚问题、波黑两省的地位问题以及关于巴统地位和海峡通行规则问题。1878年7月13日会议

---

[1] 关于俾斯麦邀请其他欧洲国家参加柏林会议的目的，详见布伦丹·西姆斯：《欧洲：1453年以来的争霸之途》，孟维瞻译，中信出版集团，2016，第229-230页。

结束，签署了《柏林条约》。条约划分了大保加利亚的领土；规定波斯尼亚和黑塞哥维那由奥匈帝国占领和管理；承认塞尔维亚、门的内哥罗和罗马尼亚的独立，但要分担土耳其苏丹的债务；俄国得到了卡尔斯、阿尔汉达和巴统地区；英国占领了塞浦路斯岛；条约重申1856年《巴黎条约》和1871年《伦敦条约》所规定的海峡条款"均仍保留"，即商船自由航行，军舰禁止通行。

柏林会议的召开及《柏林条约》的签署，标志着近三年的近东危机结束。但会议导致英俄矛盾进一步加深；在会议上，俾斯麦扶奥抑俄政策，引起了俄国的强烈不满，也导致会后两国关系迅速恶化；在德国支持下，奥匈帝国占领了巴尔干西部，加深了俄奥两国在巴尔干地区的对立。

五、德、奥、意三国同盟的建立

《柏林条约》的签署并没有解决欧洲列强之间的根本矛盾，也没有真正解决巴尔干地区的民族问题，反而孕育了一些新的矛盾。柏林会议结束后，俄德两国关系开始恶化。第一，在柏林会议上，俾斯麦扶奥抑俄，剥夺了俄国对土战争的部分成果，引起了俄国的强烈不满，也是导致两国关系恶化的重要原因。第二，两国对法国政策大相径庭。普法战争后，孤立、打击和削弱法国是德国的主要对外战略，而包括俄国在内的欧洲其他大国绝不允许德国再次发动一场对法国的战争，可以说，俄国是德国通向反法战争道路上的最大障碍。第三，俄德两国在经济上的矛盾。长期以来，德国是俄国粮食和原料出口的重要市场，但从19世纪70年代中后期开始，俄德两国在经济领域摩擦不断。先是从1876年起，俄国开始提高工业品的进口关税，影响到德国商品的出口；随后在1879年德国出台了严格的检疫措施，几乎完全禁止俄国牲畜的进口；同年，德国又对进口谷物实行征税，使俄国农业受到严重打击。

德俄关系的恶化使双方都面临着外交政策的调整。对俄国而言，近东危机和柏林会议后，其与德国、奥匈帝国和英国关系渐趋恶化，为了摆脱被可能孤立的困境，俄国开始寻求与法国接近；而对德国而言，与俄国交恶，将使德国面临东西两线作战的危险境地，因此，改善与奥匈帝国的关系就显得尤为紧迫。1879年8月27至28日，俾斯麦在加施泰因与奥匈帝国外交大臣安德拉西会晤，商讨建立反俄联盟。同年9月21日，俾斯麦到维也纳同安德拉西举行正式会谈，24日，双方签订了关于缔结盟约的初步秘密议定书。

1879年10月7日，安德拉西与德国驻奥大使赖斯在维也纳签署了《德奥同盟条约》。条约规定：如两帝国之一遭到俄国进攻，两帝国有义务以其帝国的全部军事力量实行互助，并不得单独媾和；如果缔约国一方遭到另一国的进攻，缔约国另一方应对其盟国"采取善意中立的态度"，但如果进攻的国家得到俄国的支持，"缔约国双方应共同作战，一直到共同议和为止"；本条约有效期暂定为5年，经双方协商可延期和修改；缔约国双方"对本条约应保守秘密，只有经双方共同协议并按照一个特别协定的规定，才得通知第三国"[①]。

德奥同盟条约的签署标志着三国同盟迈出了关键一步。随后，法国和意大利为争夺北非突尼斯而发生冲突，法国的取胜迫使意大利投入德奥怀抱之中，三国同盟也就此形成。

突尼斯位于北非，是由直布罗陀经地中海通往苏伊士运河的必经之路，战略位置非常重要。在19世纪60年代，英、法、意等欧洲列强入侵突尼斯，并为此展开激烈的争夺，其中法意矛盾最为突出。当时，法国已占领了阿尔及利亚，准备再占领突尼斯，以便将突尼斯和阿尔及利亚连成一片，以加强其在地中海和北非的地位。如果意大利占领了突尼斯，就会威胁到法国经地中海通往苏伊士运河到印度支那和远东的航路。为了将法国注意力转向非洲，俾斯麦支持法国占领突尼斯，但他同时又怂恿意大利去占领突尼斯，与法国竞争，以挑起法意冲突，这样既可加大对法国的压力，又可使意大利向自己靠拢。

法国在英、德的支持下，于1881年4月24日派兵侵占了突尼斯。5月12日，双方签订了《巴尔杜条约》，突尼斯承认法国的武装占领及其外交政策的决定权。法国抢占突尼斯，激化了法意之间的矛盾。意大利亲法内阁被迫下台，然而，财政经济状况十分困难的意大利无力同法国单独竞争，故只能转而谋求同德国结盟，以便利用德法矛盾牵制法国。意大利谨慎地向德国进行了试探，但俾斯麦明确表示，从罗马到柏林的道路要经过维也纳。意大利正确解读了俾斯麦的暗示，尽管它同奥匈帝国有领土争端，也不大愿意同奥匈帝国结盟，但还是在1881年1月秘密派代表到维也纳进行会谈。奥匈帝国为了同俄国在争夺巴尔干地区中免除后顾之忧，也愿意同意大利结盟。于是，从1881年底到1882年5月，德、奥、意三国进行了长达半年的谈判。

1882年5月20日，德奥意《三国同盟条约》在维也纳签署。条约规定：缔约国相互承诺彼此和平友好，不参加敌对的同盟，相互就共同关心的问题进行协商；"如果意大利未有直接挑衅行为而遭受法国进攻"，其他两缔约国"必须以它们全部军队"予以协助，"如果德国未有直接挑衅行为而遭受法国侵略，意大利也负有同样的义务"；"如果缔约国一方或两方未有直接挑衅行为"而遭受两个以上大国进攻时，三缔约国应协同作战；如果缔约国之一的安全受到某

---

① 王绳祖主编《国家关系史资料选编》(上册)，武汉大学出版社，1983，第65页。

一大国的威胁而导致战争，其他两缔约国应"采取善意中立"。条约有效期为5年，各缔约国应对本条约内容保守秘密[1]。

德、奥、意三国同盟的建立，基本实现了俾斯麦精心设计，企图建立以彻底孤立法国为主要目标的同盟体系。但该体系包含着复杂而深刻的矛盾，其致命弱点是：当俄奥两国因争夺巴尔干地区而爆发冲突时，根据盟约，德国必须站在奥匈帝国一方，这就势必恶化了德俄关系，促使俄法接近，其结果必然是德国孤立法国的政策失效。该同盟体系为欧洲两大对立的军事集团的形成奠定了初步基础，也为第一次世界大战埋下了祸根。

六、法、俄、英三国协约的形成

普法战争后，俾斯麦费尽心思，耗费20余年时间精心构筑了反法同盟体系，在该体系中，俄国居于关键地位。尤其是当德法发生冲突后，俄国的态度就至关重要，因为一旦俄国倒向法国，德国便面临两线作战。故在俾斯麦担任德国首相时，便竭力拉拢俄国。但在1888年3月，德皇威廉一世去世，其子腓特烈在位仅98天便病故，腓特烈之子、威廉一世之孙——威廉二世（1888—1918年在位）继位。威廉二世是一位野心勃勃、刚愎自用的君主，在对外政策上，经常与被视为功高震主的俾斯麦发生争执和冲突。在此情况下，1890年3月，俾斯麦被迫辞职。

继任的新宰相卡普里维（1890—1894年在位）推行一条与俾斯麦不同的新的外交路线。卡普里维认为，俾斯麦联俄反法的外交路线是不现实的，法俄结盟不可避免。因此，德国的外交政策应立足于直接针对法俄同盟进行战争准备。为了保证使两线作战有获胜的把握，一要加强和巩固同奥、意盟国的关系；二要力争英国加入德奥意三国同盟。

根据新外交路线，到1890年，德俄两国在1887年签署的为期三年的《再保险条约》到期后，德国皇帝威廉二世决定不再续订。德国在疏远俄国时，却在竭力拉拢英国。尽管德国一再对英国示好，但英国对德国提出的结盟建议不为所动。然而，德国反俄拉英的种种举措，给俄法两国带来了巨大的压力，也促使两国接近。

1891年7月，法国舰队应邀访问俄国军港。这次访问使法俄两国关系迅速升温，在访问期间，沙皇亚历山大三世（1881—1894年在位）亲临法国军舰，还脱帽聆听了以前在俄国禁止演奏的马赛曲。与此同时，俄国外交大臣吉尔斯

---

[1] 王绳祖主编《国家关系史资料选编》(上册)，武汉大学出版社，1983，第171–172页。

在圣彼得堡与法国前任大使拉布拉伊举行会谈，双方就"三国同盟的公开续约和英国对三国同盟所追求的政治目的某种程度的附和所造成的局势"①交换了意见。吉尔斯说："就我们之间的关系而言，我正在考虑，我们是否应该在走向协商的道路上迈进一步。"②同年8月，法俄两国外交人员就欧洲形势及两国关系，以书信方式交换意见。8月17日，法俄两国总参谋部代表签署了军事协定草案，其主要内容为：如果德国或意大利在德国支持下进攻法国，俄国应使用它的所有军队进攻德国；如果德国或者奥地利在德国的支持下进攻俄国，法国应派遣所有军队与德国作战；如果三国同盟或者三国同盟之一的国家动员其军队，法国和俄国一经接到消息，不需要任何事先协议，应立即同时动员其全部军队，并将这些军队调到尽可能靠近边界的地方；法国用于对付德国的军队应为138万人，俄国用于对付德国的军队应为70万或80万人。这些军队应尽速全部参加战斗，使德国不得不在东西两线同时作战③。

对于法俄军事协定，沙皇亚历山大三世明确表示支持："一旦法德交战，我们必须全力以赴打击德国，不让它有时间先摧毁法国，然后又来对付我们，我们必须纠正过去的错误，要一有机会就摧毁德国，一旦德国垮了，奥国也就不敢动弹了。"④然而，俄国外交大臣吉尔斯担心该协定给法国发动对德战争的行动自由，最终会将俄国也牵涉进去，因此，对该军事协定置之不理。

1893年7月，德国通过一项扩军方案，并对俄国再次发动关税战，提高了俄国粮食的进口税。德国上述反俄举措推动了法俄结盟的进程。同年10月，俄国舰队示威性地访问了法国土伦军港，受到了法方热烈欢迎。借此机会，法国催促俄国批准双方之前签署的军事协定，12月15日，俄国外交大臣吉尔斯致函法国驻俄大使，告知对方，皇帝陛下已批准了1892年8月法俄两国军方所拟定的军事协议草案。对此，法国迅速做出回应，在1894年1月4日，致函俄国外交部，告知法国政府也已批准了该协议。至此，法俄同盟正式建立。

法俄军事同盟的建立是德国新外交政策付出的代价，俾斯麦用了近20年时间费尽心机构筑的大同盟体系被打破了，在欧洲大陆最终形成了两大对立的军事同盟。恩格斯指出："大陆上的大的军事强国分为相互威胁的两大军事阵

---

① 王绳祖主编《国家关系史资料选编》(上册)，武汉大学出版社，1983，第191页。
② 王绳祖主编《国际关系史(十七世纪中叶——一九四五年)》，法律出版社，1986，第172页。
③ 王绳祖主编《国家关系史资料选编》(上册)，武汉大学出版社，1983，第193-194页。
④ 王绳祖主编《国际关系史》(第三卷)，世界知识出版社，1995，第88页。

营：一方是俄国和法国，另一方是德国和奥地利。较小的国家不得不集结在这一或哪一阵营周围。"①

当欧洲大陆国家形成两个对立的阵营时，英国为了保持行动自由，置身两大军事集团之外，奉行"光辉孤立"政策，以免受到条约的束缚。作为19世纪的世界霸权国，英国在对外战略上向来以圆滑著称，正如其首相帕默斯顿所言：我们没有永恒的盟友，也没有永恒的敌人，只有永恒的利益。近代欧洲国家之间战争频仍，形势多变，但英国均能根据形势变化，时而结盟，时而保持中立，左右逢源，最大限度地维护国家利益。然而，形势比人强，在19世纪后期，随着德国的统一和第二次工业革命的推动，德、美、日等国相继崛起，对英国的世界霸权构成了严重挑战。当德国要求夺取"阳光下的地盘"时，作为日不落帝国——大英帝国深切感受到了德国的咄咄逼人，这从1907年1月，英国外交部德国问题专家艾尔·克劳在为英国政府撰写的《英国与法德关系现状备忘录》中，对英国所处的安全环境表现出的深深担忧就可看出："尽管英国被深海包围，但它并不安全；事实上，按字面意思理解，凡是沿海国家，都是英国的邻居，它们都有可能入侵英国。"②在此情况下，到20世纪初期，英国迫于形势，终于放下自己"高贵"的身姿，在1904年和1907年，分别与法国和俄国结盟，也最终形成了英、法、俄三国协约。三国同盟和三国协约的形成，对欧洲，乃至世界政治格局都产生了重大影响。

①《马克思恩格斯全集》(第22卷)，中共中央马克思恩格斯列宁斯大林著作编译局译，人民出版社，1965，第49页。
②布伦丹·西姆斯：《欧洲：1453年以来的争霸之途》，孟维瞻译，中信出版集团，2016，第253页。

第七章
近代欧洲列强海外殖民与扩张

随着1500年前后新航路的开辟，西欧诸国专制政府、探险家、商人、传教士和士兵将浩瀚的海洋变成了西方向海外扩张的"高速公路"，不仅拉开了欧洲向海洋扩张的序幕，也开创了欧洲历史和世界历史上的殖民时代。

第一节　16—18世纪西欧诸国殖民扩张

美国学者威廉·麦克尼尔认为，在1500年时，大西洋沿岸地区的欧洲人具有三项天赋特性，推动了欧洲近代海外扩张和殖民征服。具体为：第一，根植于青铜时代的野蛮好斗的特性和中世纪尚武习俗的遗风使他们具有根深蒂固的鲁莽好斗的性格；第二，善于运用复杂的军事技术，尤其是航海方面，随着中世纪后期指南针、火药传入欧洲及其造船和航海技术的进步，以葡萄牙为代表的西欧国家建造的坚船利炮成为西方列强征服和殖民其他地区和国家的利器；第三，能抵抗长期以来在整个旧大陆广为流行的各种瘟疫，随着新航路的开辟，西欧人开始大规模走向海外，在欧洲流行的天花、麻疹等流行病开始向美洲等地传播，给不具备免疫力的美洲印第安人带来了毁灭性打击，黄热病和疟疾给非洲人和印度人带来了巨大灾难。这些特性使西欧诸国能够在约半个世纪内控制了全世界的海洋，并只用了一代人的时间征服了美洲最发达的地区①。此外，葡萄牙和西班牙两国最早形成民族国家和中央集权政府，并上至国王、贵族，下及商人、普通百姓均支持殖民探险；对东方财富的贪婪追求等因素也是构成近代早期西、葡两国进行殖民探险的重要原因。

一、葡萄牙的海外扩张

新航路开辟后，葡萄牙率先走上了对外殖民征服之路，其海外扩张既有内

---

① 请参看威廉·麦克尼尔:《西方的兴起:人类共同体史》,孙岳等译,中信出版集团,2018,第579-581页。

部因素，也有外部原因。就其内部因素而言，葡萄牙国土狭长且濒临大西洋，几无内陆地区，加上人口密集，内部资源稀缺，无法解决人口众多与资源稀缺这一国内矛盾，只能寻求海外扩张，以解决社会和经济危机；就其外部因素而言，强大的宿敌西班牙堵住了葡萄牙在陆地上向外扩张的路径，因此，图谋海上发展就成为葡萄牙求取生存的唯一手段。

葡萄牙的海外扩张主要在非洲西海岸和印度洋方向的亚洲。早在15世纪初期，葡萄牙人就在非洲西海岸的几内亚、刚果、安哥拉等地设立了许多据点。到16世纪初，葡萄牙又占领了非洲东海岸的莫桑比克、索法拉、基尔瓦等地，并把这些据点作为从西欧到达东方航线上的补给站。在亚洲，1497—1499年，达·伽马完成了从欧洲到印度的首航；1509年，葡萄牙海军在阿拉伯海的第乌港附近击败了阿拉伯军队，确立了葡萄牙在印度洋上的海上霸权；1510年，葡萄牙攻占果阿并于1511年占领了马六甲海峡；1515年，葡萄牙占领了波斯湾上的霍尔木兹海峡，控制了通往东南亚的交通要道。至此，葡萄牙占领了控制印度洋地区贸易所必需的重要据点。1513—1514年，葡萄牙人到达中国广州港口，1553年侵占了中国澳门，并将其作为经营东亚贸易的中心。到16世纪中期，葡萄牙人已逐渐垄断了欧亚之间以及中国和日本之间的贸易。

然而，在16世纪，葡萄牙和西班牙是当时世界上两个几乎并驾齐驱的商业殖民帝国。两雄并立，展开了争霸斗争，结果西班牙获胜，1580年，西班牙乘葡萄牙王位空缺之际，占领了葡萄牙，并于次年将其合并，导致葡萄牙商业帝国的衰落和诸多海外殖民地的丧失。葡萄牙海上霸权地位的丧失与其缺乏雄厚的工业基础，以及由此而导致未能建立强大的军事实力去保卫海外殖民地有密切关系。此外，葡萄牙东方商业帝国是由分散的许多要塞、据点及港口组成，容易被各个击破也是其主要原因。

二、西班牙的海外殖民扩张

几乎与葡萄牙同时进行海外扩张和殖民征服的西班牙，主要殖民方向在美洲新大陆。1519—1521年和1531—1535年，西班牙殖民者赫南多·科泰斯和弗兰西斯科·皮萨罗分别征服和摧毁了北美大陆上印第安人建立的阿兹特克帝国和南美洲的印加帝国。1550年西班牙已征服了葡属巴西以外的整个南美、中美和北美一部分土地；1565年又征服了佛罗里达地区，在北美建立了第一个殖民地。西班牙集中力量征服美洲后，开始将殖民势力伸向太平洋地区，1564—1571年，征服了菲律宾群岛。

海外扩张和殖民征服给西班牙带来了巨额财富，1521—1544年，西班牙每年从美洲掠夺的白银高达30700公斤，黄金估计多达2900公斤；1545—1560年，每年从殖民地运回的黄金多达5500公斤，白银高达246000公斤[1]。西班牙对美洲的殖民掠夺给当地印第安人带来了惨绝人寰的灾难[2]，导致大量印第安人死亡。"在西班牙人到来的一个世纪中，墨西哥人口从2500万人降到100万~200万人。还有人估计，整个拉丁美洲，1500年时土著人口有4000万，但到1650年，就只剩下1200万人了。"[3]

随着英国和荷兰等西欧国家的崛起，它们与西班牙展开了激烈的争夺，从16世纪末开始，西班牙建立的商业殖民帝国开始逐渐衰落。其原因主要有：尼德兰革命的成功，沉重地打击了西班牙殖民统治地位，使其失去了一个重要的财富来源；1588年英国海军在英吉利海峡摧毁了西班牙"无敌舰队"，极大地削弱了西班牙的海上实力；16世纪，西班牙一方面频繁地卷入欧洲大陆的王朝战争与宗教战争，一方面又多次卷入海上战争，分散了力量，消耗了国力；此外，西班牙对殖民地的统治和限制太严，尽管西班牙政府为了加强对美洲殖民地的控制和管理，设立了专门的管理机构，但在殖民政策上采取杀鸡取卵、竭泽而渔的短视政策，不仅阻碍了殖民地的工农业发展，也使西班牙在争霸战争中得不到殖民地的有力帮助；同时，西班牙将从殖民地掠夺来的大量财富不是用于发展工业，而是用来购买地产、奢侈品和贵族头衔等方面，从长远来看，造成西班牙国内工业落后、国力不振，从而使其在之后的争霸战争中缺乏持久力和强大的经济后盾。

三、荷兰的殖民扩张

尼德兰革命爆发后，经过长期斗争，荷兰摆脱了西班牙的殖民统治。到1581年，荷兰联省共和国宣布成立。在取得国家独立后，荷兰很快就走上了海外扩张之路。当时，为了筹措用于海外贸易和扩张的资金，成立了荷兰东印度公司（联合股份公司），在阿姆斯特丹建立了世界上第一个股票交易所，并在1609年建立了阿姆斯特丹银行。在完善的金融体制保障下，荷兰开始向海外急剧扩张，建立自己的商业帝国。在东亚，荷兰占据了中国台湾，垄断了与

---

① 王加丰、陈勇、高岱、高毅、李工真、汤重南、徐天新、何顺果：《强国之鉴——八位央视〈大国崛起〉专家之深度解读》，人民出版社，2007，第16页。

② 关于西班牙殖民者屠杀印第安人的惨景，详见巴托洛梅·德拉斯·卡萨斯：《西印度毁灭述略》，孙家堃译，商务印书馆，1988。

③ 王加丰、陈勇、高岱、高毅、李工真、汤重南、徐天新、何顺果：《强国之鉴——八位央视〈大国崛起〉专家之深度解读》，人民出版社，2007，第19页。

日本的对外贸易；在东南亚，荷兰把印度尼西亚变成自己的殖民地，建立的第一个殖民据点——巴达维亚城，构成了今天雅加达的雏形；在非洲，荷兰从葡萄牙手中夺取了新航线的要塞好望角；在大洋洲，荷兰用一个省的名字命名了一个国家——新西兰；在南美洲，荷兰占领了巴西；在北美大陆的哈得逊河河口，东印度公司建造了新阿姆斯特丹城（今天的纽约）。到17世纪中叶，荷兰联省共和国的全球商业霸权已经牢固地建立起来。此时，荷兰东印度公司已经拥有15000个分支机构，贸易额占到全世界总贸易额的一半。悬挂着荷兰三色旗的10000多艘商船游弋在世界五大洋之上。

然而，就在荷兰人于17世纪执世界殖民贸易牛耳之际，英国和法国开始向荷兰发起挑战。1649年英吉利共和国成立后，克伦威尔在镇压了国内平等派和掘土派起义，以及征服了爱尔兰和苏格兰之后，开始将目光投向了海外。而对当时的英国而言，要想在海外扩张，建立自己的商业殖民帝国，就必须打败处于航运业垄断地位的荷兰。于是，1651年，英国颁布了第一个"航海条例"。该条例规定：凡从欧洲运到英国的货物，必须由英国船只或原商品生产国的船只运送；凡是从亚洲、非洲、美洲运送到英国、爱尔兰以及英国各殖民地的货物，必须由英国船只或英国有关殖民地的船只运送；英国各港口的渔业进出口以及英国国境沿海的商业，应完全由英国船只运送。英国颁布"航海条例"后，对荷兰的海上运输业造成了严重打击，双方为此爆发了第一次英荷战争。随后，英国和荷兰之间还相继爆发了两次战争。三次英荷战争对荷兰的殖民霸权造成了致命打击，荷兰亦开始衰落下去，取而代之的则是英国霸权的崛起。

四、英国殖民帝国的建立

在16世纪中叶，从国土面积、人口规模和国家财富等方面衡量，英国仅为欧洲一贫弱之小国。然而，两个世纪后，到18世纪后半叶，英国不仅成为欧洲首屈一指的强国，也成为全球殖民帝国。到20世纪初，英国占有的殖民地多达3000多万平方千米，相当于其本土面积的110多倍，约为地球陆地面积的1/4，英国因此被称为"日不落帝国"。英国的崛起与其殖民扩张密不可分，可以说，没有殖民征服就没有大英帝国，正如马克思所言：殖民制度对英国的崛起起了决定性的作用。

（一）资助海盗进行公然劫掠

在16世纪，随着新航路的开辟，葡萄牙和西班牙率先走上了殖民扩张之路，获取了巨额财富。而当时的英国虽无力与葡、西二国正面争锋，但又垂涎其不义之财。因此，海盗劫掠就成为英国早期的主要殖民手段。从16世纪中叶起，以约翰·霍金斯和弗朗西斯·德雷克为代表的英国海盗经常出没于大西洋上，主要从事劫掠奴隶、贩卖奴隶和掠夺西班牙运送白银商船队的勾当，从中获取巨额财富。而约翰·霍金斯和弗朗西斯·德雷克等海盗的公然掠夺行为得到了英国女王、政府和工商业资产阶级的大力支持，他们慷慨解囊，纷纷资助或投资于海盗，坐收其利。如德雷克在英国几位当政要臣的支持下装备了4艘海盗船，在得到英国皇室委任后，于1577年11月15日率船从普利茅斯出发，在经过近三年掠夺后，共攫取了150万英镑的巨额财富。回国后，德雷克受到了英国人的热烈欢迎，他从随身携带的60万英镑中拿出27.5万英镑，慷慨奉献给女王伊丽莎白一世，后者也亲自登上德雷克的船只，并赐封他为骑士，以示嘉奖①。关于英国王室及贵族大力资助海盗进行海上劫掠的原因，美国学者彭慕兰和史蒂文·托皮克认为："原因在于欧洲近代初期贸易的性质。当时，除了日益蓬勃的波罗的海谷物贸易外，欧洲的海上贸易几乎全是奢侈品贸易，包括香料、金银、毛皮和高级纺织品，以及后来的奴隶和糖。这些货物非常值钱，因而海盗船只只要攻击一个目标得手，就能有丰厚利润回港。"②

（二）建立垄断贸易公司

在资助海盗进行劫掠的同时，英国资产阶级也在积极寻找海外市场，拓展殖民贸易，同西班牙、法国、葡萄牙等欧洲列强展开了激烈的海外争夺。从16世纪中叶起，英国建立了诸多的垄断贸易公司，一方面通过海外贸易获取利润，一方面充当殖民扩张的工具。如英国较早建立的莫斯科公司，在与俄国进行贸易的同时，积极进行探险，欲将势力扩展至中国。在17世纪初，伦敦公司依据英国国王的"特许状"，建立了詹姆斯城，拉开了英国在北美建立殖民地的序幕；到1733年，英国在北美建立了13个殖民地；北美哈德逊公司在1670至1720年间获取的财富增加了8倍。1599年底，伊丽莎白女王颁布"特许状"，英国商人建立了著名的东印度公司。1660年后，东印度公司决定使用武力占领印度领土以建立殖民地，即"建立这样一种行政权和军队的体制，并设法取得这样大量的税收以维持这二者……将作为未来任何时候在印度的一个

---

① 李德志：《英国的殖民活动与日不落大帝国的崛起》，《社会科学战线》1993年第6期，第182-183页。

② 关于英国早期殖民贸易活动中海盗劫掠情况，还可参看彭慕兰、史蒂文·托皮克：《贸易打造的世界——1400年至今的社会、文化与世界经济》一书第五章《暴力经济学》之第三节《英格兰的海盗业始祖》的内容，第290-293页。

广大、巩固和安全的英国领地的基础"①。由此可见，东印度公司由建立之初进行商业贸易，赚取利润逐步演变为殖民掠夺，建立永久殖民地。到17世纪末，东印度公司在印度次大陆西海岸的苏拉特、孟买和孟加拉等地获得了数块小殖民地。这些小块殖民地是英国在印度殖民扩张的种子，日渐繁衍生长，最终蔓延成殖民统治的森林，覆盖了整个印度次大陆。

总之，在英国早期殖民扩张过程中，进行商业贸易和追逐商业利益是其显著特征，为此，建立的诸多垄断贸易公司起了重要的推动作用。它们活动范围遍及世界各地，不仅从殖民地掠夺财富，推销英国商品，而且还成为英国进行殖民侵略和扩张的有力武器。

（三）发动殖民掠夺的争霸战争

英国海盗肆无忌惮的掠夺活动和垄断贸易公司的扩张掠夺，严重损害了欧洲其他列强的利益，引起了他们的强烈不满，致使战端频频发生。其中爆发于1588年的英西大海战就是英国在建立全球殖民霸权过程中发生的一场重要战争。同年7月，英西两国海军在英吉利海峡展开了激烈战斗，西班牙惨遭失败。随后，英国与荷兰为争夺海上贸易霸权而相继爆发了三次战争（1652—1654年、1665—1667年、1672—1674年），结果均以英国取胜而告终。三次英荷战争奠定了英国的海上贸易霸权。在相继打败西班牙和荷兰后，英国在欧洲大陆的主要对手就剩法国了。1689—1763年，英法两国为争夺海上霸权、美洲殖民地和印度先后进行了四次战争：圣·奥格斯堡同盟战争（1689—1697年）、西班牙王位继承战争（1701—1714年）、奥地利王位继承战争（1740—1748年）和七年战争（1756—1763年），结果，法国同西班牙和荷兰一样，也败于英国之手。从此，英国不仅控制了北美和印度，也建立了世界殖民霸权。

综上所述，在18世纪以前，英国政府在殖民扩张过程中主要采取了以下两种方式：一是英国政府颁发"特许状"，授予从事殖民扩张活动者特权，为其殖民扩张提供便利和利益驱动；二是以军事和政治力量打击外国竞争对手和殖民地原居民，保护和支持殖民扩张。英国凭借强大的海军力量和发达的工业，以及向殖民地大量移民，在对外争霸战争中屡屡获胜。

---

① R.C.马宗达等：《高级印度史》(下册)，张澍霖、夏炎德等译，商务印书馆，1986，第688页。

第二节　19世纪西方列强的殖民扩张

在两次工业革命的推动下，到19世纪中后期，西方列强又掀起了新一轮瓜分世界的狂潮。正如列宁所说："毫无疑问，资本主义向垄断资本主义阶段的过渡，即向金融资本的过渡，是同瓜分世界斗争的尖锐化联系着的。"[1]在19世纪70年代以后，资本主义列强为争夺原料产地、销售市场和投资场所展开了激烈瓜分世界的斗争。除了英、法、俄等老牌资本主义国家外，新崛起的美国、德国和日本也迫不及待地参加到瓜分世界的狂潮中。

一、英国的殖民扩张

从19世纪上半叶开始，英国对外殖民侵略活动更为活跃。在亚洲，从1840至1858年期间，先后两次发动对中国的鸦片战争，作为始作俑者的英国，用武力打开中国国门后，西方其他列强随之蜂拥而至，使中国逐渐沦为半殖民地半封建社会。除对中国进行侵略外，英国在1824年3月、1852年4月、1885年11月先后三次发动入侵缅甸的战争。其中在第二次侵缅战争后，将下缅甸变成英国殖民地，在第三次侵缅战争结束后，于1886年1月1日宣布将上缅甸并入不列颠帝国，至此，整个缅甸完全沦为英国的殖民地。在中亚，英国为侵占阿富汗和波斯（今伊朗）与沙皇俄国展开了激烈的争夺。1878年11月20日，英国派遣有3.6万人的军队入侵阿富汗，发动了第二次侵阿战争，在次年5月26日，强迫阿富汗签署了《甘达马克条约》[2]。从19世纪70年代起至90年代，英俄两国在波斯（伊朗）争夺的形势渐趋明朗，波斯被一分为二，实际上波斯北部沦为俄国势力范围，波斯南部成为英国的势力范围。

除亚洲外，在19世纪后半期，非洲也是英国等列强争夺的主要对象。地处北非的埃及战略位置十分重要，尤其是1869年苏伊士运河建成通航后，大大缩短了欧亚之间的航程，形成了一条从欧洲经地中海、苏伊士运河和红海通

---

[1] 列宁：《帝国主义是资本主义的最高阶段》，《列宁选集》（第二卷），人民出版社，1995，第641页。

[2]《甘达马克条约》的主要内容：阿富汗除非得到英国政府的同意，不得和外国有任何往来；阿富汗把南部一些地方交由英国政府保护和管理；英国向喀布尔派遣拥有武装卫队的驻扎官；阿富汗每年则可得到英国一定数量的金钱和军火援助。该条约使阿富汗沦为英国的保护国。

往印度和远东的新航线。这条航线不仅具有重要的交通和商业价值，而且对西方列强扩大对东方的侵略和掠夺具有重要的战略价值。当时，英国已经占领了直布罗陀和亚丁，控制了地中海和红海的出海口，但从地中海到红海的苏伊士运河却掌握在法国手中，对此，英国无法容忍。因此，英国与法国为争夺埃及，尤其是对苏伊士运河的控制权而展开了激烈的斗争。1875年11月25日，英国政府利用埃及财政困难，以400万英镑低廉价格从埃及总督伊斯梅尔手中购买了其所掌握的全部苏伊士运河股票（176602股），占苏伊士运河公司全部股票的44%。英国基本控制了苏伊士运河，并为以后在经济上和政治上控制整个埃及奠定了基础。为了占领整个埃及，1882年，英国借口埃及修建亚历山大港炮台，威胁到英国在附近海域舰队的安全，要求埃及停止修建。遭到拒绝后，在同年7月11日，英国悍然发动了入侵埃及的战争，9月14日，英军占领了开罗，英埃战争结束。随后，英国占领了整个埃及。

占领埃及后，英国与其他列强在刚果河流域和东非又展开了激烈的争夺，获得了诸多殖民地：尼日利亚（1851年）、索马里（1887年）、冈比亚和赞比亚（1889年）、桑给巴尔（1890年）、马拉维（1891年）、肯尼亚和津巴布韦（1895年）、塞拉利昂（1896年）、黄金海岸（1897年）、苏丹（1898年）以及整个南非（1899—1902年）。

二、美国的殖民扩张

美国内战结束后，扫除了工业资产阶级发展的障碍，资本主义得到了迅速发展。在1890至1900年期间，美国工厂数量、产值、雇佣工人数均大幅增长。工厂总数（年产值500美元及以上）由355405个增加到512191个，产值由937237.9万美元增加到1300014.9万美元，雇佣工人由4251535人增长到5306143人[①]。1894年，美国工业生产总值跃居世界第一位；1900年，美国工业产值超过了农业产值的一倍，成为名副其实的工业大国。

随着经济实力和国力的快速增长，美国统治阶层向外扩张的欲望亦日益膨胀。在19世纪70年代以前，美国由于已基本完成了在美洲大陆的扩张，故急切需要向海外扩张，争夺殖民地，建立自己的势力范围，扩大海外贸易，掠夺海外资源，抢占战略地带。为此，在美国国内出现了一批狂热的对外扩张主义者，他们鼓吹扩张有理。其中，美国参议员贝弗里奇就是典型代表之一，他曾言道：

---

① 方连庆、王炳元、刘金质主编《国际关系史（近代卷）》（下册），北京大学出版社，2006，第443页。

美国工厂制造的东西多于美国人民能够使用的；美国的土地生产的东西多于他们能够消费的。命运为我们拟定了我们的方针：世界的生意必须是我们的，而且一定是我们的。我们将按照我们的母亲（英国）教我们的那样作成生意。我们将在全世界建立贸易站，作为美国产品的集散地。我们的商船将遍布海洋。我们将建立一支和我们的伟大程度相符合的海军。我们的贸易站四周将发展成飘扬着我们的国旗和我们做生意、实行自治的大殖民地。在商业的翅膀上，我们的国旗插到哪里，我们的制度也跟到哪里。美国的法律、美国的秩序、美国的文明、美国的国旗，将在岸上扎根，那些地方迄今为止一直是凶残和黑暗的，但是在上帝的福佑下，今后将会变得光明美丽。①

为了实现上述海外扩张目标，美国在19世纪末将目光瞄向了已经衰落的西班牙。对于美国海外扩张而言，夺取西班牙殖民地——古巴和菲律宾，具有极其重要的地缘政治和经济价值，是美国通向世界的起点。首先，古巴和波多黎各是美国进入加勒比海的门户，也是其从大西洋海岸进入巴拿马海峡的航路。因此，美国一直谋求通过巴拿马地峡开凿运河，缩短到太平洋区域的航程。这不仅具有巨大的经济意义，而且还有重要的军事意义。因为它可以把美国在大西洋和太平洋的海军力量联系起来。其次，古巴和菲律宾均为西班牙殖民地，但西班牙已经衰落。最后，美国在古巴有重要的经济利益。到19世纪90年代中期，美国在古巴的投资约有5000万美元，对古巴的贸易额达到1亿美元。鉴于上述原因，当古巴和菲律宾先后于1895年和1896年爆发了反抗西

---

① 查尔斯·A.比尔德：《美国政府与政治》（上册），朱曾汶译，商务印书馆，1987，第352-353页。

班牙的殖民统治时，也为蓄谋已久的美国发动美西战争提供了良机①。

1898年1月25日，美国麦金利政府以保护侨民为由，派遣"缅因号"战舰驶往古巴哈瓦那。2月25日，"缅因号"爆炸沉没，美军死亡266人，受伤约100人。美国舆论大哗，要求政府立即对西班牙宣战。对此，美国政府一边积极备战，一边致函西班牙政府，要求其采取措施，恢复古巴的和平，否则美国将采取行动。对于美国的通牒，西班牙在寻求欧洲其他国家支持未果后，迫于压力，接受了美国提出在古巴停火谈判的要求，但美国并不满足。同年4月19日，美国国会参众两院通过的联合决议②实际上将西班牙逼到了墙角；21日，西班牙决定与美国断交；22日，美国舰队对古巴进行封锁，并扣留了西班牙商船。4月23日，西班牙和美国先后宣布进入战争状态。

美西战争在古巴和菲律宾两个战场同时进行，历时约4个月，最终以美国获胜而告终。1898年12月10日，美西两国签署《巴黎和约》，其主要内容为："西班牙放弃对古巴的一切主权和权利之要求；西班牙将波多黎各岛和西印度群岛中目前属于西班牙的其他岛屿，以及马里亚纳群岛之关岛让与美国；西班牙将通称菲律宾群岛的所有岛屿让与美国，美国在本约批准书交换后三个月

---

① 从20世纪20年代开始,史学界就持续研究美西战争起源问题,提出了很多解释:政治经济学研究者认为,美西战争的起源是美国经济扩张和对海外市场追求的结果。地缘政治学研究者认为,美国是为了获取海外军事基地、扩大海权。社会心理学的解释把美西战争视为19世纪90年代美国社会心理焦虑和精神危机刺激的结果。文化视角的解释则致力于探究美西战争背后的思想根源,包括帝国主义思潮、"新天定命运论"、种族优越感、家长观念和性别焦虑等。如美国伊利诺伊大学历史系教授克里斯廷·霍根森认为,到19世纪末,随着美国内战时期那代人的逝去和越来越多的女性参与政治,当时美国决策层非常担心美国男性阳刚之气丧失和男性主宰地位的动摇,这种忧虑深刻地影响了当时美国社会关于战争与帝国的辩论,刺激了美国向西班牙宣战和征服菲律宾,故美西战争在一定意义上是一场为维护男性气概和男权地位的战争。国际关系研究者认为,美国发动美西战争,是受到欧洲追求海外殖民地、建立帝国的"国际时尚"的影响,即在19世纪末20世纪初,拥有海外殖民地、"教化"弱小国家被认为是大国的标志,是进入大国俱乐部的"门票"。当时美国已经崛起为强国,渴望得到欧洲列强的承认,成为大国俱乐部的一员,正是在这种"国际时尚"的影响下,美国决定发动美西战争,兼并菲律宾。请参看王立新:《史学论文写作漫谈:如何选题》,《近现代国际关系史研究》2017年第1期。

② 决议内容:要求西班牙立即放弃对古巴的主权及管理权,并从古巴岛及其领海撤出它的武装力量;授权总统动用美国陆海军来执行这项决议;承认古巴人民有独立的权利等。

内，偿付西班牙 2000 万美元。"①

美西战争是第一次帝国主义战争，是由美国和西班牙"两个强盗瓜分赃物所引起的"战争。美国利用古巴和菲律宾民族解放运动之机，乘机从西班牙手中夺取殖民地，以实现海外扩张之目的。美国作为新崛起的大国，借此战加入了重新瓜分世界的行列，加剧了帝国主义国家之间的矛盾。美国占领古巴和菲律宾、夏威夷等战略要地，为美国推行侵略扩张政策创造了有利条件。

美西战争后，美国在亚洲的势力范围进一步扩大，随后又将目光瞄向了中国。1899 年，美国正式提出"门户开放"政策，以获取和维护其在中国的势力范围和利益。在此之前，美国就伙同西方列强侵略中国，1844 年，强迫清政府签署了中美《望厦条约》，从中获取巨大利益。1894 年中日甲午战争后，列强加速了瓜分中国的步伐。对于英、法、俄、德、意、日等国在中国划分势力范围和获取租借权，美国意识到，如果继续对其他列强瓜分中国的举动采取放任态度，美国将失去世界上最大的市场。1898 年底，美国总统威廉·麦金利（1897—1901 年在任）在国情咨文中强调，在对待中国问题上，美国要"采取与我国政府的一贯政策相适宜的一切手段，维护我们在那一地区的巨大利益"②。次年，"门户开放"政策随之出台。

美国在华推行"门户开放"政策有其重要考量。一是西方其他列强已瓜分完中国，而当时的美国尚无军事实力直接挑战其他列强；二是美国已经拥有强大的经济实力，可以通过资本和商品打开列强在中国所构筑的势力范围，进而实现在中国扩张的目标；三是美国企图利用列强在中国的矛盾和分歧，捞取好处；四是利用清政府推行的"以夷制夷"政策，采取"文攻"，获得清政府的好感，进而获取利益。该政策的实质就是要与其他列强在侵略中国时"利益均沾"，其他列强不得损害美国在华殖民利益。

三、德国的殖民扩张

1871 年，德国最终完成了统一。几乎在德国实现统一的同时，第二次工业革命也在欧洲快速兴起。在此双重有利因素的推动下，德国经济快速发展。1870—1890 年，德国从一个以农业为主的国家发展成重要的工业国。到 1900 年，德国工业生产总值跃居世界第二位。工业和银行高度集中，煤炭、冶金、

① 参见北京大学国际政治系：《国际关系史资料选编（近代部分）》（下册），北京大学，1979 年校内印刷，第 75-76 页。转引自方连庆、王炳元、刘金质主编《国际关系史（近代卷）》（下册），北京大学出版社，2006，第 458 页。

② 杨生茂主编《美国外交政策史（1775—1989）》，人民出版社，1991，第 216-217 页。

机电、化学工业出现了大的垄断集团。到20世纪初，德国几乎在各个领域都超过了英国，成为欧洲第一强国。国家实力的膨胀刺激了德国对外扩张的欲望。德国要求扩大自己的市场、原料来源和势力范围，强烈要求重新瓜分世界[1]。

1891年，在德国成立了泛德意志协会，该协会认为："由于我们缺乏自己的幅员足够大的殖民地，所以我们还没有在任何条件下都可以使我国工业得到保障的市场。"鉴于此，该协会提出：日耳曼人优越论，鼓吹种族优越；重新瓜分殖民地，在非洲和南美洲建立属于德国的殖民帝国；把奥斯曼帝国变为德国殖民地，使斯拉夫人，特别是巴尔干半岛各族人民沦为奴隶；兼并斯堪的纳维亚、荷兰、丹麦、瑞士，建立中欧帝国；掠夺和肢解俄国，占领波罗的海沿岸地区以及乌克兰和高加索[2]。

1897年12月6日，德国外交大臣比洛在帝国会议上发表了关于德国外交政策的演说，表示德国在对待海外殖民地问题上要改弦易辙，"德意志人把领土让给这个邻邦，把海洋给那个邻邦，而自己留置于纯粹空谈的天空里，但那个时代已一去不复返了"，"我们自己要求在太阳下的地位"。12月11日，比洛再次发表演说，明确提出要求重新瓜分世界："我们不能容忍任何外国，任何国外的主神向我们说道：'怎么办？世界已经分割完了！'我们不愿阻挠任何人，但我们也不容许任何人妨碍我们的道路。我们不愿消极地站在旁边……而让他人分割世界。""我们在全世界各地有着自己的利益。如果英国人谈论建造大不列颠帝国，法国人谈论建造法兰西帝国，俄国人谈论占领亚洲领土。那么，我们要求建造大德意志帝国。"为此，德国必须扩军备战，因为"没有巨大的威力，没有强大陆军，没有强大海军，那是万万办不到的"[3]。由此可见，在19世纪90年代，德国已公开走上了同其他帝国主义国家瓜分世界的角逐之路。

德国公然要求阳光下的地盘，势必与日不落帝国——大英帝国发生严重冲突。英德两国主要围绕争夺殖民地和势力范围，以及海上优势而进行。在争夺

---

① 1888年威廉二世继任德国皇帝后,德国决策层认为,受地缘政治影响,德国受困于"中间地带",如果没有足够多的殖民地,因资源有限,德国无法养活众多民众,将导致大量民众被迫移民,这对德国而言将是一个重大的战略失误,故对外扩张、争夺殖民地势所必然。请参看布伦丹·西姆斯:《欧洲:1453年以来的争霸之途》,孟维瞻译,中信出版集团,2016,第238页。

② 方连庆、王炳元、刘金质主编《国际关系史(近代卷)》(下册),北京大学出版社,2006,第446页。

③ 蒋相泽主编《世界通史资料选辑》(近代部分·下册),商务印书馆,1964,第44-45页。

殖民地和势力范围方面，德国向英国传统的殖民利益发起进攻，主要在中非、南非、近东、远东和太平洋地区展开激烈争夺。而在海上争夺方面，主要体现在扩充海军军备和争夺海军优势上。1897年，德皇威廉二世宣称："德国的未来在海上，等德国建立强大海上力量后，他将用另一种语言说话。"[1]此后，英德两国围绕扩展海军军备展开了新一轮激烈竞争。

除英、美、德之外，俄、法、日等国在抢占殖民地方面也不甘落后。俄国争夺的主要方向在巴尔干半岛，与英、法、德、奥等欧洲列强瓜分土耳其；在亚洲和远东地区，对中亚和中国西藏、新疆地区加紧侵略，以及与日本在朝鲜半岛和中国东北地区展开了激烈争夺。法国除在非洲与其他列强争夺外，自19世纪中叶起，对亚洲的越南也加快了侵略的步伐，并在1883年12月11日挑起了中法战争。日本在明治维新后，随着国内资本主义的发展，逐步走上了向外侵略扩张的道路。日本奉行兼并朝鲜、侵占中国、称雄亚洲大陆的基本国策。1876年2月，日本以武力相威胁，迫使朝鲜签订了《江华条约》，条约规定：日本可以在釜山、元山、仁川进行自由贸易，享有领事裁判权。此后，日本加紧对朝鲜的经济扩张和政治渗透。1894年，日本挑起甲午中日战争，清政府战败，次年被迫签署了丧权辱国的《马关条约》。随后日本又与俄国为争夺朝鲜和中国东北地区大打出手，在1904年爆发了日俄战争，俄国战败，日本获取了在朝鲜和中国东北地区的一系列权益。

总之，在19世纪后30年，西方列强掀起了新一轮瓜分世界的狂潮，侵占了大量殖民地。其中英国在1860至1880年间共占领了面积为770万平方英里（约1994.3万平方千米）的海外殖民地，人口有26790万。到1899年，英国殖民地面积达到930万平方英里（约2408.7万平方千米），人口30900万。同期，法国殖民地由原来的70万平方英里（约181.3万平方千米），人口750万，扩大到370万平方英里（约958.3万平方千米），人口5640万。而作为新崛起的德国、美国和日本，在加入瓜分世界行列后，亦获得了惊人的侵略"成果"。到1899年，德国已占领殖民地100万平方英里（约259万平方千米）和1470万人口，同期美国和日本的殖民地"成果"分别为30万平方千米、970万人口和30万平方千米、1920万人口[2]。

---

① 王绳祖主编《国际关系史》（第三卷），世界知识出版社，1995，第360页。

② 方连庆、王炳元、刘金质主编《国际关系史（近代卷）》（下册），北京大学出版社，2006，第442-443页。

四、军备竞赛与海牙和平会议

在19世纪60、70年代开始的第二次工业革命推动下，西方列强经济发展迅速，国力大增，加之科学技术的快速发展，为列强之间展开军备竞赛提供了物质基础和国力保障。在此情况下，帝国主义国家为了在瓜分世界的狂潮中占据优势地位，利用其经济实力和先进的科学技术展开了激烈的军备竞赛。在19世纪70年代以后，西方各国军费开支大幅增加。1874—1896年，欧洲大国的军费开支大都增长50%以上。其中，德国增长了79%、俄国增长了75%、英国增长了47%、法国增长了43%、奥匈帝国增长了21%[1]。此外，在大力发展重工业的基础上，欧洲各大国不仅建立了强大的军火工业，而且还建立了庞大的军队。

帝国主义扩军备战和侵略政策引起了欧洲各国人民的普遍和强烈反对。为了平息民众的反战情绪，欧洲列强在加速军备竞赛的同时，打出了和平的旗号，鼓吹裁军。1898年8月24日和1899年1月11日，沙皇政府先后向各国政府发出了举行和平会议的呼吁。历来重视军备建设和大力对外扩张的沙皇俄国竟然率先提出裁军倡议，其主要目的为：俄国经济发展滞后，财政困难，无力继续与德、英等经济实力雄厚的列强进行无止境的军备竞赛。此外，在19世纪末，俄国对外战略的重心是侵略中国，以及处理由此而引起的与日本之间的尖锐矛盾，而军备竞赛主要在欧洲列强之间展开，故为了减轻俄国在欧洲的压力，以便集中精力处理远东问题。

对于俄国发出的和平呼吁，其他列强给予了积极回应，因为它们都不想给世人留下自己破坏和平的印象。1899年5月18日至7月29日，来自欧洲、亚洲和美洲的26个国家在海牙举行了第一次和平会议。会议的主要任务是限制军备和保障和平。在长达70多天的会议上，各国代表就裁军问题发表了许多冠冕堂皇的宣言和声明，但无实质性进展。会议最终发表了三个宣言：《关于禁止从气球上投抛炸弹和爆炸物的宣言》《关于禁止使用专为宣泄毒恶气质的炸弹的宣言》和《关于禁止使用人体膨胀或易成扁形的子弹的宣言》。会议签订了《关于和平解决国际争端的公约》《关于陆地战争的法规和惯例的公约》和《关于海上战争采用1864年8月22日日内瓦公约原则的公约》。

第一次海牙和平会议召开后，西方大国之间的军备竞赛仍在紧张进行，战争也在频繁发生。1907年6月15日至10月10日，由44个国家代表参加的第二

[1] F.H.欣斯利编《新编剑桥世界近代史》（第十一卷），中国社会科学院世界历史研究所组译，中国社会科学出版社，1987，第33页。

次海牙和平会议，仍无实质性结果，而此时已处于第一次世界大战的前夕。

第三节 亚非拉地区人民的反侵略斗争

随着1500年左右新航路的开辟，西欧国家率先走上了海外扩张和殖民征服之路，前后持续了400余年，对整个世界产生了重要影响。

一、欧洲列强海外殖民扩张的后果

第一，促使了世界各地区之间的联系大大加强。随着新航路的开辟和西欧国家的海外扩张，导致跨洲大规模的人种的重新分布和物种的大交流。在1500年之前，世界各地区之间的人种是相互隔离的，但在近代西欧国家殖民征服中，原本生活在非洲的大量黑人被贩卖到美洲等世界其他地区，主要生活于欧洲的白人也逐渐扩散至南非、美洲大陆以及世界其他地方。而随着欧洲白人和非洲黑人的大量到来，美洲居民——印第安人大量死亡。结果，美洲成为世界上人种混合最甚的地区：既有印第安人，又有外来的欧洲白人及非洲黑人；既有欧、印混合人种，又有黑、白混血人种。除人种重新分布外，西欧的海外殖民扩张，也促进了世界动植物的大交流。旧大陆的马、牛、羊等家畜以及小麦、燕麦、大麦等农作物被欧洲人带到了美洲新大陆，而原产于美洲新大陆的各种植物，如玉米、马铃薯、西红柿、花生，尤其是美洲印第安人培育的两大经济作物——烟草和棉花被传入世界各地，对世界其他地区农业生产和经济发展产生了重要而深远的影响。

第二，促使世界市场的逐渐形成。西欧海外殖民扩张的另一个重要后果是世界各地区之间的经济联系日益密切，随着跨洲贸易的发展，尤其是在两次工业革命的推动下，出现了全球性的经济关系，世界市场逐渐形成。

第三，推动全球政治格局的变化，以西欧为中心的西方力量逐渐居于世界主导地位。在1500年左右，西欧地区与东亚地区的中国、南亚地区的印度和西亚地区的伊斯兰力量处于大致平衡状态，而且就整体力量而言，东亚地区的中国和西亚地区的伊斯兰力量居于优势地位。但在1500年之后，随着西欧资产阶级力量的发展壮大，资本主义制度的普遍确立，以西欧为中心的西方力量逐渐崛起并在全球占据主导地位，到19世纪末期，广大亚非拉地区最终被纳入西方所构建的殖民体系之中。

第四，近代西方列强的殖民扩张给广大亚非拉地区带来了深重的灾难。自近代以来，葡萄牙和西班牙等西欧国家在海外殖民扩张，给非洲黑人和美洲印第安人带来了灾难性后果，疾病、战争和高强度劳动，造成大量黑人和印第安人的死亡。18、19世纪，西方列强凭借坚船利炮，进一步入侵广大亚非拉地区，将诸多国家变成其殖民地或半殖民地，换言之，广大亚非拉国家成为西方列强的原料产地和商品销售市场。长期的残酷剥削，致使广大亚非拉地区诸多国家主权沦丧，经济发展滞后，产业结构单一，人民生活困苦，这也是广大亚非拉地区国家长期落后的重要原因。

二、广大亚非拉地区人民的反殖民反侵略斗争

从1500年至19世纪末20世纪初，西方列强通过军事征服、经济掠夺、政治控制，占领、奴役和剥削其他弱小国家和落后地区，将其变成殖民地或半殖民地。在资本主义发展不同时期，殖民主义也表现出不同形式。即，在资本主义原始积累时期，西欧国家大多采取赤裸裸的暴力手段，如武装占领、海外移民、海盗式的掠夺、欺诈性的贸易、血腥的奴隶买卖等；在自由资本主义发展时期，主要通过"自由贸易"形式，把欠发达国家、民族和地区变成自己的商品市场、原料产地、投资场所和廉价劳动力来源地；在帝国主义时期，除采取上述各种手段外，资本输出成为剥削这些国家、民族和地区的主要形式。到19世纪末20世纪初，广大亚非拉地区和国家基本沦为西方列强的殖民地或半殖民地，在世界范围内形成了帝国主义殖民体系。西方列强长达几个世纪的殖民侵略，给殖民地和半殖民地人民带来了深重的灾难，也势必引发殖民地人民的强烈反抗。

（一）亚洲人民的反侵略斗争

中国人民反侵略斗争　亚洲是近代西方列强侵略的重点之地，而其中又以中国为甚。1840年鸦片战争爆发后，中国开始沦为半殖民地半封建社会。此后百余年间，英、法、俄、日、美等国先后对中国发动了大小数百次侵略战争。其中大规模战争有：第一次鸦片战争（1840—1842年）、第二次鸦片战争（1856—1860年）、中法战争（1883—1885年）、中日甲午战争（1894—1895年）、八国联军侵华战争（1900—1901年）、日本侵华战争（1931—1945年）。从近代列强发动侵华战争来看，呈现出参与国多、持续时间长、频率高、危害重之特点，可谓世所罕见。西方列强通过发动战争或以武力相威胁，强迫清政府割地、赔款，签署不平等条约。其中，被割占的领土高达180多万平方千米，签署了1100多项不平等条约，仅西方列强强迫清政府于1901年签署的《辛丑条约》就要求清政府赔款白银4.5亿两，加上利息合计近10亿两。除上述侵略外，西方列强在侵华战争期间，大肆屠杀中国人民，制造了如南京大屠杀等诸多人间惨案。

西方列强的殖民侵略，激起了中国人民的反侵略斗争。在近代中国反殖民和反侵略的斗争中，以林则徐和魏源为代表的仁人志士开了历史之先河。早在1840年鸦片战争前，林则徐就已认识到鸦片输入将给中国社会和中国人民带来严重危害，故上书清政府，坚决主张禁烟。林则徐在广州禁烟始，已预料到中英冲突不可避免，遂在虎门、穿鼻、尖沙咀等地修筑炮台，加强广东沿海的防务。除林则徐外，魏源等人也积极主张抵抗外国侵略，并提出"师夷长技以制夷"，力主加强国防建设。鸦片战争爆发后，民族矛盾逐渐上升为中国社会的主要矛盾。清政府内部部分官员，如在1840年，从两广总督调任闽浙总督的邓廷桢，坚决主张抵抗英国侵略军；广东水师关天培，在虎门炮台与英国侵略军进行顽强作战，最终"以死报国"；江南提督陈化成与英军在吴淞口展开激战，最后壮烈牺牲。在第一次鸦片战争期间，凡英国侵略军所到之处，皆有清军将士的抵抗。到19世纪中后期，随着西方列强加紧对中国的侵略和瓜分，在清政府内部依然涌现出很多抗击侵略的爱国将士，如中法战争中的冯子材和刘永福；甲午中日战争中的刘步蟾、邓世昌；左宗棠率军收复新疆等。由此可见，在1840年鸦片战争爆发后的一段时期内，当中国遭到西方列强的侵略时，清政府统治阶级内部涌现出的一大批"抵抗派"将领和爱国人士成为领导和抵抗西方侵略的中坚力量。

但随着近代中国资产阶级力量的壮大及其登上历史舞台，资产阶级改良派逐渐占据了抵抗西方侵略势力的主导地位。他们主张革除政治弊端，学习西方科学技术，达到自强之目的，以摆脱西方列强的殖民统治。其实，早在19世纪30年代末期，林则徐在广州禁烟时，就开始雇佣翻译人员搜集和翻译西方报纸、书籍，学习和了解西方知识，并有人开始著书立说，介绍西方情况，如魏源撰写《海国图志》、徐继畬著述《瀛环志略》、姚莹编著《康輶纪行》。不论是林则徐雇人翻译和介绍西方著作，还是魏源等人著书立说，向当时国人介绍西方之情况，其主要目的是"师夷长技以制夷"。正如姚莹在述其撰写《康輶纪行》之目的时所言："作为图说，著之于书，正告天下，欲吾中国童叟皆习见习闻，知彼虚实，然后徐筹制夷之策。"①到19世纪50年代，太平天国农民运动领袖洪仁玕撰写了《资政新篇》，首次对西方政治和经济进行了全面考

---

① 苏双碧：《近代中国反侵略斗争中的四个层次五种力量》，《历史研究》1986年第6期，第66页。

察，并提出了一整套在中国发展资本主义的计划。在19世纪70年代，以张之洞等人为代表的资产阶级洋务派力图通过发展中国近代资本主义工商业，实现富国强兵，最终达到抵抗外来侵略之目的。以康有为和梁启超为代表的资产阶级改良派发动了"戊戌变法"。总之，在西方殖民侵略的冲击下，近代中国面临千年未有之大变局，从林则徐、魏源等人开眼看世界，到洋务运动和戊戌变法，资产阶级改良派企图通过向西方学习，或兴办实业，或变法自强来挽救民族危亡。

到19世纪90年代，从孙中山先生创建兴中会开始，就以推翻清王朝封建专制统治，抵制帝国主义对中国的政治控制和经济掠夺，最终实现中华民族完全独立为目标。经过艰苦努力，1911年辛亥革命不仅推翻了清王朝，也结束了中国两千多年的封建专制统治。然而，革命的果实被袁世凯等人摘走。中国人民反侵略之路如孙中山先生所言："革命尚未成功，同志仍需努力。"最终，中国历史和中国人民选择了中国共产党，从1921年中国共产党成立到1949年新中国的成立，经过28年艰苦卓绝的奋斗，中国人民在中国共产党的带领下，推翻了压在中国人民身上的三座大山，彻底赶走了西方列强，废除了各种不平等条约，实现了中华民族的完全独立。中国人民从此站起来了，也开启了中华民族崛起的康庄大道。

朝鲜人民反抗日本侵略斗争　在14世纪，日本海盗就对朝鲜沿海地区进行侵扰。在16世纪后期侵扰中国沿海地区失败后，开始大规模入侵朝鲜。即在1592年和1597年，丰臣秀吉两次派兵侵略朝鲜，明朝政府进行了抗倭援朝战争。从17世纪中叶开始，朝鲜李朝开始实行海禁，但闭关锁国政策无法阻止西方列强的入侵。1847年和1866年，法国以保护传教士为借口，先后派遣军舰入侵朝鲜，第一次因军舰触礁无果而返，第二次遭到朝鲜军民的痛击后败退。继法国后，美国从1866年开始，先后组织海盗、派遣军舰侵扰和入侵朝鲜，但均遭到朝鲜人民的英勇抵抗。

继法国和美国，明治维新后的日本很快就走上了对外扩张和征服之路，给中国和朝鲜人民带来了深重的灾难。1875年5月，日本出动云扬号等军舰，逼近朝鲜釜山港口进行军事挑衅，在遭到朝鲜海岸炮兵还击后，日本以此为借口，在次年1月派遣舰队入侵朝鲜江华岛一带。同年2月，朝鲜闵氏政权在江华府与日本缔结了《朝日修好条规》，即《江华条约》。该条约是朝鲜同外国资本主义国家签订的第一个不平等条约，结束了朝鲜长期以来实行的闭关锁国的政策。随后美、英、德、俄、意等西方列强也相继与朝鲜签署了类似的不平等条约。

随着朝鲜国门被打开，其逐渐被卷入世界资本主义体系之中，开始沦为日本及西方列强的半殖民地。列强的入侵加剧了朝鲜封建统治的危机，1894年1月10日，在全琫准领导下，发动了古阜农民起义，拉开了朝鲜"内斩贪虐之官吏，外逐横暴之强敌"的反封建、反侵略的"甲午农民战争"之序幕。在此后短短数月间，古阜农民起义成燎原之势，变成一场规模巨大的农民战争。全琫准等人也进一步提出和完善了革命纲领——"尽灭权贵""逐灭洋倭""辅国安民"，即对内推翻封建制度，对外驱逐日本侵略者，以实现和达到国泰民安之目的。

"逐灭洋倭"是朝鲜"甲午农民战争"的主要任务之一。1894年7月25日中日甲午战争爆发后，日本也开始大规模侵略朝鲜。在民族危难面前，全琫准举起抗日救国"逐灭洋倭"的大旗，于同年9月底在全罗道参礼讨论了"起众击日之事"，号召"为了反日抗战决然号召图谋民族团结，不管官军、地方军或者爱护国家的一切人民坚决反对日本侵略者而斗争"。全琫准号召朝鲜民众北上抗倭的倡议，得到了全州、青州等地农民、官吏和军队的响应。10月15日，农民军在忠清南部论山，击败朝鲜政府军队，23日，5万多农民军聚集公州地区，同日军展开激战。11月8日，农民军经敬川分两路进攻，日军从背后炮轰，农民军败退论山。由于力量悬殊和武器装备落后，11月25日，全琫准率领农民军退至金沟泰仁地区后，遭到日军和朝鲜政府军的两面夹击，农民军从此溃败。全琫准被叛徒告密，于12月30日被捕，次年3月17日在汉城英勇牺牲。尽管"甲午农民战争"以失败而告终，但这场规模巨大的农民战争沉重地打击了朝鲜的封建统治和日本侵略者，在朝鲜民族解放运动中占据重要的历史地位。

印度反抗英国的殖民统治　英国入侵印度始于17世纪初，以东印度公司为开路先锋，并通过一系列战争[1]，在1849年吞并了旁遮普地区，最终完成了对印度的全部占领。印度也完全沦为英国的殖民地。

英国占领印度后，通过暴力搜刮和抢劫、征收苛捐杂税、贩卖鸦片、加征土地税等手段对其进行殖民掠夺。19世纪初，已完成第一次工业革命的英国

---

[1] 英国和法国为争夺印度分别于1746—1749年、1751—1752年、1756—1761年爆发战争，法国战败被排挤出印度。随后，英国分别于1767—1769年、1780—1784年、1790—1792年、1799年发动了四次侵略印度迈索尔的战争，占领了印度南部地区；1775—1782年、1803年、1817—1819年，发动了三次侵略印度马拉特的战争，占领了印度中部地区。

凭借工业技术优势和低关税开始向印度输出商品和资本，导致印度成千上百万的手工业者破产和失业，使他们的生活陷入极其悲惨境地。时任印度总督本丁克坦承："悲惨的情况在商业史上是无与伦比的。棉织工人的白骨使印度平原都白成一片了。"[①]

英国殖民当局以大量廉价商品挤垮印度城市的小手工业生产者。在农村，对农民课以重税，使其陷入赤贫。1848年戴贺胥出任印度总督后，英国殖民当局又将目光瞄向了印度封建王公，为了扩充地盘，占领更多的原料和销售市场，推出"丧失权利论"，即印度封建王公死后如无直系后嗣继承，其领地和年金均收归东印度公司。以此理论为依据，并以其他种种借口，戴贺胥剥夺了许多印度封建王公的土地和年金，引起了他们的强烈不满和仇恨。

1857年初，英国殖民当局给信仰印度教和伊斯兰教的印度士兵发放涂有牛脂和猪油包装的子弹，严重伤害了印度士兵的宗教和民族感情。加之之前英国殖民当局的殖民掠夺引发了印度各阶层的强烈不满，最终导致印度在1857至1859年爆发了反抗英国殖民统治的民族大起义。起义中心是德里，从1857年6月8日开始的德里保卫战持续了3个多月，到9月14日，起义者撤出德里。德里陷落后，英国殖民当局集中力量对付印度勒克瑙起义者，在勒克瑙陷落后，起义军结束了大规模与英军会战的阶段，转而开始进行游击战争，一直持续到1859年底。

1857—1859年印度民族大起义不仅宣告了莫卧儿帝国的灭亡，也使英国收紧了对印度的殖民统治，即，将对印度的统治权由东印度公司转交给英国王室直接管理。起义尽管失败了，但在19世纪后半期，印度出现了一大批民族主义知识分子，纷纷著书立说，提倡复兴印度文化，并提出诸多改革主张。其中，1885年12月28日，印度国民大会党（简称国大党）在孟买举行成立大会，国大党的成立既是19世纪后半期印度民族知识分子势力发展的一个高峰，也为20世纪印度反抗英国殖民统治奠定了政治基础。

越南人民反抗法国的殖民统治　法国大规模入侵越南始于19世纪中叶。1847年，法国以保护传教士为名，命"维克多利"号军舰炮击越南军舰。在1858年和1859年，法国联合西班牙先后侵占越南土伦和西贡。1861年，法军侵占了越南嘉定、边和和定祥三省。随后在1862年和1874年，强迫越南阮朝与法国签署了第一次《西贡条约》和第二次《西贡条约》，用武力迫使越南签署了不平等条约，将越南变为法国的半殖民地。1883年，法军占领越南顺化

---

① 吴于廑、齐世荣主编《世界史·近代史编》(下卷),高等教育出版社,2011,第152页。

后，强迫阮朝签署了《顺化条约》，取得了对越南的保护权和外交监督权，到1884年最终确立了法国对越南的殖民统治。

法国侵占越南后，对其实行分而治之。阮福映在1802年建立阮朝后，为巩固封建统治、加强中央集权，将地方行政划分为南圻、北圻和中圻。南圻，由法国派遣的总督直接统治；中圻，则采取"保护领地"的形式，即保留阮朝的统治机构，派总监进行监督；对北圻则实行半"保护领地"形式，即由阮朝傀儡政权进行统治。法国占领越南后，以掠夺财富为主。一方面大量圈占土地，无偿转交给天主教会、殖民官吏和商人，从事各种资本主义经营活动，获取高额利润；另一方面向越南民众征收沉重的苛捐杂税。

对于法国的殖民掠夺，越南人民利用山地、丛林之地形，组建游击队，采取了"避锐击惰、以逸待劳、临变从容、刻机神速"的游击战争。除此，越南也开展了规模巨大的勤王运动，即以咸宜帝为代表的一部分爱国封建主不甘心做亡国奴，依靠人民群众同法国殖民者进行斗争。1885年7月5日，阮朝大臣尊室说组织爱国武装力量向驻守在顺化的法国占领军发动进攻，虽遭失败，但在咸宜帝的号召下，越南民众纷纷加入反法勤王起义军。勤王起义军凭借越南山林险要地势，采取灵活机动的游击战术，同法国占领军进行了长达十余年的斗争。对于越南民众掀起的如火如荼的反法起义，法国殖民当局绞尽脑汁，采取多种措施予以镇压，最终在1888年11月，咸宜帝被捕、流放，标志越南开展的反法勤王运动的失败。

（二）非洲人民的反侵略斗争

在近代以来，非洲也是西方列强争夺和殖民的主要之地，而地处欧、亚、非三大洲交通要道的埃及，具有重要的战略地位，故首当其冲。

埃及反抗法、英等国的殖民统治　在18世纪90年代，法国加快了入侵埃及的步伐。1797年夏，法国驻意大利军总司令拿破仑·波拿巴向督政府提出侵略埃及的方案，随后拿破仑被任命为东方军司令，于1798年7月率领3.5万名士兵入侵埃及。当时仍处于奥斯曼帝国统治下的埃及，政治腐败、经济衰退、田地荒芜、内战频繁。因此，当拿破仑率军到达埃及时，驻扎在埃及的土耳其军队和马穆鲁克军团一触即溃，历史名城亚历山大和开罗相继陷落。面对法军的殖民侵略，埃及民众用刀枪、棍棒和石块等极其原始落后的武器展开斗争。其中在1798年10月和1800年3月，开罗先后爆发了两次大规模的反法武装斗争。尽管最终均被镇压，但它翻开了近代埃及反帝反殖民斗争的新篇章。

埃及人民的英勇反抗，加之英国亦向埃及派遣军队，与法国展开了对埃及的争夺，最终迫使法军于1801年10月撤离埃及。尽管法国暂时撤离了埃及，但英军的到来，预示着埃及人民反抗欧洲列强的殖民统治任重而道远。

在反抗法国的殖民侵略中，穆罕默德·阿里（1769—1849年）崭露头角，1805年5月被推举为埃及总督，奥斯曼土耳其皇帝被迫授予其"帕夏"称号。阿里担任埃及总督后，为了增强国力、抵御外部侵略，开始进行全面改革。政治上，清除马穆鲁克势力，加强中央集权，实行全国统一政令；在中央设立内阁，下设军事、司法、财政、商业、交通、教育、卫生等7个部；在地方行政方面，实行三级制，将全国划分为7个省，省长由中央任命，下设县、村两级。在经济上，废除包税制度，没收教会土地，分成小块租给无地或少地的农民；兴修水利，修筑堤坝，开挖水渠，扩大耕地面积；创办纺织、制糖、造纸等工厂，聘请国外技术人员，利用机器进行生产；在商业上，实行国家垄断制度，设立专门收购农产品的机构，对手工业产品实施专卖；在军事方面，废除传统雇佣兵役制，实行征兵制，创办军校，聘用西方军事教官，建立有新式武器装备的陆军；在教育上，重视文化教育事业，创办工业、农业、建筑和医学等专门学校，邀请外国专家，培养各类人才。

改革之后的埃及日渐强大，不仅暂时摆脱了西方列强的殖民侵略，反而实行对外扩张政策。然而，埃及的强大引起了英国的不安，认为其威胁到英国通往印度的航路，遂伙同土耳其挑起了第二次土埃战争。1840年，英国又联合奥地利进攻黎巴嫩和叙利亚，埃及战败。次年，英国海军在亚历山大港口登陆，迫使埃及签署城下之约。1849年8月，阿里死后，埃及形势每况愈下。英国通过资本输出，逐步控制了埃及的经济。1856年，英国强迫埃及签署了开凿苏伊士运河的条约，运河从1859年4月开始修筑，历时10年。苏伊士运河的开通，大大缩短了欧亚之间的海上航程，埃及的战略地位也进一步突显，英国等西方列强对埃及的侵略和控制也更加激烈。

布尔战争与南非人民反抗英国殖民者的斗争　南非地处非洲大陆最南端，战略位置非常重要。1652年，荷兰东印度公司在今天南非的开普敦建立了通往远东航线的中途供应站。此后，开普敦逐渐发展为欧洲殖民者最早在南部非洲建立的据点，即开普殖民地，故其亦有"南非诸城之母"之称。早期移民至开普敦的有荷兰人、德国人和法国人，但以荷兰人居多，故其他国家移民在语言、风俗等方面逐渐被荷兰人同化，荷兰语也成为移民者的主要语言。荷兰殖民者侵占南非建立开普殖民地后，从荷兰、德国和法国来的移民之后裔被称为"布尔人"。"布尔"一词源于荷兰语"boer"，意为"农民"。

这些来自欧洲的白人移民抵达南非后，凭借武器装备之优势，开始肆意掠夺和侵占当地科伊人的土地，建立牧场，经营农牧业生产。布尔人在南非的大肆扩张，激起了当地科伊人、班图人和桑人的激烈反抗，双方之间爆发了延续长达百年之久的战争。18世纪末，法国大革命的爆发深刻改变了欧洲国际形势。1795年，英国利用法军侵入荷兰之机，乘机占领了开普殖民地，但遭到科萨人（班图人的一个分支）的激烈反抗，1803年英军被迫撤离。然而，在1805年，英国再度占领了开普殖民地。拿破仑帝国灭亡后，在1815年召开的维也纳会议上，根据条约规定，荷兰将开普殖民地让予英国，由英国殖民部实行直接管辖。

英国夺取开普殖民地后，开始加强对该殖民地的控制和管理。一方面，大力资助以英国人为主的欧洲移民迁往南非；另一方面，加强对布尔人的控制，如取消了布尔人的公民会议；宣布英语为官方语言，学校必须用英语进行教学；废除荷兰旧币，改用英镑；1833年英国宣布废除奴隶制，为当地经济发展提供充足的自由劳动力。为了摆脱英国殖民当局的剥削和压榨，从1836年起，布尔人拖家带口，纷纷离开原来的居住地——开普殖民地，向其他地方迁移，重新占领黑人的土地。在迁移过程中，布尔人与当地原住民——班图族分支——祖鲁人在1838年发生了激烈的战斗。最终，布尔人击败了祖鲁人，占领了纳塔尔，建立了纳塔尔共和国。布尔人的"反叛"，激怒了英国殖民当局，于是在1843年派兵进攻并占领了纳塔尔共和国。在此情况下，布尔人再次踏上了迁徙之路。在大迁徙及其与祖鲁人的激战过程中，布尔人的民族意识开始形成。

布尔人在随后的迁徙过程中，用武力驱赶了原住民，占领了许多土地，亦建立了诸多的共和国。这些大大小小的共和国不断分裂、合并，重新组合，最终形成南非共和国（又称德兰士瓦共和国）和奥兰治自由邦（亦称奥兰治共和国）。对此，英国政府予以默认。因此，在19世纪50、60年代，英国政府与布尔人之间的关系较为缓和。然而，从19世纪60年代后期开始，由于垂涎南非新发现的钻石和黄金财富，英国政府再次加快了侵略和征服南非的步伐，进而导致了1899至1902年英布战争的爆发。

其实，1899—1902年的英布战争不过是英国政府与南非布尔人之间长达百年殖民与反殖民斗争的延续而已。对英国政府而言，南非在英帝国殖民体系中占据着极其重要的战略地位。它不仅是大西洋通往印度洋的交通要道，也是英国本土通往印度途中至关重要的战略要地。而印度对于大英帝国的重要性不言而喻，英国决策层认为，英国的实力依赖于对印度的拥有和在东方的优势地位，就如同大不列颠本土对于英国一样重要。"只要我们（英国，作者注）能够统治印度，我们就是全世界最伟大的力量。""如果我们失去了它，那么我们就会直接变成一个三流的世界力量。"①因此，在19世纪后期，英国在非洲的战略决策中"起决定性作用的动机就是为了保护印度和东方，以及与之有至关重要联系的利害关系"。此"利害关系"便是确保好望角的安全，以保证英国通往印度的海上航线畅通无阻。此外，英国为了加强对非洲殖民地的控制，计划在埃及开罗和南非开普殖民地之间修建一条铁路，即"2C计划（开罗—开普）"。然而，该计划能否实现，布尔人的态度至关重要。因为面对咄咄逼人的英国殖民扩张，布尔人也不甘示弱，不仅鼓吹建立一个"包括德兰士瓦和奥兰治共和国，而且包括英国在二百五十年间从布尔殖民者手中夺去的和英国扩张夺去的一切地区"的布尔人的非洲，而且在1897年，布尔人建立的德兰士瓦共和国和奥兰治共和国缔结了"友好永久同盟"条约，以加强反对英国的力量。由此可见，英国在南非的殖民扩张计划与布尔人的"非洲计划"发生了尖锐冲突，势必导致双方关系的恶化。

除此，英布双方对南非地区经济利益的争夺也是导致英布战争爆发的主要原因。随着1867年在奥兰治发现钻石矿，以及1884年在德兰士瓦发现金矿后，大批英国人涌入此二地掀起淘金热，寻找财富，而布尔人则"提心吊胆地看到英国殖民者深入他们国家的心脏"，故千方百计予以排挤。

最后，德国的干涉加速了英布战争的爆发。威廉二世上台后，德国对外战略开始发生重大调整，积极推行对外扩张政策，要求夺取"阳光下的地盘"。德国的扩张政策势必同"日不落帝国"——大英帝国发生尖锐矛盾。因此，在19世纪末20世纪初，英德矛盾成为第一次世界大战前国际关系中的主要矛盾之一。其中在非洲，英德在争夺殖民地上就发生了严重的冲突。当时，德国计划将其占领的东非、西南非和西非等的殖民地连接起来，建立一个从大西洋到印度洋的殖民帝国。该计划与英国之前制定的"二C计划"发生了冲突。此外，德国势力在南非的迅速发展也严重地威胁了英国的殖民利益，在1886—1896年短短的10年间，德国对德兰士瓦的商品输出从每年30万英镑剧增到1200万英镑。为了巩固和扩大德国在非洲的利益，德国宣称是布尔人的"亲兄弟"，是他们的"保护者"。而德兰士瓦共和国也寻求德国的庇护，以对抗英

---

① 劳伦斯·詹姆斯：《大英帝国的崛起与衰落》，张子悦、解永春译，中国友谊出版公司，2018，第217页。

国。1884年4月，当德兰士瓦总统保罗·克鲁格访问柏林时，公开表达了亲德立场，他言道，德兰士瓦"就像一个孩子从其父母那里得到支持，年轻的德兰士瓦，要向它强盛的祖国德国以及其辉煌的王朝处寻求并得到保护"[①]。德国与德兰士瓦之间日益紧密的关系，进一步加剧了英德之间的矛盾和英布双方在南非的争夺。

其实，在19世纪90年代，布尔人建立的德兰士瓦和奥兰治共和国已被英国建立的殖民地所包围。鉴于此，英国企图说服布尔人建立南非联邦，在遭到拒绝后，派武装警察侵入德兰士瓦搞颠覆活动，被布尔人击溃后，英国政府便决心用武力消灭布尔人建立的共和国，遂加紧往南非调遣军队。布尔人也积极备战，一方面，向德国积极购买武器弹药；一方面，全面皆兵，将16至60岁的男子武装起来，做好参战准备。1899年10月9日，布尔人向英国发出照会，要求英国把集结在德兰士瓦共和国边境的英军和近期调入南非的一切军事力量全部撤走，并保证今后不再向南非增派军队；将两国争端问题提交第三者仲裁，并限英国24小时内答复。在遭到英国拒绝后，10月10日，布尔人兵分三路率先向英军发动进攻。在战争初期，布尔人取得了一些胜利。但随着兵力的大量增加，英军占据绝对优势，很快就突破了布尔人的防线，占领了布隆方丹、约翰内斯堡、比勒陀利亚等布尔人的主要城市，控制了南非的全部铁路线。1900年12月，英国宣布吞并德兰士瓦和奥兰治。然而战争并未结束，布尔人由阵地战转为游击战，到处破坏铁路，袭击小股英军，拦截物资。英军把被俘的布尔青壮男子流放到圣赫勒拿、百慕大、锡兰、印度等地的战俘营，并焚毁他们的庄稼和住屋，杀尽他们的牲畜；把十余万布尔妇女、儿童和老人赶进集中营，并在德兰士瓦、奥兰治境内遍地设立岗哨，严密监视布尔游击队的活动。

到1902年，英布双方精疲力尽。战争不仅造成双方数万人伤亡，而且导致物质财富损失惨重，仅英国战争开支就高达两亿多英镑。为了尽快结束战争，英布双方开始谈判，并于同年5月31日签署了《大不列颠和南非共和国及奥兰治自由邦的和约》。和约规定：布尔人放下武器，停止作战；布尔人宣布臣服于英国王室；英国则承诺不得剥夺布尔人的个人自由和财产；等时机成熟后，恢复德兰士瓦和奥兰治共和国的民政管理，英国政府给予布尔人300万英镑作为战损"补偿"等。

---

① 劳伦斯·詹姆斯：《大英帝国的崛起与衰落》，张子悦、解永春译，中国友谊出版公司，2018，第272页。

综上所述，1899—1902年爆发的英布战争既是英国出于对保护帝国航线安全考量的结果，也是英布双方为争夺南非殖民统治权和经济利益的必然结果，德国的干涉起了催化剂的作用①。从战争性质来看，这场战争对英布双方来说都是非正义的，它是一场掠夺非洲人民、重新瓜分非洲的帝国主义战争。战争初期，人们普遍认为这场战争将以英国速胜而告终，然而，战争却持续了近三年之久。对英国而言，尽管取得了战争胜利，但也给英国人带来了"无尽的教训"，激起了他们对帝国地位、经济活力、贫穷和失业急剧恶化以及对帝国防御能力的担心和焦虑。同时，这场战争使得英国政府开始重新调整其外交策略，英国最终放弃了自从19世纪60年代以来一直所奉行的"光辉孤立"的外交政策，并试图通过外交结盟来缓解英帝国的负担。这场战争是英帝国历史上的一道分水岭，是"帝国终结的开端"。

（三）美洲人民的反侵略斗争

自哥伦布发现美洲新大陆以来，欧洲殖民者蜂拥而至，拉丁美洲逐渐沦为西班牙和葡萄牙等西方列强的殖民地。它们的横征暴敛激起了当地人民的反抗。

拉丁美洲人民反对西班牙的殖民统治　大约从19世纪初开始，拉丁美洲各国受法国启蒙思想和美国独立战争胜利的影响和鼓舞，相继爆发了反抗西班牙等国殖民统治的民族独立运动。1804年，法属圣多明各（即海地）在杜桑·卢维杜尔（1743—1803年）的领导下，取得了反法起义的成功，成为继美国之后第二个获得独立的美洲国家。受此鼓舞，1810年，在墨西哥城和布宜诺斯艾利斯同时爆发了反抗西班牙的大起义，经过十余年斗争，1821年墨西哥宣布独立；而阿根廷在民族英雄圣马丁的领导下，开展武装斗争，在1816年宣告独立。

在拉丁美洲反抗西班牙的殖民统治中，出身于委内瑞拉土著贵族家庭，具有西班牙血统的西蒙·玻利瓦尔（1783—1830年）做出了巨大的贡献，可谓

---

① 国内外史学界关于英国发动英布战争的原因,提出了多种解释,主要观点有:英国自我保护说(英国在南非的国家利益受到威胁);英国资本主义扩张说(在南非有重大利益关联的英国资本家为了进一步维护和扩展在该地区的利益);殖民争霸说(英国的南非殖民计划与布尔人的非洲计划发生冲突,最终演变成战争);经济利益争夺说(19世纪中后期,南非发现了钻石矿和金矿,英布双方展开争夺,导致战争爆发);综合因素说(英布战争的爆发与历史原因、政治、经济和国际关系等诸多因素有关)。此外,一些西方学者用"边缘理论"和"返祖理论"(atavism)来解释英布战争爆发的原因。请参看倪建钢:《英布战争爆发原因研究综述》,《科技信息》2008年第31期。

厥功至伟。玻利瓦尔早年曾赴欧洲求学，受到启蒙思想的影响，回国后决心要将自己的国家从西班牙殖民统治下解放出来。在他的领导和帮助下，先后使新格拉纳达（哥伦比亚，1819年独立）、委内瑞拉（1821年独立）、秘鲁（1821年独立）、厄瓜多尔（1822年独立）、玻利维亚（1825年独立）等国摆脱了西班牙的殖民统治。玻利瓦尔也因此获得了"解放者"的称号。

《门罗宣言》的出台及美国对拉丁美洲的控制　就在拉美诸国纷纷脱离西班牙殖民统治而宣布独立时，在维也纳会议后，以俄、奥为首的神圣同盟国家一方面试图恢复拉丁美洲的"正统秩序"，一方面企图以恢复秩序为名，趁机将自己的势力扩展至拉丁美洲。1820年11月，俄国、普鲁士和奥地利在奥属西里西亚的特罗保（今捷克斯洛伐克的奥帕瓦）召开会议，与会各国一致认为："如果某个国家发生革命，导致政府出现变更，并且对其他国家造成威胁，神圣同盟有权通过和平方式恢复该国原来的政府，在必要时可以使用武力。"面对俄、奥等国试图用武力干涉拉丁美洲诸国兴起的民族独立运动，英国为了维护自己在拉丁美洲的经济利益，不仅表示坚决反对，而且联合美国向欧洲神圣同盟施压。1823年8月20日，英国外交大臣乔治·坎宁（1822—1827年在位）致电美国驻英国公使理查德·拉什，希望英美两国就拉丁美洲问题达成谅解，并发表声明，反对欧洲国家恢复西班牙在拉丁美洲统治的任何企图，即"如果任何欧洲国家打算代表西班牙或以她的名义强行占有原来的殖民地，或为自己获取那些殖民地的任何部分，我们英、美两国应就上述原则发表一个联合声明，那将是以'最有效和最少刺激的方式'宣示，我们不赞同这样的计划"[1]。

对于英国的提议，加之面对神圣同盟提出干涉其他欧洲国家内政的倡议，且有向美洲延伸的意图，美国时任总统詹姆斯·门罗（1817—1825年在位）认为事关重大，立即致电其前两任总统托马斯·杰斐逊（1801—1809年在位）和詹姆斯·麦迪逊（1809—1917年在位），征求他们对此事的意见。结果，杰、麦二人均主张同英国结盟，共同反对神圣同盟干涉拉美事务。然而，时任美国国务卿约翰·昆西·亚当斯（1817—1825年在位）却认为，英国反对神圣同盟干涉拉美革命，虽然符合美国立场，但英国的建议却为干涉美洲事务提供了机会。"它不仅有利于英国在拉丁美洲捞取政治资本并扩张其经济实力，而且还将使原西属殖民地逐渐转到英国的控制之下。"因此，亚当斯主张美国

---

[1] 方连庆、王炳元、刘金质主编《国际关系史（近代卷）》（上册），北京大学出版社，2006，第150页。

应直截了当地表明原则，要比"像是尾随英国军舰之后的一条小船那样行事，更正当，也更加体面"[1]。最终，门罗总统在权衡利弊后，采纳了亚当斯的建议。

1823年12月2日，门罗向国会提交了关于美国反对任何欧洲国家干涉美洲大陆事务的国情咨文，即美国历史上著名的《门罗宣言》或"门罗主义"。门罗宣称："欧洲是全球的1/4，我们与之交往甚深，并且我们源于这个地方；对于欧洲发生的事情，我们一直忧心忡忡，但我们仅仅是旁观者而已。""虽然美国承诺尊重各国现有的殖民地，但如果欧洲国家对新兴的拉丁美洲共和国进行压迫，或者如果欧洲国家在西半球的任何地区扩展其殖民体系，我们都会将其看作对美国的和平与安全的威胁。""今后欧洲任何列强，不得把美洲大陆已经获得独立和自由的国家当做殖民的对象。"[2]换言之，美国不干涉欧洲大陆国家的事务，欧洲大陆国家也不得干涉美洲事务，"美洲是美洲人的美洲"，这也是《门罗宣言》的核心要旨。但"美洲是美洲人的美洲"，对欧洲国家而言，则表明美国不允许他们插手美洲事务；而对美国来说，则暗示了美洲是美国的势力范围，美国是美洲各国的保护者。随着美国国力的增强，《门罗宣言》就成为美国向美洲进行侵略和扩张的工具。

19世纪中后期，随着内战结束，美国经济快速发展，国力大增，从而走上了对外扩张之路，拉丁美洲因地理相邻便首当其冲。但英国已在拉丁美洲占据优势地位，故美国要想实现其扩张目标，必须首先排挤英国势力。为此，1889年10月在美国华盛顿召开的由18个国家参加的美洲国家会议上，美国提出了"美洲人民利益一致"的"泛美主义"口号，并决定成立"美洲共和国国家联盟"（即后来的泛美联盟）组织。该组织设在华盛顿，由美国国务卿为领导的"美洲各国商务局"作为常设机构。泛美联盟的设立为美国独占西半球奠定了基础。为了加强对拉丁美洲的控制，美国采取步步为营的策略。

第一，排挤英国。1895年，英属圭亚那与委内瑞拉发生边界纠纷，英国军舰封锁了委内瑞拉港口。这一事件为美国插手拉丁美洲其他国家事务，借机将英国排挤出该地区提供了良机。英、委边界纠纷发生后，美国国务卿理查德·奥尼尔（1895—1897年在任）宣布，美国不会帮助一个拉丁美洲政府逃

---

[1] C.W.克劳利编《新编剑桥世界近代史》（第九卷），中国社会科学院世界历史研究所组译，中国社会科学出版社，1992，第832页。

[2] 布伦丹·西姆斯：《欧洲：1453年以来的争霸之途》，孟维瞻译，中信出版集团，2016，第173页。

避国际法规定的对任何一个欧洲国家应尽的义务,但也不会允许任何一个欧洲国家或几个国家联合起来"强制剥夺一个美洲国家实行自治以及决定它自己的政治命运的权利和权力",并声称美国政府之言就是美洲的法律,即,"今天,美国在这块大陆上实际拥有最高权力,凡是它管辖范围内的人民,都应当把它的意志当作法律"。在美国的插手下,1897年,美国与委内瑞拉签订了协议,双方同意成立有美国人参加的仲裁法庭,确定委内瑞拉与英属圭亚那双方的国界。在此事件中,英国受到了极大的屈辱,但面对德国咄咄逼人的挑战,为了争取美国的支持,故不得不对其妥协。此后,英国不仅承认了门罗主义,也默认了美国在美洲的特殊地位和利益。

第二,夺取巴拿马运河区。早在1846年,美国就巴拿马运河修建问题同哥伦比亚政府签署了条约。1850年,英美签订了未来运河中立化和自由通航的《克莱顿—布尔沃条约》。1869年,美国和哥伦比亚签订新条约,美国租借巴拿马运河区100年。但哥伦比亚议会一直未批准该条约,美国遂多次派兵对巴拿马运河区实行军事占领。1898年,美西战争后,美国决定加速修建巴拿马运河,并不断向哥伦比亚施压,同时积极协调与英法两国的立场。1900年4月5日,美英签署了运河新条约,规定运河由美国管理,但不论是战时,还是和平时期,均对各国自由开放,收费平等。但在次年,美国通过修约,取得了对运河的绝对控制权。1902年6月28日,美国国会通过了建造巴拿马运河的决议,授权美国总统以4000万美元收购法国公司开凿运河的权利,并同哥伦比亚进行永久占有运河区的谈判。1903年1月22日,美国国务卿约翰·海伊同哥伦比亚政府代表在华盛顿签署了《巴拿马运河条约》。该条约规定:美国可以得到宽六哩的运河区,以及建造、控制和防守的特权,租期99年。但该条约被哥伦比亚议会以侵犯主权为由予以否决。

对于哥伦比亚的不屈服,美国一方面对其进行制裁,一方面制造事端,策动巴拿马独立。在美国的支持下,1903年11月3日,哥伦比亚发生政变,巴拿马宣布脱离哥伦比亚独立并成立共和国。美国不仅派兵阻拦哥伦比亚进攻巴拿马,并宣布承认巴拿马政府。在同年11月18日,约翰·海伊(1898—1905年在任)同巴拿马共和国全权代表在华盛顿签署了《美利坚合众国和巴拿马共和国关于建造一条连接大西洋和太平洋的通航运河的专约》。专约共36条,规定美国保证并维护巴拿马共和国的独立,巴拿马为美国修建运河提供一切便利,美国支付巴拿马1000万美元补偿金和25万美元年租金。根据专约的规定,1904年美国开始建造运河,1914年8月15日,巴拿马运河正式交付并投入使用。

第三，镇压古巴独立运动。古巴位于加勒比海西北部，1511年沦为西班牙殖民地。西班牙占领古巴后，一边大肆屠杀原居民印第安人，一边又从非洲贩卖输入大量奴隶，从事畜牧、烟草和蔗糖种植等生产活动。在18世纪末到19世纪，美国和拉丁美洲独立战争期间，古巴民众也发动了持续反对西班牙殖民统治的斗争，但最终均被镇压。

1868年9月，西班牙发生革命，推翻了女王伊莎贝拉二世的统治，建立了共和国。以此为契机，10月10日，古巴奥连特省爆发了反抗西班牙殖民统治的武装起义。到1869年2月，起义席卷了古巴整个东部地区，大批农民和奴隶参加了革命斗争。同年，起义者召开了代表大会，制定了古巴第一部宪法，宣布解放奴隶，成立古巴共和国，选举卡洛斯·曼努埃尔·德·塞斯佩德斯（1819—1874年）为总统。

对于古巴起义，西班牙先后调集20万军队予以镇压。面对10倍于己的西班牙军队，古巴起义军开展游击战争，但寡不敌众，遭遇失败。之后，西班牙对古巴的统治进行了一些调整和改革，但对改善古巴人民的处境意义不大。因此，古巴民众反抗西班牙的殖民斗争延绵不断。1895年，马塞奥和戈麦斯与古巴杰出爱国领袖马蒂一起，发动了第二次古巴独立战争。同年1月28日，马蒂向国内党组织下达了总起义的命令，4月，马蒂和戈麦斯率领在国外组织的远征军在古巴登陆，与马塞奥等率领的起义军会合。马蒂身先士卒，不幸壮烈牺牲。马塞奥和戈麦斯领导古巴人民继续战斗，革命烈火燃遍全国。1895年9月，起义军和人民召开代表会议，制定临时宪法，宣布古巴独立，选举萨尔瓦多·西斯内罗斯·贝当古为古巴共和国总统，戈麦斯和马塞奥担任革命军正副总司令。在共和国政府领导下，革命战争不断取得胜利，到1898年，革命军解放了古巴全国近三分之二的土地，控制了广大农村和交通要道，并包围了哈瓦那，西班牙殖民统治摇摇欲坠。

然而，1898年美西战争爆发了，西班牙战败，同年12月，美西签署的《巴黎和约》中规定，西班牙放弃在古巴的一切权利，古巴由美国占领。美国为了缓和古巴民众的反美情绪，宣布撤出军队，承认古巴独立，并在1901年2月召开制宪议会，以美国宪法为蓝本，制定了宪法。但在同年3月，美国参议院通过了一项关于古巴问题的修正案，规定美国有权对古巴进行干涉。该修正案实际上将古巴置于美国控制之下，古巴刚摆脱西班牙的殖民统治，又陷入美国的殖民统治之魔掌，对当时的古巴而言，实现民族独立依然任重而道远。

后　记

　　世界近代史课程是我国高校历史学本科专业学生所开设的必修课，该课程目前尚未出版马工程教材。目前，国内多数高校历史学本科专业学生所使用的世界近代史教材为吴于廑、齐世荣先生主编的《世界史·近代史编》。该教材分为上下两卷，所涉及时间跨度比较长、涵盖范围广、内容丰富，编撰质量高。但由于该教材出版时间较早，自1992年第一版出版问世以来，已有三十余年。在过去的三十余年中，国内外史学界关于世界近代史方面的研究成果层出不穷、硕果累累，因此，增加和补充国内外史学界关于世界近代史研究的相关新成果就显得非常迫切和必要。

　　此外，根据新时代我国高等教育发展趋势以及人才培养的新要求——以立德树人为根本任务，突出德、智、体、美、劳全面发展，这就要求在高校历史学本科专业人才培养方案中增加培养学生综合素质的其他课程和实践课程，在总学分不变的情况下，势必要压缩世界史课程在内的其他专业必修课程的教学时数，这就对世界近代史教材的编写提出了更高的要求——既全面又简洁，既实用又有深度。

　　鉴于上述原因，《世界近代史教程》在编写过程中，补充增加了国内外学者关于世界近代史的相关研究成果，以突出本课程教学内容的前沿性和高阶性；针对世界近代史教学内容丰富但教学时数短之困境，本教程在编写过程中，在兼顾知识全面性的同时，重点对世界近代史上发生的重大事件予以阐述，适当压缩了本教材编写的规模。

　　作为长期在高校一线从事教学的一名教师，深感要讲好一门课程不容易，要编写一本高质量的教材更为不易。因此，在《世界近代史教程》编写过程中，因作者学识有限，难免存在失误之处，敬请读者谅解指教。

　　本教材的顺利出版，得到了西北民族大学历史文化学院"历史时期中国西北边疆治理与社会发展研究创新团队"和"丝绸之路与民族历史文化研究创新团队"的资助。在此，表示诚挚的感谢！